重庆邮电大学出版基金资助出版

# 企业理论

## ——认知的视角

施　涛　著

科学出版社
北　京

## 内 容 简 介

本书从认知视角研究企业理论，重点讨论四个方面的内容。第一，企业的发生问题，阐释企业历史上第一个工厂的产生到工厂成为一种社会制度而被社会广泛接受的过程，阐明企业家创造的团队生产技术是工厂的真正起点；第二，企业的索取权与控制权分配问题，分析索取权与控制权分配方式如何改变由认知差异带来的合作成本，由此证明索取权与控制权分配设计对于企业发展的重要意义；第三，企业的资本结构问题和金融市场的演化，分析资本结构如何降低认知差异带来的合作成本，讨论金融机构为适应社会认知分布而演化发展的过程，阐明认知能力的发展动力；第四，企业的边界以及企业家识别与培养过程，企业的横向边界与纵向边界事实上都受到企业认知能力的影响，企业同时也是企业家识别与培养的环境。

本书可供企业理论研究者、经济理论爱好者、大中型企业管理者以及对企业理论有兴趣的读者参考。

**图书在版编目（CIP）数据**

企业理论：认知的视角 / 施涛著. —北京：科学出版社，2017.6

ISBN 978-7-03-053493-4

Ⅰ.①企… Ⅱ.①施… Ⅲ.①企业管理－研究 Ⅳ.①F272

中国版本图书馆 CIP 数据核字（2017）第 137855 号

责任编辑：孙伯元　刘宝莉 / 责任校对：桂伟利

责任印制：张　伟 / 封面设计：陈　敬

科学出版社出版

北京东黄城根北街 16 号

邮政编码：100717

http://www.sciencep.com

北京凌奇印刷有限责任公司印刷

科学出版社发行　各地新华书店经销

*

2017 年 6 月第　一　版　开本：720×1000　B5

2019 年 3 月第三次印刷　印张：12 1/2

字数：242 000

**定价：85.00 元**

（如有印装质量问题，我社负责调换）

# 前　　言

历史上，企业是自发成立的组织。当第一家纺纱工厂在英格兰出现时，只有少数人关注到它的机器纺出了第一缕棉纱线。然而，这种基于机器的工厂组织却快速发展起来，短短数十年就将家庭作坊和小工场模式驱赶到历史故纸堆中，尽管家庭作坊与小工场此前主导了欧洲工业生产近千年。此后，工厂逐渐演化出各种形态特征的生产组织，创造出数量庞大、令人炫目的产品、服务和知识。所有这些以营利为目的而给社会提供产品或者服务的生产组织，都以企业命名，它们构成了现代社会生产力几乎全部的内容。

企业理论就是归纳企业的共有特征，解释其形成原因并预测其未来变化方向的学说。企业理论中，最著名的两个视角是契约视角和演化视角。契约理论将企业视为一组契约的联结体，契约的设计，一方面要利用团队生产技术，促进相互之间的合作，另一方面要有效控制如磨洋工、卸责以及敲竹杠等机会主义行为。演化企业理论则认为，企业经历着类似于生物界的演化过程，每一个企业类似于一个有机体，企业家探索和构建企业行为的惯例——企业生产运营的知识集合，惯例类似于基因。随着竞争和优胜劣汰，成功企业的惯例广泛传播，成为企业普遍的做法。但随着环境变化，企业的特征仍将不断演化。

契约理论和演化理论都不能脱离人的认知特征。企业是人的集合体，人们发明了团队生产技术，并陆续发明了各种各样的规则和惯例。企业是社会认知的成果，不一样的历史环境会塑造差异的认知，也就会产生出环境匹配的企业契约特征与组织形式，这使相同环境中的企业契约总有相似之处。企业也是个体认知的结果，个体认知的创造性塑造了企业的个性与不同的惯例，创造出不一样的企业结构与价值流程，由此推动企业的演化发展。从认知的角度出发，既可以分析契约特征形成的原因，又不会陷于过分自信而预言契约的最优状态，因为人类的认知会持续发展，人们永远无法清楚预知未来的世界。认知视角的另一个有益之处，在于重视认知在企业演化发展过程中的重要性。相对自由的环境和政策是有利于认知发展的，而看似保护性的政策却常常给认知发展带来惰性，结果是被保护的

群体需要更多的保护。

当回首十余年来对企业理论的学习与思考时，我仍觉兴趣盎然。对企业理论家的崇敬之心也随着自己认识的提升而增加，无论是科斯、德姆塞茨、威廉姆森，还是张五常、杨小凯、张维迎，他们的著作和研究历程都不断激励我的思考，促使我成长。

谨以此书向企业理论的研究者和思考者致敬！

施 涛

2017 年 4 月 15 日

# 目　录

# 第一章　企业理论概述

企业是现代社会的主要财富来源，国家的财富总量可以由其企业的财富总量来估计。例如，美国证券市场上的股票与企业债券总市值，代表了美国的核心财富。企业提供了现代社会大部分的商品和服务，也提供了大多数人的工作收入。

企业在现代社会的核心作用引发了大量的研究和思考。企业是什么？企业应该是什么？企业的生产如何组织？企业的收入应该如何分配？如何才能让企业更好服务于社会？有关这些问题的解答在一定程度上都可视为有关企业的理论，简称企业理论。

经济学家对于企业理论的研究最引人注目。新古典经济学家关注企业在市场中的价格与数量决策行为，企业被假定为追求利润最大化，并通过边际方法来做出最优的产销决策。新制度经济学派的研究者则关注更为具体和广泛的企业现象，如企业的基本特征、企业规模、企业的组织结构、企业的所有权分配、资本结构和工资奖金体系等。

企业理论研究者观察企业的视角有两个：一是把企业视为抽象的契约联结体，并通过契约的特征来解释和推断企业现象；二是把企业视为有机的组织，重点分析其演化的规律。

## 第一节　契约观点的企业理论

关注交易成本的经济学家，大多数把企业视为契约的联结体。把企业视为一组契约的有机结合，不同企业的特征也就必定可以从其契约特征中找出缘由。关注企业普遍的契约特征以及特定企业的契约特征，是理解企业世界的有效途径。企业的契约理论讨论企业现象的方方面面，内容介绍如下。

### 一、权威与指挥现象

传统企业内部的关系具有典型的金字塔特征，首席执行官（chief executive officer，CEO）的命令沿着金字塔向下传递，而工人则通常是接受指挥与服从。Coase 在观察到企业中广泛存在的指挥与服从现象后，确信权威就是企业的基本性质（自然属性）。Coase（1937）认为，生产过程也是资源配置过程，可以采用

市场和权威两种互相替代的资源配置手段。权威使雇员不再对每一个具体活动的执行讨价还价，节约了大量的交易成本，这是企业相对于市场交易的优势。Coase同时指出，企业内部管理也有管理成本，且管理的边际成本随着企业规模的增大而上升。因此，交易成本与管理成本共同决定了企业的规模，最优企业的规模在二者边际成本相等处。

Alchian 等（1972）则认为资本主义市场中的企业根本不存在权威现象，企业雇佣员工的契约与市场上产品买卖的契约也没有本质不同，Alchian 指出，雇主管理企业、给工人派活的权利与一个小小的消费者对食品店主指手画脚的权利完全相同。所谓单独一个消费者就能给小店主派活儿，指的是只要价格能被双方接受，前者想买什么，后者就得备有什么货。雇主对雇员所能做的恰恰也就是这些。雇主让雇来的打字员打一封信而不是把文件整理归档，就像我让店主拿这个牌子的鱼肉罐头而不是那个面包一样。

基于人具有追求平等的特性，权威与指挥常常引发人们对于企业是否符合公平原则的疑问。张五常对企业权威属性的解释有助于撇清企业公平疑问。Cheung（1983）认为，权威是人们自愿平等契约的结果。交易契约既可以每交易一次即谈判签署一次，也可以一次谈判签订一揽子交易。企业生产所需的劳动力要素交易更适合打包交易，劳动者通过契约将一段时间的劳动要素使用权转让给企业以获取收入。劳动者在合约期内必须遵守企业管理者的指挥，而不靠频频计较他也参与其间多种活动的市场价格来决定自己的行为，由此可以大量减少讨价还价和签约的交易成本。因此，企业权威仅仅是一种合约取代另一种合约的表现，无碍于公平。

权威是否是企业的基本特征？虽然所有的企业都具有指挥的现象，但应该如何关注这个问题仍值得讨论。

## 二、企业的产权

企业是一组契约的联结，或者说是一组有结构的契约集合。最初的创业者和投资者签署的创建企业的契约是最基本的契约，它规定了其他契约签订的基础以及内容的范围。其中，基本契约规定了企业财产的剩余索取权与控制权归属，也就是企业产权的归属。谁拥有企业产权，谁就能够代表企业与新的交易者签署契约，也能够与既有的合同签署人谈判，重新修改或者结束原有的契约。

Grossman 等（1986）从分析财产控制权入手，首先区分了特定控制权与剩余控制权。特定控制权是指在契约中明确指定的那部分对财产的控制权利。若契约是完全的，权利就可以逐一安排。如果契约不完全，凡是契约中未经指定的权利都是剩余控制权。Grossman 等（1986）把这部分剩余控制权定义为所有权。甲的所有者对企业甲的财产有剩余控制权，乙的所有者对企业乙的财产有剩余控制权，甲和乙是两家分离的企业。如果甲的所有者将其对甲的剩余控制权出售给乙，那么甲和乙就合并了，乙的所有者就对企业甲和乙的财产都拥有了剩余控制权。

人们创建或者参与企业，最根本的目标是希望能够获得回报。一方面，人们投入自己的资源到企业用以创造收入；另一方面，人们按照一定的方式来分配收入。企业的参与者通过索取权安排来实现对收入的分配和风险承担，通过控制权的安排来组织生产并保证索取权的实现。给企业提供了某种贡献的个体都会获得一种索取权——在未来特定时间获得某种报偿的权利。如果索取权规定了具体数额，就被称为固定索取权。由于企业未来的财产数额总是不确定的，总资产与固定索取权之间必然有差距，差距的部分就是剩余索取权。剩余索取权分配被认为是影响企业效率的核心问题，对于企业的生存和发展具有至关重要的意义，而控制权的分配在很大程度上是为了确保各方索取权价值的实现。

经济学家证明，为了降低交易成本，增加企业的价值，剩余控制权的分配总是与企业的剩余索取权分配相一致。拥有剩余索取权的人，也同时拥有剩余控制权。

## 三、团队生产、监督与控制权——为什么富人就是企业控制者？

Alchian 等（1972）认为，企业实质上是一组利用团队生产效率优势的契约安排，其核心是要减轻危害团队生产的偷懒动机。团队生产时，产品由若干成员协同生产出来，任何一个成员的行为都将影响其他成员的生产率。最终产出是团队成员共同努力的结果，每个成员的个人贡献难以精确地进行分解和观测，因此不可能按照每个人的实际贡献去支付报酬，由此带来的可能后果是严重的偷懒现象。相对于个人生产，团队生产具有更高的潜在生产效率，但这种效率可能被偷懒行为消耗殆尽。

为了减少偷懒行为，企业发展出监督的方法，并安排一些人专门从事监督工作。但监督者本身也可能存在偷懒的动机，为了激励监督者，就需要将剩余索取权分配给监督者。当监督者拥有剩余索取权时，他偷懒带来的成本就完全由自己承担，其下属偷懒的成本也会由他来承担，此时他就会试图保持最大的勤奋水平。此时，如果下属中有人偷懒或者不适合团队工作，仍会影响整个团队的产出，为了使监督者拥有提升团队产出的能力，他还必须拥有代表企业单独与任意团队成员重新谈判和修改合约条款的权利，而无需解散整个团队，这使监督者成为整个

契约的中心，具有这种契约结构的企业就是资本主义的古典企业。拥有剩余索取权的人才能够真正代表企业，这是因为他的利益与企业边际收益一致，有真正促进企业产出增长的动力，而固定索取权拥有者的利益并不随着企业边际收益的变化而变化，他也就没有促进企业财富增长的强大动力。由此可见，剩余索取权和控制权的协调安排是每一个企业得以实现生产潜力的重要保障，其本身也就被认可为一种有效的制度安排。

一家企业生存和发展，不仅是因为它具有团队生产效率，更因为它比同类生产者更具竞争力。这意味着，竞争获胜的企业不仅克服了团队中的偷懒现象，而且做出了更多高质量的经营决策。张维迎（1994）对团队生产契约中的监督控制权分配特征做了严谨的分析，并指出为何剩余索取权被富人和企业家所拥有。张维迎认为，一家能够得以生存和发展的企业首先依赖于正确的经营决策，其次要保证每一个团队的成员努力工作。经营决策的优劣首先由决策者的能力决定，张维迎指出，企业决策权掌握在最有经营能力的人之手是一家企业成功的关键。使用隐藏行动模型（hidden action model），张维迎（1995）证明将企业的剩余索取权（residual claim）和监督控制（authority）授予负责经营决策的成员是最优的，这不仅符合经营决策者的利益，而且也能够实现执行者的最优利益。如果将剩余索取权赋予决策的执行者而非决策的制定者，那么经营活动决策制定者的利益就不会与其在决策上的努力相联系，这会导致经营决策者卸责的倾向大大升高。经营决策是企业收益不确定性的最大来源，并且经营决策专家的行为最难以监督，为了避免决策者的卸责行为，将剩余索取权分配给经营决策者自然是最优的。因此，企业合作过程中，负责经营决策的成员拥有了剩余索取权，而从事生产活动的人成了领薪水的工人。张维迎（1995）使用隐藏信息模型（hidden information model）证明，在当事人对自己的能力比外人更为了解的假设下（asymmetric information），将充当企业家的优先权或选择经营的权威赋予资本所有者是最优的，因为资本所有者的选择传递有关当事人经营才能的信息（富人如果知道自己没有经营才能，他不会选择拥有剩余索取权，因为错误的决策会使自己的财富损失，而一个穷人则有冒充经营天才的动机，因为企业亏损并不会使他损失，但如果运气好，剩余索取权却会给他带来巨大收益）。据此，张维迎认为，拥有企业所有权的富人远比穷人多，是市场信号传递的结果。穷人比富人更有积极性谎报自己的能力，因为他可以逃避对自己作为企业家的行为后果责任。如果通向企业家或经营者的途径不受个人财产的限制，大量一无所有的笨蛋就会冒充企业家。

## 四、企业内部的不平等——为何等级高的人收入也高？

传统企业的组织结构通常是金字塔形，员工的报酬也沿着金字塔层级快速上升。基层的工人工作十分辛苦，但工资却比高层管理者低很多，许多人认为这并不公平。问题在于，如果降低管理者的报酬，是否就能够提升工人的工资？

新古典经济学假定劳动给人带来负效用。假如不受到监督，不能准确根据努力水平或者贡献来支付报酬，人就不会努力工作。团队生产难以准确计量个体产出，也就难以根据工人的产出支付激励报酬，要确保员工努力工作，就必须让企业管理人员进行监督，并以监督得到的信息来对员工进行激励。企业越大，等级层数越多，监督就越困难，企业内部职员偷懒带来的成本就越高。

假定某企业有树状结构的等级制，第一层是工人，第二层是车间主任，第三层是公司经理，第四层是企业的唯一所有者，他的目标是使企业利润最大化。所有者拥有剩余索取权，企业盈亏都归属他，因此他一定会努力工作，不需要他人监督。但是，在最高层以下的所有人都把工作看做负效用，不监督的话他们就不会工作。除了第一层的工人外，每一层管理人员的工作是监督下一层的人的工作，而他们的工作则被上一层管理人员监督。Calvo 等（1978；1979）证明，在均衡点上，尽管每个人的努力状况都一样，但是职位越高的人应获得越高的收入。这是因为，如果较高层的人员怠工，他下面的所有人员都会怠工，损失就较大。管理者如果偷懒，其所有下属（直接和间接的下属）都会偷懒，由于层级越高，管理者的下属越多，其偷懒的成本就会越大。要预防高层管理者偷懒，就需要在其偷懒时给予高的惩罚。由于惩罚不能超过其报酬水平，要提升惩罚的金额，就必须要提高他的工资[①]。因此，高工资虽然不具有奖赏贡献的性质，但是具有防止偷懒的能力，等级制上的管理者收入与级别成正比也就十分自然。

由于企业所有人收入的总和不超过总产出，假定企业所有人都有相同的工资，企业的管理者就会缺乏监督的动力，最终的结果是总产出下降，工人工资在平等工资制下的水平甚至比不平等工资制下的水平更低。因此，Calvo 等（1978；1979）证明了等级制与工资不平等其实是一种更优的选择。

## 五、企业的边界

企业的边界，实质上是指能够将多少资产组织在一个契约之内。在契约内的资产，就需要服从一个中心的协调。而契约外的资产，企业的管理者就只有一次

① 假定最大的惩罚就是取消其工资，工资越高，管理者偷懒的损失就会越大，因此就减少偷懒。

次签订契约，才能够使用。能够将多少人或者资产组织到一个契约中呢？Coase（1937）的看法是，这取决于交易成本与管理成本的比较。规模增长会降低要素的交易成本，但也会增加企业内部的管理成本。随着企业将越来越多的生产活动组织在一起，管理的边际成本会迅速上升，因此企业实现最优规模时，其市场交易的边际成本正好等于管理的边际成本。

奥利弗·E·威廉姆森（2002）研究发现，资产专用性是影响交易成本的重要因素。纵向链条的两个企业合并，是由二者之间的交易是否存在专用性投资决定的。专用性投资能够给买卖双方带来极大的收益，但也会产生很大的交易成本。例如，把发电厂建设在煤矿旁边，双方可以修建煤炭运输的专门通道，就能够大幅降低运输成本。然而，由于市场未来情况难以准确估计，双方难以签订一个完善的契约，就可能导致双方在投资以后产生矛盾冲突并导致高额的交易成本。又如，电厂只能从该煤矿采购燃料，煤矿就有在事后提价的能力。预计到这种情况，电厂就可能不会在煤矿旁边投资。威廉姆森的结论是，当专用性投资与不完全契约同时存在时，要利用交易机会，买卖双方就应该合并为一个企业，由此可以避免双方的冲突成本。

事实上，每一个企业都可视为要素所有者建立在专用性资产上的团队合作契约。如果要素所有者之间的交易不产生专用性资产，企业就可以随时解散而不影响其价值，企业也就无所谓边界。建立一个企业，就是为了创建基于专用性资产的合作体，这个合作体能够带来更高的生产效率，创造出市场欢迎的产品，由此这个企业才能够得以生存和发展。专用性资产的构建，是企业边界的基础。当企业更大数量的专用性资产能够带来更多收益时，企业就有扩张的趋势；同时，当企业提升了管理技术使管理成本下降时，企业的边界也会得到有效扩张。

## 六、资本结构理论

资本结构描述了不同类型投资的相互关系。债权与股权是企业获取资本的两种基本方式，股权是企业成立的基础，股东之间的投资签约宣告了企业的成立，股东根据契约将资金投入企业，并承诺不收回投入企业的资本。股东集体投入并承诺不收回资本使企业成为财产法人，此资本成为保障其他签约人利益的基础，由此企业才能够拥有签约的能力和地位。

而债权契约则是企业与债权投资者之间签订的。从企业创立时间看，总是股权契约在前，有股权契约才能够产生企业法人，债权契约在后，并且是由企业法人与投资者签订的。由于签约的特征，债权投资人必定要求债权契约一定要在股权契约终结之前结束。

企业的价值主要由债权价值与股权价值构成，当股权与债权都在证券市场上交易时，企业的价值就可以由所有债权价值和股权价值之和来衡量。资本结构理论探寻的问题是：第一，债权与股权的比例是否影响企业的价值；第二，如何在不同投资者间分配企业的剩余控制权；第三，当企业继续融资时，应该优先选择何种方式进行融资。

最早回答资本结构与企业价值关系的是 MM（Modigliani and Miller）理论。Modigliani 等（1958）在提出的 MM 理论中指出，在一个理想的无税收的市场环境下，企业的市场价值与其资本结构（即股票与债券的比例）无关。Modigliani 等证明，假如企业的价值可以因股票与债券的比例变化而改变，那么某一套购者就可以买下该企业，不改变企业的任何经营管理行为，只是重新调整股票与债券的比例，由此他就能够获得确定的利润。很显然，这种套利机会在完全竞争的市场上不可能存在。

然而，现实企业的融资政策明显影响着企业的价值。因此，需要思考，当调整资本结构时，哪些因素受到了影响并改变了企业的价值。

Jensen 等（1976；1979）提出了资本结构会影响股东和经理人的行为，从而影响企业的价值。假定企业家 E 需要资金 $f$ 来建立和运营一家企业，在 E 尽 100%的努力水平时，企业的总价值为 $V_{max}$。如果所有外部投资都是股权，那么一个企业家就只能获得小部分股权。例如，企业家持有 10%的股票，另外 90%的股票由投资人持有，当企业家的努力能增加 1 元时，企业家个人却只能获得 0.1 元，企业家增加职务消费 1 元，自己却只用承担 0.1 元，因此相比于持有 90%的企业家，只持有 10%的企业家会产生更多的职务消费，努力水平会更低，因此企业的总价值会降低为 $V$。理性的投资人自然会预计到这种情况，因此在购买企业家发行的股票时，预期到股权的收益会低于 $V_{max}$ 而等于 $V$，因此企业股权的估值也就会等于 $V$。估值 $V_{max}$ 和 $V$ 之间的差值，就是股权代理成本，在理性投资人市场，股权代理成本完全由企业家承担，企业家也就有动机消除自己的代理成本，使企业的价值恢复。

股权代理成本随着企业家股份的下降而边际上升，避免股权代理成本的办法就是让所有资金来源都以债权的方式，这样企业家任何的偷懒和职务消费都由自己承担，也就避免了股权代理成本。然而，避免了股权代理成本的结构是高债权水平的，由于企业的有限责任特征，高债权比例会导致企业家的高风险行为。由于支付给债权人的报酬是固定的，将企业的资产投入高风险项目就能有效提升企业家的期望收益，因为获取到高收益，增加的收益均由企业家获取，但如果项目失败，有限责任导致损失将主要由债权人承担。由于投资者也会理性洞察到企业

家的风险行为，其对债权的估值就会随着债权比率的上升而下降，债权价值与投资者最优行为下的价值之间的差值也就是债权代理成本。债权代理成本随着债权比率上升边际上升，而股权代理成本随着债权比率上升而边际下降，最优的资本结构就是两个代理成本之和最小的资本结构，其特征是股权代理边际成本等于债权代理边际成本。Jensen 和 Meckling 的代理理论指出了最优资本结构确实是存在的，并且，在理性资本市场存在的情况下，企业家将努力降低代理成本，其表现是自觉采用一些约束机制来降低自身的职务消费倾向并发挥自身的最大努力（主动聘请会计师开展审计活动、制定严密的职务消费规范等），努力使总代理成本最小。

债权与股权的不同，不仅在于固定收益和结束日期，还在于二者包含了不同的企业控制权。股票带有投票权，能够通过选举董事会间接控制企业的经营运作；债权不包含选举权，只有在企业破产后，债权人才能够获得企业的剩余控制权。所以股票筹资的意义在于把企业的财产的控制权分配给股东，只要企业能按期偿还所欠的债务；否则，企业的控制权便由股东转移到信贷者手里。为何股票拥有剩余控制权，而债权所有者只有在企业宣告破产以后才能获得企业的剩余控制权？

Aghion 等（1992）提出了一个模型，证明在企业正常运营情况下，应该把剩余控制权赋予股权所有者，而在企业价值大幅萎缩，出现不能支付债权人的情况时，应该宣告破产并将剩余控制权和索取权交予债权人。假设两个人在市场上相遇后自愿合作而签订契约，一个是有资金无技术的投资者，另一个是有技术无资金的企业家。未来是不确定的，企业家的行为可以概括为三种选择：一是按常规运作，二是革新，三是关闭。在一定环境下，革新可能带来大量收益，但也可能增强企业的风险。关闭的决策能够避免进一步的损失，但也可能导致丧失未来重新发展的机遇。正常经营情况下，假定实施革新能够增加企业整体的价值。股权拥有者拥有剩余控制权就会支持创新，但如果债权人拥有剩余控制权，则支持创新的概率就很小，因为债权的价值不会因为革新的行为而增加。可见，正常经营时将剩余控制权交予股东能够增加企业的价值。但如果企业经营困难，企业价值降低使股权价值大幅下降时，剩余控制权分配给股东就不如分配给债权人，此时股东的最大化决策通常是增加风险，降低企业价值，而债权人拥有控制权则更可能最大化企业的价值。因此，破产后，企业的剩余控制权应该交予债权人控制。

融资顺序理论描述了已经运营的企业需要资本时，应优先使用什么方式来获取融资。融资优序理论的基本思路是：企业经理人与既有投资人的利益一致，希望融资成本最低，以此为既有的投资人（特别是股东）增加价值，也增加自身的

绩效（企业按照价值增长为经理人提供奖励）。经理人比外部投资者掌握更多的内幕信息，对项目的实际价值更清楚，因此，当企业需要为新项目融资时，对于预期收益较高的好项目，经理人不愿意通过发行股票进行融资，以避免将收益分给外部人，相反，只有当项目前景不大好时，才会选择权益融资。然而，理性的外部投资者能够准确预期到经理人选择融资方式的原因，并会据此重新估计企业的价值。相对于股票，债务融资也会因为投资不足等而降低企业的价值，但其损失要相对较小。因此，融资优序理论的结论是，企业对融资方式具有偏好，一般会按照内源融资、债务融资、外部权益融资的顺序进行。

## 七、契约结构如何实现两权分离

股东创建企业以后，既可以自己亲自进行经营决策，也可以聘请经理人代为管理企业。在现代经济中，大多数公开的上市企业都聘用经理人经营企业，即所有权与经营权分离是普遍的现象。股东是企业利润的享有者，当他自己经营企业时，其努力赚取的利润都由他自己获得，因此必定会尽心尽力。但经理人不拥有剩余索取权，股东如何设计契约来约束经理人，使其尽最大努力来增加企业的价值呢？

一个办法是根据企业的利润来给予经理人报酬，利润越高，奖金也越多。奖金促使经理人关心当前的收入和成本，但也可能带来长期不利的影响。由于经理人的收入主要与当前的利润挂钩，经理人就会有短期的行为，例如，研发活动对于未来企业发展有重要意义，但却往往降低当前的收入，关注当下奖金的经理人就会降低甚至停止研发活动。

如果要消除经理人的短期行为，就不能给予过多的奖金。替代的办法是给予经理人股票或者股票期权，当经理人做出的努力有利于企业长期的价值时，股票期权就会有很大的价值，这也就激励经理人为企业长期的价值而努力。股票及期权契约实际上也在把经理人转变为一定比例的股东，使经理人拥有了一定数量的剩余索取权。

当然，经理人及其家庭也需要现实稳定的消费，不能仅靠未来的奖金和期权生活，因此也需要有固定的薪资。固定的工资提供可靠的收入，对于风险厌恶者而言，具有保险的作用。

综上所述，现代公开企业给经理人签订的契约报酬，常常是一篮子的报酬组合，结合固定工资、奖金以及股票和期权。理论家关注经理人报酬的最优契约，并试图找到各种报酬比例的最优点。

除了最优的报酬比例以外，另一个问题是契约中报酬的金额问题。常常有观

点认为经理人的报酬太高了，特别是高层经理人的报酬太高。例如，2014年，中石油董事长的报酬超过1200万，万科股份的董事长和总经理报酬近千万。美国高层经理人的报酬更高，例如，甲骨文CEO拉里·埃里森2014年薪酬为7840万美元，2015年标普500成分股公司CEO的平均薪酬是普通员工的335倍[①]。企业为何要与高管签订如此天价的薪酬合约呢？理论家的解释是，高的报酬有利于激发竞争，使高层经理人受到激励和压力，使其能够100%努力。

给经理人高工资，是为了形成一个激烈的经理竞争市场。当工资很高时，想要进入经理市场的人就会很多，必将导致供过于求，这将提升经理市场的竞争激烈程度。Fama（1980）认为，经理市场的激烈竞争将对经理人施加强大的压力，促使其做出对企业更优的决策。如果一个经理人把企业搞得一塌糊涂，他在被解雇后，就将难以在经理市场上找到新的工作，他的人力资本就会大幅贬值。如果报酬水平低，经理市场的供给减少，竞争水平下降，最终会导致企业不能得到优秀才能的经理人，经理人的努力水平也会下降。

公开企业契约结构的另一个特征，也是促使经理人勤奋尽职的重要原因，这就是公司股权契约的标准化。股东在创建股份有限公司时，签订了一份高效率的契约，把公司的剩余索取权划分为等值的股份，每一个股份拥有相同的标准权利。股东可以自由出售在公司的契约地位，购买该契约地位的人自然就拥有了原股东相同的权利。因此，这样的公司契约就便于人们随时买卖改变公司的股东，而新股东就可以调整公司与经理人的合约，改变公司的管理。

中国房地产行业最大的公司万科集团，在2016年爆发了一次控制权之争。宝能系公司的老板想要改变万科集团的行为，在2015年年底开始了对万科集团的收购战争。万科集团管理层竭力避免宝能成为公司的控股股东，一再发声说宝能收购将损害现有中小股东的利益。宝能系的老板在收购过程中，也对管理层毫不留情，申请罢免所有的董事会高管，其中包括万科集团的创始人董事长王石，并指责王石领取几千万高薪而未对公司管理尽心尽责。

研究者认为，接管是防止经理人损害股东利益的最后一种武器。在现代市场经济中，虽然每一个投资者在某一企业中的股份很小，不足以对经理人实行有效的监督，但是由于股份可以自由买卖，分散在千百万人手中的股份就可能被集中起来。如果经理人经营不善，企业的股票价值会下跌。于是，有能力的企业家或其他公司就能用低价买进足够的股份，从而接管该企业，赶走在任的经理人，重新组织经营，获取利润。

---

① 数据来源：http://finance.sina.com.cn/stock/usstock/c/2016-05-17/doc-ifxsenvn7275894.shtml。

Scharfstein（1988）建立模型，证明资本市场的竞争的确可以刺激经理人努力工作。假定企业的生产条件只为经理人所知而不为企业股东所知。于是，股东可以同经理人签订某种契约来激励经理人。由于信息不完全，这种契约的效率不高。假定在资本市场上有一些袭击者（raider），他们可以获得有关企业生产条件的信息。Scharfstein 证明，由于企业有被接管的可能性，经理人会比在没有袭击者的条件下工作要努力。

Grossman 等（1987）和 Harris 等（1988；1991）证明，为了保护股东的利益，股东在初始签约时，将股东间的契约设定为一股一票和简单多数的投票原则是最优的。试看下面的例子，假如不是一股一票，例如，说某一具有 10 万元资产的企业，而投票权却集中在仅 1 万元的特殊股票上，而其他 9 万元为无投票权的股票。那么，在简单多数的投票原则下，谁掌握了 51%的特殊股票（只需花 5100 元），谁就控制了这 10 万元资产的企业，使得任何其他人都无法接管。

契约观点的企业理论基于有限理性的假设，试图证明现代市场经济中的诸多企业现象是追求个人利益最大化的人们自由契约的结果。权威与指挥节约了劳动力要素重复交易过程中的交易成本，中心契约人的存在大大节约了企业各要素所有者之间相互签约的成本，剩余索取权安排节约了终极监督成本并实现了激励，剩余控制权安排则避免了专用性投资遭受投机的危害，有利于促进企业的专用性投资发展，资本结构的恰当安排有利于节约股权代理成本和债权代理成本。总之，理论家证明，人们在有限理性的条件下追求个人利益最大化的结果促使契约结构收敛在当前的企业契约结构特征上，这些结构符合市场经济要义，能够促使经济最优发展。由此，对政策制定者的建议是，承认和保护这些契约结构，就能够发挥企业真正的经济潜力。

契约观点建立在对已有企业现象的观察上，而没有试图从历史的角度来探讨企业的特征。维持团队生产特征的企业制度是 18 世纪才出现的，契约理论并不能证明为何之前没有企业制度，也就无法预测未来企业制度将发生何种变化。因此，要尝试从更多的角度去分析和理解企业现象，这对于理解既有的企业现象以及预测未来企业的发展变化都很有帮助。

## 第二节　演化观点的企业理论

自 18 世纪 70 年代出现了最初的工厂以后，企业从整体上逐渐成为现代经济的主角。然而，极少有企业能够长期生存，百年历史的企业屈指可数。为了生存，企业家和管理者尝试着各种做法，包括产品服务的研发、工艺流程的改变、管理

的变革以及对企业相关关系的重新契约。不同的尝试带来不同的结果，当一家企业的新做法使其利润增长、发展稳健时，这种做法就会被视为一种有效的知识，然后被其他企业学习，由此改变了许多企业的面貌。每一天都有大量新的企业诞生，也有无数的企业破产解散。企业的发展史，就是许多不同技术、流程、结构的创新、流行和衰亡史。

演化理论的研究者，关注那些促使企业持续生存和发展的因素，关注竞争如何使企业发展演变，并最终为社会创造更多的财富。

## 一、基本观点

借鉴生物进化论“遗传—变异—自然选择”的思想，Nelson 等（1985）提出了企业演化理论。每一个企业类似于一个有机体，它拥有一系列的行动惯例（routine）。惯例描述了企业在受到环境刺激之后的行为模式，决定着一个企业完成特定产出的效率和成本。企业能够快速应对各种环境信息，将输入快速转化为产出以赚取利润，都依赖于其拥有的惯例能力。企业的惯例是可以改变的，通过主动的搜寻和学习，企业可以获得新的惯例，这类似于生物在遗传过程中会产生变异一样。新的惯例如果能够给企业带来竞争优势，那么这个惯例在规模上会扩大，例如，一个新的生产工艺如果带来更高的效率和质量，那么企业就会将更多的生产流程转换为新的生产工艺。如果一个新的惯例没有给企业带来进步，那么企业就会放弃这个惯例，或者这个企业在竞争中失利和消亡，当然该惯例也就不能得以保存和流行。

惯例类似于基因，不同企业的惯例既有相似，也有不同。基因在生物体生存过程中是稳定的，这决定了单个生物体在其生命期中基本行为的稳定，与此不同，企业在其生存过程中可能改变其惯例，并呈现出完全不同的行为特征。产品是企业行为的产出，一种产品可以对应一套行为模式或者惯例。显而易见，许多企业都在试图推出新的产品，在此过程中，企业也就形成了新的惯例。一些新增的惯例往往给企业带来竞争的优势，并由此使企业生存时间增长。苹果公司在推出 iPhone 之前，它的常规体现在生产计算机和音乐播放器上。可以想象，如果没有推出新的 iPhone 产品，苹果公司的命运将截然不同。新的产品代表着苹果公司建立了新的惯例，并由此增强了企业生存和发展的能力。

企业与生物体的不同，还在于没有明显的后代。但企业创造的惯例却可能被其他企业学习，成功的做法常常会很快扩散到许多企业，由此促进了行业面貌的改变。手机行业的面貌在 iPhone 手机出现之前是截然不同的，当苹果公司创新了一系列的做法，行业中的一些惯例消失了，其代表是诺基亚公司和摩托罗拉公司

拥有的许多惯例，而新的惯例集合发展起来，它们都很好地学习了苹果公司建立的做法，这包括三星公司和小米公司。

一个企业可以被看成一个惯例的集合，但这些惯例之间并非是平行的，而是存在着稳定和密切的关系，即企业的惯例具有高度的结构性。惯例的结构性可以从企业的组织结构中一窥端倪，不同的部门拥有不同的惯例，例如，生产部门拥有生产流程和操作规范的惯例，销售部门拥有管理顾客和获取订单的惯例，企业能够实现整体的功能，在于部门之间的合作惯例——它们将不同部门内部的惯例协调起来，这使它们能够共同向市场推出有竞争力的产品。每一个企业的独特性，既表现在他们惯例集合的内容不尽相同，更表现在惯例结构的差异上。

## 二、惯例的含义

企业的竞争力与其惯例密切相关。企业的一项惯例，就是企业完成一项活动或者产出时的稳定行为过程，它包含了两个维度的知识：一是显性的知识，二是默会知识。弗里德利希·冯·哈耶克（2003）将默会知识称为“个人知识”、“与某个特定的人相关的知识”、“有关特定时空之情势的那种知识”等，这种个人知识之局限性在于，任何个人或任何一小群人都不可能知道某个其他人所知道的所有事情。知识的这种分立是和分工以及相应的专业化相伴而生的，企业中个体的默会知识，是其在岗位上的工作过程中通过干中学获得。显性知识则通常是设计的结果，内容包括程序、操作规则等，其存储方式为文字、图表、视频等。

企业的惯例与组织结构和运行历史密切相关，是在组织结构下人员之间密切的互动过程中产生的。员工在岗位上按照工作流程、规则的指引不断完成任务，逐渐实现员工之间、员工与机器设备之间的高度协调，这带来了类似于自动化行为的效果，本书将组织自动化的行为能力称为惯例。

福特公司在20世纪初建成的移动流水线可视为一个汽车生产惯例。首先，福特公司设计了生产流水线工作体系，流水线上的每一个位置上都有独特的操作行为集合。员工的行动是，观察信号，并执行对应的行为序列，例如，A信号出现，员工执行A行动序列；B信号出现，员工执行B行动序列。流水线将部件运送到员工面前，这些部件就发送了准确的信息，员工根据这些部件的特征选择正确的行为序列，部件被增添了相应的特性。当流水线上所有的员工都选择了正确的行动时，产品最终完成。在此过程中，流水线设备本身、每一个岗位上的恰当行动序列都是显性的知识。但并非一个新员工就可以在流水线上正确工作。员工需要学习观察信号，学会使用机器和工具，并能够熟练完成行动。其中一些行动的知识，只有经过反复练习才能掌握，这些非经练习不能掌

握的知识和技能就是默会知识。流水生产线的效率是由最慢的员工决定的，只有当生产线上的每一个员工都掌握了默会知识，才能说企业获得了一个生产惯例。需要注意的是，流水线本身的设计并非完美，第一条生产线的建造过程常常是现场不断试验和调整的结果，这些调整是为了让人与机器、人与人之间相互协调，以实现高效率和高质量。

一个有竞争力的惯例，使产出的质量更高、成本更低。需要特别强调的是，惯例是干中学的过程中养成的，没有一定数量的干中学过程，企业难以形成惯例。衡量惯例是否形成，既要观察每一个岗位上行为的稳定性和熟练程度，也要观察不同岗位之间协作的稳定性和效率。在一项惯例养成之前，企业产出的常常是不合格产品，或者是成本过高的产品，或者产出效率低下，这意味着养成惯例本身需要大量的投资。或者说，惯例本身也是投资的结果。

## 三、惯例与竞争

通常，相同领域的企业之间会发生激烈的竞争。这正如运动员之间的比赛，短跑运动员通常只和短跑运动员比赛。比赛的特点是，赢家赚得大笔奖金，输家则一无所获。同一行业的企业就像参与同一系列比赛的运动员，他们之间的胜败与各自的惯例水平密切相关。

一般而言，竞争企业之间的惯例总有相似之处，特别是在显性知识方面。一个企业的流水线可以与竞争对手相似，他们采用的流程和规则也大体相同。然而，显性知识并不代表着企业的行动效能，这就好像只听课堂讲授游泳知识的学生下河游泳，结果是显而易见的。企业之间竞争的是行动，行动的能力在很大程度上由默会知识决定。默会知识产生于反复的行动、思考和改进，在员工完成产出的互动历史中产生，包含着管理者及大量员工的个性特征及其相互适应，组织形成的惯例展现为利用环境机会时的快速行动能力与技巧，你可以观察到其行动的结果，但却无法推及和模仿其形成的过程。因此，惯例在企业之间难以互相模仿。

高效的组织惯例通常只会出现在那些稳定合作的群体中。当群体拥有共同的目标，开始分工合作去完成一项任务时，他们会面临许多不确定的因素。首先，有关任务实现的路径和方式多种多样，有限的认知使群体在合作时只能制定较为粗略的计划，在实施过程中必须根据出现的新信息调整相互的合作方式。其次，每一个个体都具有独特性，他们的知识不同，性格有差异，沟通偏好不同，要真正高效地完成任务，就需要个体之间相互适应，发展出独特有效的合作办法。组织管理者在试图形成协作的能力过程中，受到自身知识与技能的影响，也会考虑

实施任务的个体特征，这使不同组织的培训和生产过程有所不同，不同的个体甚至在操作机器上也会形成略有差别的操作习惯。不同的群体也就形成了略有差异的惯例，惯例差异导致了最终产品的质量与成本差异，并决定了企业在竞争中的位置。

因此，惯例不仅是设计的结果，还是群体在完成任务过程中互动的结果。企业之间的竞争，在很大程度上是建立惯例的竞争。在竞争过程中，不同的契约模式、不同的领导者、不同的环境都会对最终的惯例特征形成重要的影响，并最终影响企业竞争力。

## 四、惯例研究的概述

惯例概念最早由美国学者 Stene（1940）引入社会学理论的范畴。受益于达尔文的进化论的启发，学者将基因、进化、选择等概念应用到企业理论中，Alchian（1950）认为企业对刺激应对就如同生物的进化机制，March 等（1958）将惯例引入企业研究，认为组织惯例是指导企业的执行程序。Nelson 等（1985）则引用生物进化论上的基因概念，将惯例比作组织的基因，通过组织惯例，组织中的产品、技能和知识保持、传递和延续，使得组织持续生存并保持长久的稳定，同时，市场被看做一种选择机制并决定了企业的形态。Williamson（1973）认为，企业之间的市场竞争与生物界的自然选择相似，具有优秀惯例的企业具有更高的效率，获取更多的资源，由此发展壮大。学习能力强的企业通过模仿优秀企业的惯例，也能够实现生存和发展，而缺乏有效惯例的企业因为无效率而在竞争中淘汰，从进化的角度看，优秀的惯例随着效率组织的发展而扩散，这就类似于基因的传播。

一些研究者，例如，Pentland 等（1994）、Truxillo 等（2012）进一步发展了惯例的组织含义，将其类比于语法，组织使用惯例来应对各种现实事务，就好像人们使用语法来创造应对各种场景的语句，即惯例是组织处理各种现实事务所遵循的行为模式（语法规则）。Levitt 等（1988）研究组织学习的过程中，将惯例视为指导行为的规则和程序，这些惯例来源于组织学习。Baum 等（1994）沿用了 Nelson 和 Winter 的分析视角，将惯例看做通过复制过程，保持、传递和延续组织技能和知识等信息的手段，外部环境是影响惯例的主要因素。

早期大多数研究者把惯例认为是一种编码的知识，后期则有研究者将其更多地视为组织的隐性知识。Cohen 等（1994）认为，惯例不同于或至少不完全等同于有着明确的阐述和规范的执行程序。惯例通常由惯例参与者在互动过程中生成，具有相互锁定、相互触发的特征。组织中的个体扮演特定的角色、完成组织任务中的局部内容，因此只形成和拥有局部的惯例，组织整体惯例在多个行动者的互

动中体现，难以被整体观察和掌握，因此，惯例并非是可以被完全编码的。Feldman等（2003）认为，组织惯例包括两个部分：一是概念结构，二是组织在具体情境下的行为模式。概念结构指导组织形成应对具体环境下的行为模式，这使企业既能够保持惯性做法，同时能够实现变革创新。Becker等（2004；2005）在系统总结惯例概念的成果基础之上，认为惯例可以解释为一种启蒙功能，Cyert等（2010）指出，惯例在很多情况下表达的是一种组织成员的共同信仰抑或一种文化认同。

Giddens（1984）认为，作为一种社会现象，惯例与传统、风俗和习惯一样，都需要执行主体（或者参与者）的主观努力，而不是像传统观点认为是无需思考或者是自动化的。作为组织柔性和变化的来源，惯例是一种重复的、可识别的行为模式，并非是静态的或者固定不变的，而对于影响惯例变化的重要动因也不是由财务危机或者新技术的引入等这些外生的组织环境变化，更重要的原因来自于作为内部要素运动结果的惯例执行者的能动作用。

大多数企业生存的时间少于10年，只有极少数企业能够持续生存100年以上。杜邦公司、通用电气公司是少数实现了长期生存和发展的企业，但这些企业的面貌在100年的时间里发生了根本的变化，企业成立之初以及早期发展的惯例早已发生了改变。可以说，一家企业能够持续生存的原因，在于惯例的改变。Nelson（1994）注意到企业主动选择改变惯例的现象，新的惯例的提出和获得是企业持续生存的关键。企业主动发现市场的变化，积极制定新的战略，发展新的产品和技术，然后在提供该产品和技术的过程中形成新的惯例，获得新的竞争优势。企业的惯例是在追寻新的战略机会中逐渐形成的，为了利用新的机会，组织有意识设计和改变自身的组织结构、设定新的制度和规则，并通过持续的激励来引导员工在互动过程中形成新的惯例。

## 五、惯例从何而来

达尔文主义演化观并不考察惯例的来源，他们认为，惯例来源于各种可能的偶然因素，重要的是这些惯例会受到竞争的考验。企业与生物物种一样，优胜劣汰是唯一的竞争法则，那些能够提高企业竞争能力的惯例变异会保留和扩散，企业的演化过程就表现为惯例被保留、变异和重组的过程，具有渐进性和连续性。随着不断变异和选择，新的企业总是将更能适应新的环境。

拉马克学说认为，惯例是组织主动设计和学习的结果，搜寻、设计和互动学习过程是企业新惯例的主要来源。组织的内部适应性变化通常来源于组织及其成员的有意为之，当市场出现了新的技术，企业就会发展出新的产品和工艺，并组建和培训出新的工人团队来生产新产品，在此过程中，企业就增加了新的生产惯例。Lawrence（1967）和 Pfeffer 等（1978）指出，组织会感受到环境变化及其带来的压力，也会主动回应这些压力，通过开展组织变革来不断适应环境的变化，确保自身的生存和发展。

拉马克学说认为组织功能用进废退，能够实现获得性遗传，因此，企业可以通过惯例的不断地自我改进实现永续生存。企业的各种惯例与管理者的主观意图密切相关，演化的结果与管理者设计结果常常一致，并能够作为一种稳定的品质获得遗传。企业的环境本身常常是其发展的结果，例如，智能手机行业的发展过程中，苹果公司的产品塑造了市场的需求，同时也促发了诸多手机厂商对于苹果公司惯例的模仿，这也就改变了苹果公司的环境本身。

拉马克学说符合企业惯例发展的现状，组织的主动学习塑造了新的惯例。组织的学习机制是组织惯例演化的原动力，通过有规律的集体交互学习，组织能够对原有惯例进行修正，实现惯例的不断演化（Feldman，2000）。集体性日常学习机制，常常表现为企业中各种团队对于信息的交流讨论和提出新方案，然后在企业中实施新方案，例如，推出一个新产品，发展一种新的生产方法等，在此过程中，参与新方案实施的群体之间形成了新的合作模式、创造了新的生产能力，而设计新方案的人也可能总结出了新的系统知识。这些在实施新方案过程中形成的相互结合的知识就构成了新的惯例，而这些新的惯例知识与原有的惯例知识可能出现重组（Feldman et al.，2003），从而带来新的实践过程和新的组织能力，由此创造和适应了新的情境。

Adler 等（1999）对丰田公司在美国的一家合资公司调查发现，管理者为了实现与外部环境的相互匹配，主动设计和推动变革，建立了一套新的惯例机制来及时修正旧的惯例。当出现新的变化，面临新的环境时，管理者会发现既有惯例不能带来预期的结果，他们会集体讨论拿出新的方案，通过在实施过程中逐渐调试，组织就会形成一组新的惯例。

## 六、惯例与企业家

企业家创建了企业，这包括为企业定义了最初的产品和运营方式，获取财务资源、招募人员、建造生产服务设施，并形成一个能够提供产品（服务）的组织，将产品或者服务创造出来并稳定销售给顾客。企业家是成功企业的起点，也是企业惯例出现的起点。

现代工厂的生产惯例，与机器设备的发明密切相关。工人作为机器的辅助被结合到生产过程中，这是现代工厂生产的基本惯例。法国历史学家保尔•芒图（1983）指出，机器是一套机械装置，在简单的动力推动下实施从前由一个人或几

个人进行的技术操作所构成的动作。机器与工具的区别是，机器不是工人手中的工具，而是一种人为的手。

最早的英国棉纺工厂由理查德·阿克莱特创建，其起点就是发明了纺纱机，然后将纺纱机布置在新修的厂房里，厂房建设在湍急的河边，利用水车来给纺纱机提供运作的动力。阿克莱特作为企业家，创建了工厂生产的惯例，成为英国工业革命的起点。移动流水线生产惯例的最初创建者，是汽车工业的杰出企业家亨利·福特。福特创造了著名的T形车，试验和创建了汽车工业史上的第一条移动流水线，获得了大批量低成本生产汽车的能力，由此开创了平民汽车的时代。

企业家是企业惯例发生的起点和领导者。在创建一个企业时，企业家发挥着中心的领导作用，他领导设计了产品和生产设施，制定了企业的运营模式，并带领着最初的管理层和员工去实现企业的目标。可以说，企业的运营模式是企业家领导设计的结果，正是在企业家带领实施运营模式的过程中，各种惯例才得以建立和培养。福特创建了移动流水线，同时也促使了流水线工厂生产惯例的产生。例如，相对于同期底特律的机械工厂，福特流水线工厂的工人养成了更高的纪律性，工人之间的协作更紧密、缺勤更少、工资更高且形成了著名的8小时工作制。工厂的许多惯例并非是刻意设计的结果，但工厂的人为设计却是许多惯例得以形成的环境，而惯例在很大程度上帮助了工厂设计目标的实现。

## 七、惯例与投资者

投资者专指财务资源（资金）的投入者。企业家常常将自身拥有的财务资源投入企业，因此，企业家自身也扮演着投资者的角色。为了能够清晰地描画投资者角色，本书在分析投资者时，并不考虑他可能扮演的其他角色。

投资者将资金投入企业的动力是什么？如果将企业家的角色从投资者中剥离开，投资者唯一的乐趣就是获得资金的回报。回报取决于两个方面：一是企业创造了大量的财富，二是投资者获得了对企业财富的特定索取权。

企业的惯例是竞争获胜的关键，也就是财富创造的关键。惯例是在企业运作过程中形成的，在惯例尚未形成时，企业耗费资源但并不能有效提供产出，因此，惯例就是初期投资的对象与产出。投资者的资金不仅购买了厂房、设备等，更重要的是将人力资源与其他资源有效结合起来，培养出了高效能的惯例。投资者将资金投入企业，用于惯例的建设，这意味着投入的资金转变成了组织的惯例。

投资者为了保护自己的收入，需要能够清楚地监控企业财富的生产过程。因此，投资者会要求企业建立各种规则和制度、建立完善的信息监控系统，以便清

楚反映企业的运营情况。由此，投资者的要求会成为企业在经营互动过程中的约束条件，这将影响各层次管理者和员工的行为模式，即影响企业惯例的形成和特征。例如，企业的财务报销制度就受到投资者的影响，由此会形成诸多企业处理报销的行动惯例，也会影响企业经营活动的惯例。

投资者也会积极行动塑造企业及其行为。在 20 世纪初期，JP 摩根公司代表着大量投资者的利益，对铁路企业、钢铁企业的合并与运营管理进行了实质性的影响。在最新兴起的网络约车市场，两家发展最为迅速的企业——滴滴出行与快的打车——在投资者的要求下，实现了合并。投资者对于企业惯例行为的塑造，是通过对高层管理者的影响、对组织战略和结构的影响来实现的。投资者希望网约车有超越城市出租车的服务惯例，以便能够在竞争中超越出租车，这就最终塑造了滴滴出租车司机的服务惯例。乘客的普遍感知——滴滴服务质量高于出租车服务质量，这正是投资者期望的结果。

## 八、管理者、操作者与惯例

企业的各种惯例都是在群体互动过程中形成和确认的。管理者是企业中重要的群体，他们负责协调实现企业的各种目标，负责设计和养成生产惯例。

惯例常常是由设计引发的。管理者为了完成某种特定的任务，常常对工人之间的相互协作进行设计。他们将完成一项任务所需的行动进行分解研究，然后将其设计为一个个的岗位，并规定好这些岗位之间合作的方式与信号。但设计本身常常是不完善的，因此，优秀的管理者在发布设计时，首先会发布任务目标，设计则作为实现目标的路径指南。工人在实施时将设计作为指导，同时根据自身的知识技能、任务的目标来调整具体的行为，在此过程中也有不断的试验尝试，在经过一段时间的试验练习，工人才真正掌握了完成任务的稳定技能及相互协作的方法。此时，一种惯例才真正出现。

管理者对于惯例的影响不仅在于最初的设计指南，同时也参与到工人群体试验和养成惯例的过程中。他们会辅助工人学习和试验，引导工人交流和协作，并根据工人试验的情况更新有关操作设计，将最新获得的知识反映在操作手册上。这些操作手册事实上就是惯例的显性知识部分，而惯例的隐性知识则分散储存在不同分工的工人心智，他们相互密切和稳定的关系也是惯例的重要组成部分。当一个工人离开时，企业可能会失去部分他拥有的隐性知识。新的工人到来时，他能够通过与相邻工人的交流学习岗位知识，并且通过观察和模仿相同岗位工人的工作逐渐获得隐性知识，并实现与相邻工人的高效协作。

## 九、本节小结

惯例描述了优秀企业组织具有的一种特质，一个惯例使企业拥有高效实施一种稳定行为模式的能力，使企业在遇到类似刺激时能够反复实施该行为模式。企业惯例在一方面类似于个人习惯，使企业能够在面临相似情境时采取高效行动，在外界看来，惯例甚至就是特定信号触发的无需思考的机械行为，一种自动的行动程序。很显然，类似于习惯的惯例并不是自动生成的，而是组织在开展重复行动过程中养成的。

惯例的演化是企业演化理论的核心。然而，大多数研究者在讨论惯例时，都忽略了企业组织，这就好像在讨论基因的时候，忘却了生物个体本身。惯例具有知识的特征，不仅有显性的知识，更重要的是有隐性的知识，因此惯例不能脱离具体的组织而独立存在，企业组织是惯例的基本载体。

惯例并不是自我传播或者是自我演化的，它是组织学习的结果。组织学习是组织中个体在特定情境下的学习，个体在学习过程中受到组织目标、层级设计、激励制度以及群体之中互动的影响，由此获得的知识技能存在结构关系，这种结构关系影响了惯例的独特性质，从而使每一个企业都有不同的表现。

# 第三节 认知视角的企业理论

不同的理论有着不同的关注点、假设基础和政策推论。契约观点视企业为利益相关者签约的结果，重视对各种契约类型的解释。从有限理性、机会主义以及合作的特殊生产力（专用性资产）出发，契约理论家试图证明形成企业的契约条款克服了人类的弱点及其导致的合作困难，实现了最大化的合作利益，政策推论则是要维护自由契约的环境以及保护由此创造的契约执行。演化观点的企业理论，其基本假设则是团队生产的生产力来源于主观构建、创新和协调，其关注点是企业能力的发生、演化过程，其政策推论则是要激发和保护企业家精神，塑造有利于企业学习、演化的环境。

无论是契约观点还是演化观点，企业都被认为是人类主观的构造物，企业的具体形态与利益相关者的认知相关。企业理论本身，也是理论家认知的产物，理论的创建也具有影响社会认知的目的和作用。本书的目标，是要使用认知的观点来分析企业现象。

人具有认知意义上的理性。一方面，个体只能在他所知的行动集合中进行选择，他会试图选择最有利的行动；另一方面，行动集合是其认知活动累积的

结果，个体的认知历史不同，其拥有的行动集合就不同，对每一个行动预期的成本收益也会有所区别，因此在面临相似情境需要做出决策时，其选择就有所不同。个体的知识来源于其所处的社会环境，人类社会知识的积累特征决定了不同历史时代个体知识的差异以及他们行为选择的差异。从这个意义上说，无论是企业的契约选择还是经营选择，都受到社会集体认知的影响。作为人的创造物，企业的性质与特征都必然会受到人的认知变化的影响，特别是受到社会认知变化的影响。

企业是人的组织，所有的行为和决策都依赖于人的认知。即使面临完全相同的企业环境，不同的人决策和行为也可能大相径庭，原因在于人们的认知存在差异。认知是个体基于自身已有的信念、知识、逻辑方式和技巧对自身获得的信息进行处理的过程。从认知的角度观察企业理论，就是从个体知识、信念、信息差异等角度观察企业的历史发展过程。企业是个体的集合，认知的差异增加了人们的冲突，也带来了个体知识的增长并促发创新，从认知的角度观察企业，就是分析人们如何能在差异化的认知基础上达成合作的共识，并促进企业的演化和发展。

第二章，从认知的视角，对工厂发展的历史进行观察。工厂是现代制造业的基本方式，在其发展的最初 30 年，就已经彻底改变了人类生产的面貌。第二章从认知的角度，分析工厂的知识是如何发生的，发生的过程以及形成怎样的知识和信念。

第三章，讨论企业索取权的结构与价值特征。索取权是企业的参与者获得自身报酬的基本方式，企业利益相关者会预测索取权的价值，以此评估自己的投入是否能够获得合理的报酬，并决定是否要加入一个契约结构中。为了模拟人们对索取权价值的认知过程，第三章使用一种直观表现索取权价值的几何方法。虽然人们对索取权价值估计的方法多种多样，但无论何种方法，其对索取权价值估计的结果都应该符合自然的结果。第三章使用的几何方法正是能够表现索取权价值变化的直观方法，因此将其用于后续各章的分析。

第四章，讨论认知差异对于企业索取权分配的影响，或者说，企业索取权的分配如何适应人们的认知差异，从而使得企业合作能够实际发生。所有的企业参与者基于预期收益参加到企业谈判中，谈判的结果能够实现各方预期收益的最大化和均衡，索取权和控制权分配方式正是人们适应认知差异的重要工具。

第五章，讨论认知差异对于资本结构的影响。合适的资本结构能够节约人们的认知成本，也就会节约企业的交易成本和提升企业价值。

第六章和第七章讨论影响金融机构的认知能力发展的因素，金融机构演化的

方向以及政府政策对于金融机构认知能力发展的影响。

第八章和第九章，讨论企业的横向和纵向边界问题，分析管理者的认知——知识如何影响企业的规模发展。

第十章，分析企业家是如何培养的。

认知的视角是本书观察企业现象的基本方式，本书试图描述在不同情境下人们的不同认知，以及不同认知的人如何互动，如何达成合作并推动企业的发展。

## 第四节 小　　结

不完全契约理论揭示了各种企业制度如何帮助有限理性的人们在商业机遇来临时克服机会主义动机以实现利益最大化。无论是权威与指挥现象、企业控制权设置还是剩余索取权安排，这些都是独立的个体为了实现商业机会而理性签署契约的结果。在历史过程中发展形成的企业契约帮助人们克服了机会主义对于合作利益的侵害，使参与交易的各方都获得了更好的利益，推动了企业经济的快速发展。契约是人类追求合作发展的产物，在契约自由的环境里，为了实现未来的商业机会，人们将创设更多能促进生产力的契约。

企业演化论者则描述了企业如何形成和维持使企业能高效运作的惯例。演化理论指出，企业在各自独特的经营活动过程中会养成集体思考和行动的惯例，拥有高效惯例的企业在竞争中取胜并扩大规模，而新兴企业会主动学习获胜企业的做法使有效惯例广泛传播，无效的企业惯例则随着创建其的企业衰亡而消失。因此，企业发展史也可以视为企业惯例的竞争与演化史。

无论是企业的契约还是惯例，都是人类认知的产物，从认知的视角观察企业的契约形成和惯例演化，不失为一个有益的尝试。本书的目标，就是要从认知的视角，对企业的主要现象进行探索性分析。

# 第二章　工厂产生的历史——认知视角

工厂是现代社会制造产品的基本方式，超过 90%的工业产品在工厂中制造完成。当代社会物质生活水平的提升，在很大程度上要依赖于工厂技术与效率的发展。在现代社会，工厂是被广泛认可的生产组织方式和社会知识，许多人掌握工厂的组织方法，能够成功设立工厂进行不同产品的生产，还有一些人能够组织设计出独特的机器和流程，成功训练工人开展创新产品的生产。工厂也是一种广泛被认可的社会制度，人们支持工厂的建立，允许工厂自行决定如何开展生产以及生产的产品种类和数量。

在 18 世纪 70 年代以前，世界范围内工厂尚未出现。工厂尚未存在的含义有两个：一是使用机器将一群人组织在一起进行生产的工厂生产方式和知识都不为社会所知；二是 18 世纪的社会大众也不接受可以自由开展生产的组织——自由雇佣、自由决定生产数量和销售产品。

然而在 18 世纪 70 年代之后的 30 年间，工厂在英国出现并快速发展壮大，迅速成为英国社会工业生产的主要方式，推动了英国工业革命，并使英国成为世界第一强国。工厂的出现也是企业历史上最重要的事件，它成为其后工业社会的主导生产方式，代表着人类生产组织方式的一次巨大飞跃。本章讨论两个主题：①工厂作为一种知识被发明和传播的过程；②工厂作为一种新的生产组织方式被社会认可的过程。

## 第一节　工厂出现以前的工业组织

工厂出现以前，商品生产的组织方式有两种：一是家庭工业，二是工场手工业。两种组织方式使用的技术是相似的，区别在于工场的规模要大一些，类似于将多个家庭生产集中在了一个场所。在 18 世纪，英国以家庭方式生产的产品数量要远远超过以工场方式生产的产品数量。相对而言，欧洲的工场更为发达，但大多数商品仍然是手艺人以家庭为基础生产完成的。

### 一、家庭工业

顾名思义，家庭工业是以家庭为单位制造产品的工业形态，每一个家庭同时

也是一个作坊，是居所和生产合一的地方。由于遍地是羊群，羊毛纺织业是 18 世纪英国的主要工业，这项工业的生产单位就是家庭作坊。绝大多数羊毛织品都在家庭作坊中完成，手动的织机和纺车是最主要的生产工具。

在每一个织工家庭，家长既是工匠，也是销售员、采购员和管理者。芒图描述了英国家庭纺织业的组织状态，如果织工的家庭相当大，一家就可应付一切，在成员间分派次要的工作：妻子和女儿管纺车，儿子刷羊毛，丈夫则使用织梭去织。织工在其住所兼作坊的茅屋里成为生产的主人。他不仅拥有工具，还拥有原料。织物一经织好，他就亲自把它拿到邻近城市的市场上去出卖。

在市场上，商人是羊毛织物的主要购买者，他们从家庭业主那儿购买各种各样的羊毛织品，然后把它们销售到欧洲大陆市场。商人与家庭业主通常汇集在传统的集市上交易，与中国乡镇上的赶集类似，18 世纪英国的集市也通常定期召开，典型的集市通常沿街设立，两边摆设四脚桌子，形成两条无间断的大柜台。织工（家庭业主）一清早就带着自家生产的织物来了，很少人一次带着一匹以上。上午七时开市，柜台上摆满了货物，商人及其伙计都在两排桌子中间走过去，进行选择和购买。织工卖掉带来的织品后就离开了，集市大多能很快完成交易，通常在上午八时便收场了。

要把羊毛变成精美的呢绒或者毯子，要经过许多步骤，纺纱和织布是其中最主要的工作。纺纱就是把整饰好的羊毛纺成细细的毛线。纺纱时，工人一手摇纺车，一手捻线，需要手指灵巧，并不耗费很大的体力。织布是把细细的毛线织成布匹，其技术特点与纺纱截然不同，不仅要有技巧，更需要有较大的力量。两种工作的不同特点带来了家庭的自然分工，男人通常负责织布，而女人和孩子则负责纺纱。织布与纺纱的效率存在着很大的差别，一张织机要正常工作，则需要有五六个纺工劳作才能够供应充足的纺线。如果织工的家庭相当大，他就可以在家庭内部实现纺和织的平衡，但大多数织工在原料上都难以实现完全的自给自足。为了充足的纺线，一些织工就要主动去寻找更多纺工为其加工，这促发了家庭之间的专业化，大多数人家专门负责纺线，另外一些人家则专门织布。

纺纱与织布工作在家庭工业中出现了专业化分工，但二者之间的关系是以织工为主的。织工由于效率更高，常常不能找到充足的纺线，因此他们通常带着原料去寻找纺工家庭，签订类似于来料加工的契约。对于纺工而言，受限于生产能力，他们大多满足于签订一份好的加工协议，不用操心原料和销售自然是好事，这也使他们丧失了对于市场的知识。1733 年飞梭的发明大大提升了织布的效率，加深了织工之间对于纱线的竞争。具有进取心的织工提升纺纱的价钱，努力与更多纺工达成长期加工的协议。普通的纺工满足于高的加工费，将精力放在加快纺

纱的工作中，减少了对市场的信息获取，这也是大多数纺纱工在未来地位下降的重要原因。

英国的家庭工业与农业有着某种独特的联系，老板兼工匠通常也是土地的所有者——他的房屋四周通常有几英亩（1 英亩≈4046.86 平方米）大的围地。这些土地并不用于耕种，而是用于饲养一些家禽和家畜，包括母牛和马匹，如保尔·芒图（1983）所述，它们帮助家庭工业能够顺利发展，每一名制造者都须有一两匹马，以便到城里去购买原料和食品，把羊毛运至纺工家里，把织成的呢绒运至漂洗坊，在制造完工后，把呢绒运至市场去出售。此外，每一名制造者通常还有一两头母牛，或者更多，以便供给其家人牛奶。他的房屋四周的田地是供饲养母牛之用的。

家庭工业是 18 世纪英国最主要的工业形式，虽然每个家庭的生产规模很小，但数量众多，总体的产量很大。例如，在家庭工业繁荣的约克郡西区，1740 年曾出产呢绒近十万匹；在 1750 年出产呢绒近十四万匹；在 1760 年，对法战争及其商业后果致使这个数字降到十二万匹；但在 1770 年又升到十七万八千匹。工匠将其双手所织的匹头亲自拿到利兹或哈利法克斯的市场上去，由此流传到全英国，并输出到荷兰各港口、波罗的海沿岸各国，甚至远及地中海东部诸商港和美洲殖民地（保尔·芒图，1983）。

## 二、商人工场的出现

英国羊毛纺织业传统商人是将家庭工业与零售小店主联系起来的居间人，从家庭生产者处购买织品，然后卖给英国乃至欧洲各地的商店店主以最终销售给消费者。生产与销售之间的遥远距离阻碍了需求信息的良好传播，生产者的产品要完全适应消费者的需求是十分困难的。为了让生产的产品能够满足顾客的需求，商人通常也参与一些产品的后期加工工作，例如，织工交付的呢绒匹头通常都是未整饰也未染色的，商人不会要求织工在染色之后再购买，而是自行完成后续的工作。商人更多了解顾客需求的特征及其变化，也就能够根据这些变化来对初级产品进行后续加工。因此，商人雇用工人，开设作坊，成为此类工作的企业主。

织工与商人最初是简单的市场交易，商人在市场上挑选并购买合适的织品，织工根据自己的经验独立生产，也不时观察市场上需求的变化并尝试新的生产。总体而言，商人与织工之间并无稳定的交易关系。但随着商人市场的拓展，到早市上就常常不能找到充足的符合市场变化需求的货源，因此，他改为向织工家庭预先订购产品，要求织工按照他的需要进行生产。从市场上随机选购到向织工订

购，这种方式的转变引发了一系列的变化。

商人与织工之间逐渐形成了一种相互垄断的关系，如果没有任何实际的保证，织工按照商人要求进行生产会有更高的风险。如果该商人在事后拒绝购买，织工按需生产的产品就很难在市场上销售出去，或者必须要降价销售。这就是威廉姆森所讲的专用性的弱点，容易导致双方交易困难。商人如果希望增加在专用产品上的产量和质量，就需要给织工提供更多的保证，例如，向织工支付订金，或者向织工提供原材料。这些办法使织工专注于生产，提升了产量，但同时也就降低了织工的独立性。商人逐渐和更多的织工建立了稳定合作关系，这使他们有机会了解不同织工的技术能力以及技术方法。当新的生产工具发明时，商人也通常最先了解新工具的价值，并积极推广这些新技术。推广的办法是，商人向织工提供贷款购买新的工具，利息和本金就从以后生产的产品收入中扣除。逐渐地，商人与家庭生产者之间的关系演变得稳定而不对称，商人提供给家庭老板越来越多的资金贷款、原料供应以及生产指令，同时也就展现出了更多的权力，让家庭生产者深感独立性的丧失以及权力的不平等。

商人更多涉足生产的各个环节，是由市场推动的。当商人感受到需求难以满足时，他们就会想办法创造更多的产出，更多参与到生产环节的协调，这是他们获取更多产品供应的有效途径。例如，在毛纺织业，一些商人参与到整个生产环节的组织中，他买进未脱脂的羊毛，自行负责找人梳刷、纺织、漂洗和整饰。这些商人拥有了各个生产环节的原料，也拥有了各种相继形式上的产品；经手加工产品的那些人，虽然有表面上的独立性，但与受雇于老板的工人差别并不大。

商人参与生产组织使整个生产链条的交易变得常规和协调，比自由的市场交易有更高的效率，商人由此获得了更多的产品数量，质量与价格也更可控。大多数商人满足于这种协调的模式，生产者仍然在各自的家庭，按照商人的指令开展生产，这类似于当今许多企业加农户的模式。也有一些商人希望获得更多的生产控制，他们把原来各自在家庭中的生产集中到一个建筑物。例如，一些呢绒商把织机收集到自己家里，并且不像老板兼工匠那样只把三四架织机安在一个作坊里，而是把十架或十二架聚在一起。由此，一些较为大型的手工工场出现在纺织业中。然而，这一类的手工工场并没有成为英国羊毛纺织业的一种主导模式，这是因为家庭生产与工场生产二者各有优势（表 2.1），工场生产的优势并未超越家庭生产的优势，虽然能够通过集中监督提升产量，但监督的成本以及工人的工资要求都有所上升。因此，工场生产在英国没有成为主流方式，即使开设集中手工工场的商人也继续雇用一些在家里劳动的工人。

表 2.1　家庭生产与工场生产各自优势比较

| 生产方式 | 生产效率 | 监督成本 | 原料及半成品运输成本 | 工人交通费用 | 厂房成本 | 工人心理成本 | 技术进步 |
|---|---|---|---|---|---|---|---|
| 家庭生产 | 低 | 优势 | 高 | 优势 | 优势 | 优势 | 慢 |
| 工场生产 | 优势 | 高 | 优势 | 高 | 高 | 高 | 优势 |

## 三、线性协调演化与中心协调模式

亚当·斯密（2012）指出，市场扩大与专业化分工是一个相互促进的过程。专业化分工提升了生产效率，降低了生产成本，这使最终的产品价格可以降低，既可以增加本地的消费，也能够克服运输成本销售到更远的地方，创造更大的市场。市场的扩大也同样促进生产的专业化分工，它使每一个生产环节都有足够的工作量，这使单个生产者专注于生产一个中间产品就可以获得充分的收入，由此提升整个生产链条的分工专业化水平。

分工和专业化固然提高了单个工序的效率，但也增加了交易和协作的成本。分工越细致，相互的交易就越多，潜在的交易成本就越多。最初的协作发生在家庭作坊内部，家庭作坊之间的协作则依赖于市场交易。当两个潜在的交易对象相遇时，他们并不一定能成交。不能成交的主要原因，在于买卖双方对于交易产品理解的不一致，买方想要购买之物并不一定是卖方已经生产之物。要解决这个问题，办法有两种：第一种是买卖的双方都集中起来促进交易，如集中到一个固定的场所——集市，一个买方固然有独特的需求，但参与的卖方数量大，自然能够碰巧遇见合适的，因此，大的市场具有更高的成交概率，但参与市场和搜索合适的卖家（买家）的成本依然很高；第二种是买卖双方在生产前就达成契约，取得生产产品的一致意见。这两种方式都有各自的交易成本，交易成本如果超过了专业化分工的收益，专业化分工就不可行。因此，需要形成能够降低交易成本的协调模式，协调模式的价值就等于其能够降低的交易成本。

如果各个生产环节之间的交易都是依靠到市场临时谈判，那么他们之间的关系就是线性的。此时，农民、梳棉工、纺纱工、织布工、印染工、商人构成的链条上，相邻生产环节的交易者都需要集中到市场，以便他们能够在一起谈判交易。由于各个环节之间的相互影响，任何一个环节的变化，都会导致整个链条上的所有环节产生交易谈判。例如，由于天气原因减产，农民就会与梳棉工谈判提高棉花价格，梳棉工在与农民谈判棉花价格的同时，也就需要与纺纱工对棉纱的价格进行谈判，纺纱工也需要与织布工谈判。这样，生产链上所有的参与者之间都被卷入谈判中来，由此造成的谈判耗时很大，成本很高。生产环节上的线性谈判如

图 2.1 所示。

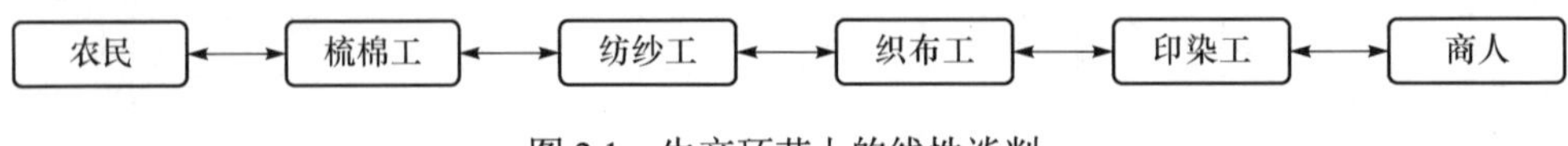


图 2.1　生产环节上的线性谈判

另一种组织交易的模式是有一个中心协调人，如图 2.2 所示，当商人作为中心协调人与每一个生产环节上的所有者签订合同。他向农民签订的是购买棉花的合同；与梳棉工签订的是将棉花梳理成可以纺纱的洁净棉条的合同；与纺纱工签订的是把棉条纺成纱线的合同。在中间的每一个环节中，他都拥有原材料和产成品，只是购买中间生产者的加工服务。假定农民因为收成原因要调整价格，商人需要和农民谈判。但此时，商人与农民谈判的价格并不需要影响梳棉工的加工价格，对后续工序的所有者的加工费均无需改变，只需维持原有的协议即可。由此可见，中心协调模式比线性自由市场的交易模式节约大量的交易成本，大量减少了各个环节所需交易谈判的数量。

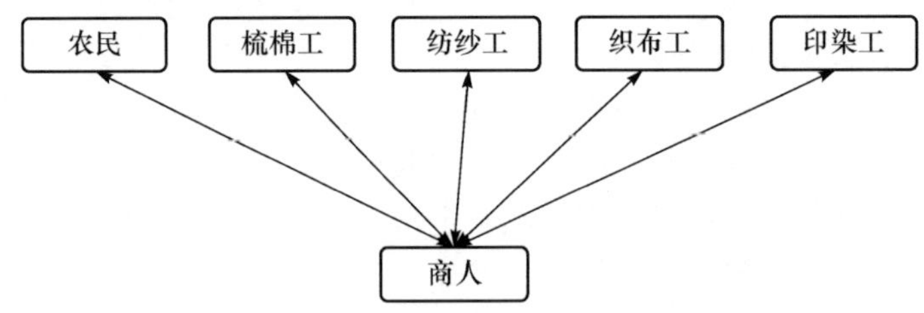


图 2.2　纺织生产链条的中心协调模式

由于中心协调模式节约交易成本的特点，这种交易模式自然会被更多地使用，成为主导的交易模式。事实上，中心协调模式的发展也是渐变的，许多织布工在从棉花到织布的过程中曾经担任过中心协调人的角色，他们自己购买棉花，找人梳理，然后找到纺纱工将梳理好的棉花纺成所需的纱线，最终自己纺成布匹并销售给商人。其后，商人也参与进来，并在更大范围内协调生产，成为中心协调人，拥有整个生产链条的原料和产品。

从线性协调演化成中心协调，这是降低交易成本的必然结果。在此演化过程中，中心协调人获得了降低交易成本的大多数收益，并拥有了更多的权力。那么，是哪些因素决定了什么样的人最终成为中心协调人呢？

## 四、认知机会和能力对生产协调模式的影响

在线性生产模式到中心协调模式的演化过程中，成为中心协调人意味着更多

的收入，但谁更可能成为中心协调人呢？信息机会和认知能力在此过程中起到了重要作用，不同环节的信息机会不同，这使不同环节中的个体成为协调中心的概率也不同。环境变化带来了生产链环节上信息机会的变化，促使了特定环节上的人们更多去协调生产的动机。例如，在飞梭发明之后，织工的生产效率大幅上升，纱线供不应求。织工之间为了获得充足的纱线而激烈竞争，纱线价格上涨仍然供不应求。此时，一些织工为了锁定纺纱供给，就主动给予纺纱工更多的便利，包括提供原材料给纺纱工以及提供贷款帮助纺纱工购买手摇纺纱机等。在此过程中，织工就形成了对多个工序的协调，也拥有了更多的信息，而纺纱工则专注于生产，失去了参与协调的动机。芒图在描述英国毛纺织业发展历史过程中，描述了一段有关织工成为协调中心人的景象：织工仍然保持着一切外表上的独立性。他在自己家里并用自己的织机进行工作。他甚至于扮演着企业主的角色，负责管理制造，往往是他自己出费用叫人去完成梳和纺的工作，他供给生产工具和几种次要材料。此外，他并不专门受雇于一个主人，他家里有四五个呢绒商委做的工作，并不稀奇。在此情况下，自然会使他认为自己不是一个工人，而是一个与富有的顾主进行两厢情愿的交易的承包人。

而纺纱机器的发明，则带来了相反的效应，纺纱厂的经营者生产了大量的棉纱，为了增加销售，他们主动与织工协作，让织工按照他们的要求把纱织成产品，然后再协调销售产品。在纺纱厂大量生产棉纱后，阿克莱特就尝试协作不同的织工织成各种各样的产品用于销售，其他的纺纱厂为了给自己生产的棉纱找出路，也纷纷开始协调甚至自行开设织布厂，由此形成了纱厂主在纺织行业中的主导地位。

在从原料生产到最终的产品消费链条中，商人是具有最大信息优势的群体。优秀的商人能够识别更多的市场需求，因此对产品的采购需求也就更明确，数量更多。当有限的市场供给不能够满足他们的销售机会时，他们就会主动去影响织工。例如，签订与织工的固定采购协议，要求织工能够提供符合要求的更多数量的产品。为了让织工听命于他，就需要提供略好于原有状态的利益给织工，例如，直接提供原材料给织工，贷款给织工购买更先进的生产工具，由此他降低了织工的技能要求，扩大了织工的数量。逐渐地，商人甚至直接给纺工提供原材料，然后将纺工的产出提供给织工，然后再做最后的加工，由此，商人逐渐开始对整个生产链条进行管理和控制。这样做的优点是降低了各个环节相互协调的交易成本，同时也降低了各个生产环节因为错误决策带来的成本。在各自独立的交易链条中，织工需要自主决策生产内容，需要自行协调与纺工的交易，需要自行筹措资金，安排整个生产过程。交易成本不仅是相互协商和信息的成本，也包括织工对市场信息不准而错误决策的成本，这就是织工的经营风险。当商人替代织工进行一系列决策时，交易成本降低了，

这包括决策的专业化水平提升，商人因为拥有更多市场信息而决策更为准确，同时也因为集中的规划使各个生产环节之间更加协调。各个生产环节之间交易效率上升，使他们有更多的时间集中在生产上，由此生产变得更高效，产出水平更高。商人由于信息优势，最终积累了更多的专业化协调能力，这使他们中的优秀者更有机会成为整个供应链条的协调者。

从纺织业的各个工序从业者最终演变为中心协调人的各条路径都是存在的，既有从纺纱者最终转变为行业协调者的案例，也有织布者进入纺纱并实现供应链协调的例子，但更多的中心协调人最初来源于商人阶层。那些成功成为协调中心和权力中心的人，既有个人的认知优势，也常常结合了所处环节的信息优势，这使他们既拥有了必要的创造能力和开拓精神，又受到所处环节的信息激励，从而拥有了协调生产链环节的知识和技巧，成功占据了新模式的核心位置。整个供应消费链条的分工演化结果，既实现了生产活动的专业化，也实现了信息处理和决策的分工和专业化。

## 五、工场没有成为主流的生产组织方式

工场是中心协调模式的一种具体实现。将多个环节的工序集中到一个建筑物，形成大规模的生产，这似乎是更能节约交易成本的做法。然而，在英国羊毛纺织业，工场没有成为主要的生产方式，究其原因，在于工场新增了管理成本。

一个商人，他可以与家庭工业合作，采购所需的产品。这种合作可以达到一种紧密的状态，例如，商人可以作为一个中心协调员，向纺纱工提供棉花，然后让纺纱工将纱线供应给织工，织工再将织品交给印染工，最后交付给商人。在此过程中，商人负责发号施令，记录每一个工序的投入产出，根据各工序的实际产出支付报酬。商人垫付整个过程的原料成本，也可以向工人提供购买生产工具的贷款，贷款由产品工钱来偿付。

商人的另一个做法就是设立工场，安装好各种生产工具，然后将工人召集到一起，听从统一的生产指令，开展生产。二者之间的差别在哪里呢？生产过程的监督。如果是分散进行生产，生产过程就难以监督。然而，监督本身不是目的。目的是要以较低的成本获得特定数量和质量的产出。无论是在家庭生产，还是在工场生产，如果产出可以同样地检查和计量，监督生产过程就不如计量最终产出。采用计件工资的做法通常减少了监督的需要，这有利于降低监督的成本。

集中生产的可能优势是降低运输成本。家庭生产制度下，商人要把原材料分送到每一家，中间产品需要在各工序的家庭之间运输，这确实要花费不少成本。集中在工场生产，运输的成本就可以大大降低。但是，在集中生产模式下，要计

量每一个工人的生产却更不容易，工人在一个场地上生产，就不容易区分出每一个工人使用的原料和产出，如果每一天都要仔细区分，管理的成本自然会很高。同时，工人在自家生产，就不用每日到工场上班，就可以节约路上交通的成本（时间）。另外，工人在家中自主生产，还能够自由安排生产的时间，根据自身的需要自由决定工作的时间可以显著提升工人的时间效用。对于商人而言，他也无需建造一所大房子来集中生产，场地的成本就可以节约了，同时，家庭生产中工具属于各个工人，工人对生产工具也会更爱护。因此，把生产分散在各个家庭与集中在一起生产，二者从组织成本的角度，相差并不明显。这意味着，两种生产方式在一般意义上并无显著差异，决定哪一种组织方式能够取胜，还有其他的因素。

法国大型工场的发展史也证明工场在与家庭小工业的竞争中缺乏优势，难以战胜家庭工业组织模式。相反，在实际竞争中，工场处于某种劣势，需要依靠政府的扶持才能够生存和发展，法国著名工场的衰落就是这样的例子。法国工场分为三类。第一类是国王所有的国家手工工场，其资本来自王室金库，产品通常是供国王本人使用的奢侈品。第二类是王室手工工场，为私人所有并为公众的消费而制造。王室手工工场建立在特定区域，除了官方给以保护外，还得到一切支援，如国库的直接津贴，省三级会议及市的无息贷款，免除最重的赋税（军役税、盐税和军人宿营税）。第三类是特权手工工场，这类工场有制造和出售某些商品的绝对专利和垄断权。大型手工工场通常只有在政府和王室支持下才得以兴起，依靠的是“国王所赐的特权、法律禁止国内竞争、保护政策”，这些特权一经撤销，它们就立即崩溃，这足以证明手工工场自身并不具有效率与质量优势。而同时期的家庭小工业，虽然有租税和束缚压住，仍然很有生气，竞争中战胜了大型的手工工场，不仅继续存在，而且还在繁荣扩大，同时保持着它的家庭的和农村的形式。

## 六、生产技术传承

英国家庭工业的技术传承主要通过学徒制度来实现。技术娴熟的工匠师傅允许招收少数的学徒，一个师傅允许招收的学徒最多四人（张水修等，1992）。师傅负责培养、训练学徒，使其能够掌握熟练的技能，达到与师傅同等的技能。学徒是廉价而忠诚的帮工，需要顺从、自制、忠诚地为师傅服务，住在师傅家中，与师傅同桌吃饭，如同师傅家中的一员。学徒经过 7 年左右的学习，成功掌握了技能，也就可以独立开业。当然，要独立开业，还需要拥有少量的资金，以便能够采购开业所需的工具，并找到合适的地点。学徒制度使技术能够缓慢地继承，避免供给过多而导致失业，这也是使家庭工业在与工场竞争中取得优势的重要原因。

表 2.2 描述了 18 世纪中期英国纺织业链条上工人的几种类型，包括家庭纺工、独立家庭织工、与商人紧密合作的织工以及商人工场中雇佣的织工。不同类型的工人在原料采购、生产监督和产品销售等方面有所不同，受雇在工场中的雇工与工厂中的雇工相似，而独立的织工自由度最高。

表 2.2　纺织业工人的比较

| 因素＼类型 | 家庭纺工 | 独立家庭织工 | 与商人紧密合作的织工 | 受雇的织工 |
|---|---|---|---|---|
| 原料采购 | 无 | 自行采购 | 无 | 无 |
| 生产技术 | 自行学习 | 自行学习 | 自行学习 | 统一要求 |
| 生产监督 | 自我监督 | 自我监督 | 自我监督 | 统一监督 |
| 产品销售 | 无 | 自行出售 | 无 | 无 |
| 工作比重 | 农业与纺纱并重 | 织布为主 | 只进行织布 | 全职雇员 |

## 七、本节小结

英国的家庭工业组织形式是自然演变的结果，在简单的生产工具时代，家庭工业具有诸多的优势，首先，家庭成员的努力水平与收入和利润的关系清晰明确，它具有较强的激励效果；其次，较小的生产规模方便管理，使家庭的生产效率得到充分发挥；最后，家庭工业与小规模的生产技术有良好的适应，有利于以手艺为基础的技术得以良好传承，同时也能够避免生产规模过大。家庭工业自然发展了各种交易协调模式，使整个产业链条实现了以家庭为单位的专业化分工，促进了英国纺织工业的发展。

# 第二节　纺纱技术与工厂发明

羊毛纺织业是 18 世纪英国最主要的工业，不仅有最多的从业人口，也是国家税收的主要来源。然而，工厂并没有首先出现在羊毛纺织业，而是出现在棉花纺织业。英国没有棉花种植的历史，在 18 世纪以前也极少有英国人生产棉织品。但恰恰是这样一个缺乏产业基础的工业催生了工厂的出现，推动了英国工业革命。

## 一、市场需求推动棉纺技术发明

英国的棉纺织业发端于英国对棉织品的进口，发展的契机是英国议会对棉织品的进口禁令。随着东方贸易的增长，进口棉织品和印花织物开始在英国流行起来，甚至英国王后也喜欢穿中国丝绸和日本花布。1700 年，各种棉布的大行其道

引发了英国羊毛纺织业激烈抗议，为此，英国议会颁布严厉的法令禁止棉布印花织物进口：凡因违法而被扣留的货物，应予没收、拍卖或再输出。

然而英国人对棉布已经发展出强烈的需求，进口棉布被禁止引发了两个现象：一是棉布走私，二是英国本土的模仿生产。英国本土的棉花纺织技术来源于比利时安特卫普的技术移民。1585 年，一些棉纺工人为了躲避战乱，从安特卫普移居英国曼彻斯特，因而将棉纺技术带入了英国[①]。1640 年，曼彻斯特有工人生产出粗棉布并运到伦敦去卖，但质量属于中等以下，数量微不足道。1700 年，进口禁令以后，棉织品生产变得十分有利可图，曼彻斯特兰开夏地区的棉纺业逐渐兴盛起来。

纺纱是棉纺业的关键环节，其生产的数量与质量影响着棉纺业整体的发展。中国和印度的棉纺业历史悠久，纺织品质量卓越，首先是因为他们纺纱质量高。中国人或印度人的手指十分灵巧，具有卓越的技巧，纺出的纱不仅结实，而且均匀纤细。兰开夏郡的工人也使用类似于中国的手摇纺纱机，但却难以模仿工人手指的灵巧性，纺出的纱不结实，只好在织布时使用麻纱作为经线，棉纱作为纬线，织出棉麻混合的织物。

阻碍棉布生产发展的首要问题，是缺乏足够的棉纱。用手摇纺机纺纱的效率十分低下，需要有六七个人纺纱，才能够供给一个工人织布。1733 年，约翰·凯发明了飞梭之后，织布的效率提升了一倍以上，并且能够织出更宽的布匹。这导致了棉纱的供应更加不足，价格飞涨，行业迫切需要革新棉花纺纱技术。发明新的纺纱技术不仅能够促进棉花纺织行业的发展，更重要的是可能给发明者带来巨大的收益，这促使许多发明者参与纺纱技术的发明。

## 二、纺纱技术的发明和推广

新型纺纱机出现在 1733 年。英国人约翰·怀亚特制造了一个约有两平方英尺（1 平方英尺≈0.0929 平方米）的模型，在一所坐落于萨顿科尔德菲尔德的小屋子里，他用这个模型机器制造出了第一根不用人的手指帮助而纺出的棉纱。此后，怀亚特与刘易斯·保尔合伙，计划利用这项发明发财致富，在 1738 年，他们申请并获得了专利。1740 年，怀亚特与保尔在伯明翰开设了一个小工场，工场里有一架用两头驴子发动的机器并由十个女工照料着。工场由发明家亲自经营，但却没有获得成功，工场在 1742 年宣告破产。

其后，纺纱机专利被卖给《绅士杂志》的发行人爱德华·凯夫。他试图大规

① 安特卫普是欧洲最早掌握棉花纺织技术的城市。

模地利用发明，在北安普敦开设了一个装有五架机器的作坊，每架机器各有五十个锭子，这些机器由嫩河的水所推动的水力发动机推动。工作人员由五十名男女工人组成，一半工人从事梳理棉花，其余的则照管机器和连接断纱。按照怀亚特的计算，这个企业每年应该生产 1300 镑以上的利润。或许机器仍有缺陷，或许管理人缺乏经验和疏忽，它仍然赚不到钱。直到 1764 年，爱德华仍无声无息地过着拮据的生活。后来，这个企业的设备被阿克莱特买去了。至此，棉纱仍然由广大的手摇纺纱机提供，棉纱依然是阻碍棉纺织行业的瓶颈，不仅价格昂贵，而且数量稀缺。

1765 年，詹姆斯·哈尔格里夫斯发明了多轴纺纱机，才真正影响了纺纱业。哈尔格里夫斯花了三年多时间试验发明新型纺纱机，多轴纺纱机使一个工人能够同时纺出几根纱。在发明成功的初期，哈尔格里夫斯在自己家中亲自加以试用和改善，到 1767 年，他尝试制造了几架机器用于出售。这种机器拥有的巨大优势立即展现出来，它是一种简单的机器，制造费用不大，占用的地方不大，不需要安排专门的作坊。它只需借助人工的动力就能运转，符合工人传统在家工作的习惯。在兰开夏郡，这种机器的使用以惊人的速度推广，几年之内，它几乎代替了手摇纺车。1788 年，人们计算英国拥有这种机器不少于两万架，最小的机器也能做之前六个或八个工人的工作。

## 三、工厂技术的推广

1770 年，英国出现了两种纺纱技术：一种是多轴纺纱机，另一种是水力纺纱机。多轴纺纱机适应于个人操作，成本低廉，很快就在英国普及，大幅提升了家庭纺纱业的产出。水力纺纱机需要较大规模的投资，运作困难较多，直至 1770 年以后，阿克莱特才真正使其实现盈利，由此开创了棉纺业的工厂时代。

1770 年阿克莱特用于申请专利的水力纺纱机模型与 1733 年怀亚特所发明的机器很相似，仅有的差别在于构造的细节上。然而，阿克莱特却在水力纺纱机上取得了巨大的成功。1771 年，阿克莱特说服诺丁汉的银行家赖特兄弟，开设了使用水力纺纱机的第一个工场，工场里只有几架用马推动的机器，和三十年前怀亚特与保尔在伯明翰所开办的工场相似。由于没有实现盈利，赖特兄弟在一年后收回了股金，结束了与阿克莱特的合作。阿克莱特善于摆脱困境，很快与两个有钱的针织品商——诺丁汉的尼德和德比的斯特拉特签订了合伙合同，建立了克罗姆福德纱厂。克罗姆福德坐落在德温特河岸一个地角上，工厂利用湍急的水流驱动水车给纺纱机提供集中的动力，因此纺纱机被称为水力纺纱机，它生产出了高质量的棉纱。水力纺纱机制成的纱，比最熟练的纺纱工人用手纺车纺出的纱更结实和耐用。1773 年，阿克莱特及其合伙人用水力纺纱机的产品织出了纯棉的白洋布，这是英国人第一次织出纯棉布。克罗姆福德纱厂生产的棉纱立即受到大量织工的欢迎，产量迅速增加仍然供不应求，工厂很快盈利。

阿克莱特成功创建了第一家纺纱工厂后，又陆续新建和运营了超过 10 个工厂。阿克莱特第一个工厂的成功带来了大量的模仿者，大量的纺纱工厂得以建立，棉纺业逐渐成为英国最主要的工业。阿克莱特最终成为英国最富有的纱厂主，他的工厂最多，规模最大且组织得最好。他不仅创建新的纺纱厂，也及时改造旧纱厂的厂房并革新设备，引进最新的技术，如使用蒸汽机为纱厂提供动力。

## 四、两种技术路线与工厂的发明

多轴纺纱机和水力纺纱机都是新型的纺纱技术，都具有高效率的特征。然而，多轴纺纱机一经发明，就迅速推广并大幅提升了英国纺纱业的产量，而怀亚特发明纺纱机后的 30 年间，却对英国纺纱业影响甚微。是什么样的原因导致了这样的结果呢？

机器是否能有效运用，不仅取决于机器是否具有高效率特征，也取决于人们是否能够快速掌握使用的技术。多轴纺纱机是一种易于学习的技术，它操作简单，大多数纺工甚至不用学习就能够操作，仅需一人即可进行生产，特别适合在家庭中使用；另外，多轴纺纱机的结构简单，制造成本低，大多数纺纱家庭都承担得起购买的费用。因此，多轴纺纱机一经发明，纺工就争相购买，由于结构简单，易于模仿，多轴纺纱机被许多人模仿制造，这也加速了多轴纺纱机的流行。

相比而言，水力纺纱机的推广难度就要大很多。一方面，水力纺纱机不是一个独立的机器，它需要结合集中的动力机构才能运作，如水车动力或者蒸汽动力，因此它在建造上就需要许多知识的结合，需要有人能对各种建造工作进行协调组织，具有很大的难度。同时，大规模的工程所需资本庞大，必须要具有筹集资金的能力。机器运行涉及多方面的显性和隐性知识，第一个创造使用水力纺纱机的人，需要多次试验才能够获得相应知识的积累，这就要求大量的资金支持。在水力纺纱机建造成功以后，正式运转还涉及对工人的组织、培训与监督工作，在工厂尚未出现的年代，组织运营工作所需的知识也有待创建和积累。怀亚特发明纺纱机器并开启了小型的生产，他失败的原因是缺乏获得资本的能力，因此难以将原型的机器改造成能规模应用的工厂。凯夫拥有较多的资本，他购买了怀亚特的专利，建造了更大规模的厂房和设施，使用水车作为动力，但由于缺乏运营管理的经验和能力，仍然难以盈利。亏损的做法是不会有人模仿的，因此水力纺纱机在发明 30 年后仍然难以在英国纺纱业中发挥作用。

阿克莱特的不同，在于他拥有的独特企业家才能，能够将各种要素组织起来，并实现高效率的协调。阿克莱特擅长筹集资金。与大多数创业者相似，阿克莱特也没有充足的资金，但他擅长说服有钱人，找到了足够的资金支持，顺利建立了第一个工场。在很大程度上，阿克莱特的第一个工场是试验性质的，它并不比三十年前左右怀亚特和保尔在伯明翰所开办的工场大多少。工场里只有几架用马推动的机器。这个工场没有盈利，投资人在一年期满的时候就将合伙股金收回，但它给阿克莱特带来了知识、经验和信心。此后不久，阿克莱特就找到了新的投资人，在克罗姆福德建立了大型的由水力推动的纺纱厂。

在建立克罗姆福德工厂时，有关纺纱机器和厂房的知识都还很欠缺，需要克服许多不可预知的困难，需要许多探索和试验。例如，申请专利的水力纺纱机仅仅是用木头制作的模型，在运转过程中，木头制作的部件容易变形损坏，也经不起高速运转，要实现稳定和大量的纺纱过程，就需要将木质的模型转变为更大规模的机器，需要使用铁制部件来替换。所有机器制造的工作都是没有先例可以遵循的，在炼铁工业和机械工业都尚未发展完善的 18 世纪，要将木质模型转变为能够稳定运转的大型机器，工程与制造困难都显而易见。不仅要制作和试验机器，还需要建造水坝和安装水车，并将水车的转动力量传递到纺纱机上，阿克莱特能够筹划和组织建造出第一家纺纱工厂，其企业家才能确实非凡。

在克罗姆福德工厂，水力推动水车持续稳定转动，使纺纱机能够均匀快速地运转。要保持纺纱机高效运转，各工序的工人也需要保持同等的节奏和效率。各工序要遵循统一的机器节奏，就必须对工人开展专门的培训和监督，这就带来了对工人管理的挑战。传统家庭生产过程中，各工序之间各自独立，工人可以自由安排生产的节奏和方法，纪律并非是必需的。由于缺乏纪律传统，阿克莱特工厂中的纪律要求就显得不近人情，容易遭受工人的责难。

阿克莱特建立的是第一家工厂，因此他必须自行设计岗位分工，自行试验每一个工序上的合适操作，自行招聘和培训工人。由于是第一家纺纱工厂，其运转所需的显性知识固然不完备，更缺乏的是操作的隐性知识。干中学必定是第一家工厂的主要特征，在工厂的工人没有探索和掌握基本的技巧之前，工厂很难生产出合格产品，更不用说高效生产。由于阿克莱特卓越的企业家才能，克罗姆福德纱厂在几年内就发展起来了，1779 年，它拥有了几千个锭子，并雇用三百个工人。

为了保持生产运作的稳定性，阿克莱特还需要处理大量的采购和销售问题。传统家庭工业的规模很小，老板到定期集市就可以完成销售。克罗姆福德一家工厂生产的产品数量比 1000 家的传统家庭作坊产量还要大，因此就需要有更大的原料采购，也要有足够大的销售市场，需要开展专门的销售工作。阿克莱特成功应对了采购与销售的挑战，将大量产品销售出去，保证了工厂的顺利运转。

多轴纺纱机的推广与阿克莱特的水力纺纱机设厂几乎在同一时间，二者对于英国棉纺业都起到了巨大的推动作用。然而，二者的结局与引发的社会后果却截然不同。在初期，多轴纺纱机快速推广，大大加强了英国家庭纺纱业的力量，成为推动棉纺业的核心力量，而阿克莱特式的工厂却相对发展缓慢，数量稀少。但在第一个工厂创建10年之后，其优势就逐渐显现出来。首先，工厂生产的棉纱质量更高，更能适应织布业的需求，因此具有了更广阔的市场；其次，纺纱厂的效率持续提升，以至于工厂的人均生产成本逐渐低于家庭手工业的成本，并且随着时间推移，这种效率优势越来越大，这使纺纱厂在市场中的份额逐渐上升。随着工厂的优势确立，就吸引了大量的投资，这使工厂数量在1880年以后快速增长，逐渐成为纺纱业的主要力量，而家庭纺纱业在竞争中逐渐停止发展，然后就开始衰退。

工厂的持续发展还引发了更多的发明，并且使发明更适合于工厂生产。1779年，继多轴纺纱机之后，塞缪尔·克朗普顿发明了走锭精纺机。水力纺纱机纺纱很结实，但略粗，多轴纺纱机纺纱细，但薄弱易断。走锭精纺机结合了多轴纺纱机和水力纺纱机的技术特点，纱线同时获得坚实和极端的纤细。走锭精纺机最初使用木头制造，可以在农舍里使用。1783年后，工厂主开始制造较大的、带有金属机轮和滚筒的走锭精纺机，并使用水车发动，上面装有三四百个锭子。1812年，走锭精纺机被用于几百个工厂之中，其锭子总数达四五百万之多。

在多轴纺纱机和水力纺纱机发明及广泛应用后，英国棉花纺织业的发明速度显著提升了。1783年，苏格兰人托马斯·培尔发明了滚筒印刷机用于代替那些用手费力按捺的木版印花技术，单单一架滚筒印刷机就做了一百个工人的工作。于是，兰开夏郡中出现了大型棉布印花工厂。1785年，埃德蒙德·卡特赖特发明了机械织机，在二十年后，机械织布工厂替代了家庭织布工业。同期，漂白和染色的技术也得到发明，产生了专业的印染工厂。所有的发明汇集起来，被工厂利用，使英国纺织产业的产品变得丰富多彩而又极具竞争力，并最终拉开了英国工业革命的大幕。

## 第三节　工厂制度的确立

当社会大众认为某个现象理所当然，大家都应该遵循现象中呈现的做法（程序和规则）时，这种现象就代表了一个制度。当阿克莱特工厂创建并开始引发模仿时，许多人反对工厂的发展：一些人认为它会破坏传统，带来不稳定；另一些

人则是因为利益受到了损害。传统家庭工业和家庭业主从一开始就反对工厂的生存和发展，许多人游行示威，甚至产生了许多破坏工厂的暴力骚乱。新兴的工厂主则极力保卫自己的工厂，逐渐地，越来越多的人从工厂发展中受益，逐渐开始支持工厂的发展。经过30年的冲突发展，工厂在英国遍地开花并受到广泛认可，才真正可称为形成了工厂制度。工厂历经骚乱冲突成为一种制度，反映了社会认知的艰难变迁。

## 一、家庭生产制度

在18世纪70年代以前，家庭生产是手工业生产的普遍形式。以英国最发达的毛纺织业为例，生产的组织基本以家庭为单位。家长是老板兼工匠，他们通常拥有小的资本，负责采购原料和销售产品，同时也是完成关键生产程序的工匠。一些织工的家庭相当大，一家就可应付一切。纺线和织布的专业性不同，二者之间的工效不一致，一张织机所需的原料需要五六个纺工劳作才能供应得上。因此，大多数织工家庭自给自足开展纺线和织布并不可行，为了弄到充足的纱线，织工有时必须到很远的地方去找人专门纺线。这样就产生了最初的专业化。有些人家只管纺线，另一些人家则备有几架织机。在这种情形下，老板仍然还是工人，仍然亲手劳作，虽然他手下可能有少数领取工资的助手。人们把这种生产制度称为家庭工业制度。在第一家纺纱工厂出现的时候，纺纱业的家庭生产已经十分发达，有数以万计的家庭从事着纺纱织布的工作。

## 二、传统生产方式与发明

现代社会通常欢迎新的发明，但在18世纪，发明以及发明家通常都是被责难和攻击的对象。飞梭是纺织业第一项重要的发明，它的出现大大提升了织布的效率，推动了整个行业的持续发展。但发明家凯却受到无穷的谴责和敌视，织工控诉凯想剥夺他们的生计，1753年还爆发了真正的骚乱，群众冲进他的家里进行劫掠。凯被迫逃离家乡，据说他是藏在一袋羊毛里离开曼彻斯特登船到法国的。多轴纺纱机能够帮助家庭纺纱者提升效率，最小的机器也能使一个人做六到八个工人的工作。但当哈尔格里夫斯的发明被周围群众发现时，他马上成为不受欢迎的对象，布拉克本的工人强行进入他家并且打碎了他的机器。

工人反对机器以及反对各种技术革新是18世纪的普遍现象，越是发达的行业，新技术和技术发明家就越是遭受到敌视。家庭工业的工人反对技术革新是不足为奇的，工人的唯一资本就是劳动力和职业上的技能，新技术（机器）大幅节约劳动力，但这往往降低工人既有职业技能的价值。工人完全有理由相信，机器

有剥夺他们生计的危险，他们认定必须破坏机器。这种观点甚至连一些发明家也认可，劳伦斯·厄恩肖在哈尔格里夫斯发明多轴纺纱机前十年就制造了一架纺纱机，但一造好就把它毁坏了，因为他说自己不愿意剥夺穷人的谋生手段。

## 三、工厂遭受的骚乱

在工厂出现的最初30年，遭受了一系列的骚乱破坏。传统家庭工业的工人，相信机器和工厂是他们最大的敌人，由此展开对工厂持续的破坏。1769年，一个坐落在莱姆豪斯，按照荷兰当时所有的锯木厂模样建造的机器锯木厂被群众冲入而打毁了；1779年，8000人擂着鼓，举着旗帜向兰开夏郡博尔顿的一家工厂开去，彻底破坏一个价值一万镑以上的工厂设备，他们宣称，要在全英格兰打坏机器；阿克莱特在伯卡克尔的工厂是英国彼时建设的最大工厂，在1779年的骚乱中被人抢劫并烧毁了；罗伯特·皮尔在阿尔萨姆开设的印花织品厂遭到了猛攻，机器被打碎并被扔到河里；利兹在1780年爆发了反对工厂的严重骚乱；1796年，为了防止骚乱，约克郡中某些纱厂里不得不驻上军队。

工厂遭受的骚乱表明了原有家庭工业从业者的不满和因竞争遭受的损害。机器的发明已然将纺织业推入了激烈的竞争，而工厂的大规模生产使传统家庭生产者遭遇到了绝望的竞争压力。工厂的高效率降低了市场的价格，迫使大量家庭业者关门，很多的老板兼工人陷入破产境地。

## 四、工厂制度的确立

工厂制度的确立意味着社会上的主要利益相关者群体在认知和情感上都认可并接受了工厂。这些利益相关者包括发明家、政府人员、作家、企业家以及工人群体。

纺纱机发明者怀亚特认为机器和工厂最终将有利于所有人，他认为，制造商所实现的附加利益会促进他发展新的企业，并使他有可能根据机器造成的节约来扩大其工业。他的事业的扩大一定会给若干人提供工作，相关其他各部门也需要更多的人员，例如，纺纱业增长会促进织布业的发展，从而增加更多的工作，如织工、剪毛工、洗毛工、梳毛工等。这些人比以前有更多的工作，从而能够赚得更多的钱。最后，全国都会得到好处。简要地说，一些发明家认识到，新的机器使用将会创造更大的市场，从而增加对劳动力的需要。

地区的政府官员对于机器和工厂的认识也不同于工人，例如，利物浦郡保安审判官在普雷斯顿举行季度会议时，通过一项与民众偏见显然相反的决议：机器的发明是国家的幸福。在一个郡里消灭机器仅仅是使机器转移到另一个郡里去。

例如，在大不列颠王国全境内颁布一项反对机器的一般禁令只有利于加速它在外国被人采用，但会大大损害英国的工业。很显然，政府相关人员对于机器和工厂的认识是积极的，他们通过许多法律，支持了新生工厂的发展。

多尔宁·拉姆斯博瑟姆以“贫民之友”的名义署名出版了小册子，试图向工人解说他们遭受危机痛苦的真实性质。他指出这种危机基本上是暂时的。“工业上因机器所造成的任何进步，对于某些人起初都有一些令人不快的后果……大约十年前，在多轴纺纱机出现时，老年人、儿童、所有不易学会操纵新设备的人们，在一段时间内都感到痛苦。”印刷机的发明，其最初的结果难道不是破坏抄写者的职业吗？“我们新近看到的这种动乱，这种叛乱性的骚动意味着什么呢？这些向议会请求取消机器或者请求对机器课税的请愿又意味着什么呢？这无疑是请人把我们的手砍掉，把我们的咽喉割断。”

飞梭的发明大幅提升了织布效率，纺纱业供不应求，这也为纺纱工厂的出现和发展准备了有利条件。由于纺纱业效率低导致供应不足，织工不断埋怨纱线的稀少和昂贵，期望能够有机器发明来改善这种情况。为了提升棉纱的生产供给，纺织行业还成立了奖励工艺协会，并于 1761 年发表一项文告：本协会得知，当男女纺工因收获而在田间的时候，毛织品、麻织品和棉织品的制造者们便感到很难找到足够数量的工人，以便能够继续交活给织工去做；由于这部分的制造缺乏必要的速度，因而商人订货的交付往往延迟，致使商人、制造者以及一般人民都受到很大的损害。协会认为必须奖励各种适宜于补救这种情况的探索，并且设立两项奖金来奖励最优良地发明一种能够同时纺出六根毛线、六根麻纱、六根棉纱或六根丝线的，并能仅由一个人操纵和看管的机器。

当然，最为重要的是工厂本身数量的增加改变了行业生产的结构，工厂雇佣人员数量迅速增加，大大促进了新思想的传播，在工厂工作的人很快意识到工厂对于他们生活的重要意义，工人对机器的敌视，不久就让位给了完全相反的感情。1806 年，一项独立的调查报告指出，正式的证据证明，那些机器今天被人公认为在纺织工业中是很有利的，使用机器似乎并没有改变工人们的状况，也没有减少他们的人数。

工厂制度的确立意味着人们可以自由开办工厂。工厂可以使用任何机器进行生产，法律和政府保护这种生产的自由，社会中各种利益群体，包括原有的工人群体，也都认可这种自由。工厂可以自由购买原材料，可以自由雇佣，可以自由扩大生产，自主决定商品的价格。

## 五、本节小结

回顾工厂制度确立的历史，得出以下两个主要结论。

（1）18 世纪出现的工厂已经包含了多种现代企业的契约。工厂主在契约中具有的中心地位，是在企业家精神推动下自然形成的，而非企业制度设计者有意为之。阿克莱特为了利用水力纺纱机的生产效率，就必须要聘请工人来进行生产。为了吸引工人并使之听从指挥，他就要支付相对家庭工业中工人收入更高的工资。企业家与资金提供者合伙，支付给资金优厚的报酬，但事实上是他们拥有了工厂的大部分利润，是主要的剩余索取权拥有者。企业利润的来源，主要在于企业家拥有的独特知识。

（2）工厂成为一种制度，是指工厂生产形式本身得到了社会主要力量的认可。在中世纪的欧洲，手工业者通常组成行会，并规定每一个业主能够拥有的生产能力和生产方法，以此来稳定产品质量和价格，为所有从业者提供稳定生存的环境。这种方式来源于主要利益相关者的社会认知：竞争破坏市场和价格，自由生产是失业、贫富不均和社会混乱的根源，因此必须对竞争加以强力控制。中世纪欧洲社会认知普遍反对生产技术发明者，因为新技术会破坏现有的生产秩序和稳定，是灾难的发起者。由于欧洲大陆反对自由生产的普遍社会认知，工厂难以在欧洲出现，脱离了王室和政府的保护，甚至手工工场也难以生存。英国能够发展出棉纺工厂并使工厂被普遍认可而成为一种制度，源于两个力量：一是棉纺业快速增长的市场需求，二是棉纺业属于新兴行业，没有行会制度的束缚。在阿克莱特建立纺纱工厂时，整个棉纺业的棉纱仍属于稀缺状态，因此对行业带来了实际的利益，这多少使人们能够接受。在最初工厂的发展过程中，虽然也遭受了各种反对和破坏，但是其展现的巨大生产能力与英国海外市场拓展正好相互促进，为大多数英国人带来了实际的利益，这也使议会及整个国民都建立了对工厂自由雇佣、自由生产的认可，使工厂在发展 30 年后成为被英国社会普遍认可的制度。

# 第四节　小　　结

工厂是现代企业的第一种形态，也是工业社会发展的开端与基础。工厂并非是欧洲传统家庭小工业或者工场的自然发展，而是英国企业家在市场机会的感召下，利用团队生产技术发明开创的全新生产方式。纺纱机器的发明是源于发明家的创造力和对于市场需求的响应，而企业家阿克莱特则以纺纱机器构建了新的生产经营组织方式和契约关系，形成了第一家工厂，开启了一个新的时代。

鉴于阿克莱特在经济上的巨大成功，同时代的企业家以第一家工厂为榜样创建了许多类似工厂，并在此基础上不断创新工厂的具体经营方式。快速增加的工厂为整个英国社会增加了巨大的财富，也在短短 30 年间为自己开辟了发展的道路，它的巨大生产力改变了整个社会对工厂模式的认知，实现了整个社会从忽视工厂、反对工厂到大力支持工厂发展的巨大转变，从而使自由雇佣、自由生产的工厂制度得以确立和发展。

# 第三章 企业索取权的结构与价值特征

资源投入者预期企业能够创造比资源投入价值更大的收入，为此签订了创建企业的契约。每一个契约都涉及签约者的两个主要目标：一是促进企业总收入的增长，二是增加自身资源投入的报酬。索取权条款是企业契约中描述资源投入者获得具体回报（数额以及方式）的条款，是所有企业参与者实现自身利益的工具，自然也就是企业利益相关者最为重视的核心契约内容。

## 第一节 对企业的索取权

企业包含了一系列的契约，这些契约既有在创建过程中签订的，也有在经营过程中签订的。创建过程中签订的契约形成了企业的身份，而经营过程中签订的契约与其经营运作密切相关。企业相关的每一个契约都包括一个基本框架：签约人承诺投入何种资源，将获得何种索取权。索取权约定了签约者何时将获得什么样的报偿，这是签约的基本目的，也是所有契约的基本内容。

### 一、企业的基本契约与索取权

在构成企业的契约中，申明企业身份的契约至关重要，公司章程就是企业创建时申明自身身份的契约。当创始人签署的章程申明企业是一个独立的法人时，创始人声明投入的资产就拥有了独立的地位，以这个资产为基础的企业就成为后续所有签约者的中心。当章程申明企业是有限责任公司时，与企业签署交易合约的人就清楚，未来企业履行支付的能力，取决于它实际拥有的净资产。申明企业身份的章程是其他契约签署时默认的基础，后续的契约人在签约时充分考虑了初始契约的影响，因此初始契约的修改就必须征得后续契约利益相关者的同意。例如，债权的契约是债权人与企业签署的，其时间点在企业成立之后，当一个有限公司的股东要收回出资或者减少资本时，就必须要征得未执行完成的债权契约人的同意（因为债权人签约的基础是股东投入的资产，如果股东收回资产，债权人签署合同的基础就改变了）。企业章程使所有潜在的交易对象能够形成对企业行为的稳定预期。如果章程申明企业是与创始人不分离的，即企业是由创始人承担无限责任的，那么创始人（或者团队）就是所有签约的中心，企业反而成为这个创

始人的代表。

企业章程规定了企业未来行动的基本能力，创始人投入的资本金描述了企业拥有的初始交易能力，企业的财产数额越多，能够进行的交易就越多，其能力也就越强。章程还规定了企业的基本行动模式，包括决策的程序框架、基本行动原则，由此可以得出谁可以通过什么样的流程代表企业开展哪种类型的交易活动。当章程申明企业为有限责任企业时，还使其企业财产被纳入企业相关法律的保护之下：法律承诺保护该企业的财产权利，无论是谁侵害了公司的财产，法律体系都承诺对其进行纠正，无论是谁代表企业做决策（包括创建企业的股东），都必须要按有利于增长企业财产价值的方式去行动，而不能够故意去损害企业的资产。当企业的决策者以及决策执行者都努力增长企业的资产价值时，以企业资产价值为依托的各类交易都能够顺利实现，与企业签约的利益相关者也就能够实现自己的契约目标。

如果章程申明企业是无限责任的企业，那么所有者与企业在很大程度上就是同一的，企业承担的权利与义务也就是所有者承担的权利和义务，这意味着，所有者可以把企业的资产用于个人消费，当然企业如果不能偿还负债，所有者也必须使用私人资产进行偿还。此时，交易者与企业交易时，更加关注的就是企业所有者的信用和行为。如果所有者拥有大量资产，有很高的信用，那么签约者就会比较有信心。

章程在申明身份的同时，也规定了对企业的最后索取权。企业的资产来源于一系列的契约，包括初始创建企业的契约和后续在经营过程中的契约，每一个契约都包含了一项或多项交易。每一个交易契约至少有两个内容：一是交易对手给企业提供的产品或者服务；二是企业提供给交易对手的各类索取权，包括对企业产品、服务或者资产的索取权。由于企业要面对各种索取权，就有满足这些索取权的先后次序，所谓最后索取权，就是在一组索取权中排名最后的索取权。章程中通常申明，企业股东的索取权就是最后索取权。最后索取权也可称为剩余索取权，拥有剩余索取权的人，需要等待企业在偿付了所有其他索取权之后，才能够获得其报偿，即剩余索取权人只拥有企业财产的最后剩余部分。在最后索取权之前的，均可称为优先索取权，大多数优先索取权都是固定金额的索取权，或者是能够在特定情境下固定金额的索取权。

## 二、企业索取权的顺序结构

企业索取权之间的关系在很大程度上是由签约的顺序确定的。在和企业签约时，每一个签约者首要考虑的问题是自身利益的实现。企业是一个独立的财产法人，每一个签约者都清楚，自己获得的索取权价值既与企业拥有的财产价值相关，也与企业已经承诺支付的索取权价值密切相关。如果企业承担的固定索取权金额超过了其自身的财产价值，那么排序靠后的索取权就难以获得支付保障。

因此，新的交易者在签约时需要观察既有的企业财产能力与承担的索取权状况。这种状况的概要信息反映在企业的资产负债表上，资产负债表上资产栏的金额描述了企业的财产能力，而负债栏则描述已经承担的固定索取权金额以及优先顺序，短期负债（即优先索取权）通常比长期负债的顺序靠前。资产负债表中的权益价值，是对最后索取权价值的粗略估计。当新交易者观察到既有的资产负债情况后，他就能够对企业试图提供给他的索取权价值进行评估。

通常，企业在谈判签署新的契约时，不可以有损害已有索取权价值的条款，否则可能违背之前签署的契约。如果后签订的契约有可能损害之前签署的契约索取权价值，就必须要征得该索取权拥有者的同意，否则将被视为非法。对于固定金额的索取权，其所处的顺序越靠前，索取权价值实现的时间越短，风险自然就越小。这种情况显而易见，当一个供应商出售原材料给企业时，获得立即付款承诺就是获得了一个最优先的索取权，这就要比获得延期付款承诺风险更小，价值也更大。因此，对于交易者而言，他总是期望能够获得更靠前的顺序索取权。

顺序索取权的一个重要特征，是顺序靠前的索取权变动会影响靠后索取权的价值。在新签订一项契约时，如果将新索取权安排到一个索取权 R 之后，只会增加该 R 索取权的价值。因此，既有的签约者总是欢迎企业增加排序在其后的索取权，但可能对新增更优先序的索取权契约持反对态度。

股权是企业索取权中最后顺序的索取权。股权拥有者要从企业中获取实际的现金流有许多约束，例如，有限责任公司的股权拥有者只能分取一部分利润，企业把所有的利润都以现金方式分配给股东是极为罕见的。大多数情况下，股东签署或者接受的章程已经申明了只能通过股东会议决议的方式获得部分利润的现金分配，剩余部分需要留在企业内用以增加企业的资产。另外，股权所有者在公司破产的情况下，只能最后一位参与分配，即企业资产转变而成的现金池分配过程中，其他全部索取权均得到满足以后，剩余的现金才是股东可以分配的。

## 三、创始人与投资者索取权

在现代市场经济中，人们可以自由设立企业。然而，只有少数人有勇气设立企业并开展经营。绝大多数企业都以失败告终，许多设立企业的人不仅没有赚钱，还损失了财富。成功企业的创建者通常都具有某些特殊的企业家才能，他们发现了机会、创造了独特的生产蓝图，使企业提供的产品、服务超越大多数竞争对手，

由此自身也获得了巨大的收入和利润。

企业家发起创建企业的活动，通常是因为他拥有了一张企业生产蓝图，并认为将蓝图转变为现实企业具有很大的收益。所谓生产蓝图，是将各种要素组织起来创造特定产品或者服务的方案，它常常是企业家头脑中的主观设想，是基于对现实的敏感观察而创造产生的。创业家拥有较为完整的生产蓝图，如果他能够找到各种资源来实现生产蓝图，一家新的企业就能够建立起来并按照蓝图描绘的方式进行运作，由此生产出特定产品或者服务，并被市场大量购买。创业者聚集到资源，并按照蓝图进行设施构建以及人员培训而形成预期的产出能力时，企业也就被真正创立起来。

创建企业的关键过程，是获得各种市场上已有的资源以将其转变为生产蓝图描绘的特殊资产形式。例如，第一个棉纱工厂的创建者阿克莱特，他的生产蓝图描绘了这样的情境：一条山间的河流，河水从人造的大坝飞跃而下，推动水车均匀地转动。水车通过一系列的运转机构，推动了几十架纺纱机。纺纱机徐徐运转，把洁白的棉花纺成均匀纤细的棉纱，工人在机器旁忙忙碌碌，使机器平稳工作。企业生产蓝图描绘的景象，最初只是存在于创业家的脑海里，企业创建的过程，就是企业家调集资源构建蓝图中描绘的特殊资产并形成员工生产知识与技能的过程。

要实现生产蓝图，企业家就需要获得各种资源，例如，阿克莱特需要有各种工匠的帮助，需要有建筑大坝和水车的工具，需要有建造纺纱机的材料和工程师。如果这些资源都能够自动汇集到企业家旁边，听从企业家的指挥，企业就能够轻而易举地建立起来。然而，每一个资源拥有者都追求自身的利益，只有在预期能从与企业家的交易中获得更多收益时，他们才会将资源投入企业家的企业创建过程中来。

如果企业家没有资金，要吸引资源所有者投入，他就需要描述自己的蓝图，并承诺将蓝图实现后创造的一定收入作为报偿。显然，此时的交易成本非常高，因为说服资源拥有者相信企业未来能够带来高额报酬是十分困难的。假定企业家需要聘请 1000 个工人工作一年才能把企业建立起来，但企业家没有现金支付工资，只好承诺在企业运行盈利后向工人分配利润。此时，要让工人同意签订契约，就需要向工人描述未来利润的来源与数额，并使其相信未来利润一定能实现。很显然，其间的交易成本将是难以克服的。如果创业家拥有足够的资金，他就能够通过市场交易获得各种资源，这包括具有特定知识与技能的人力资源、能够构建企业厂房和生产设施的各种物质资源等。

如果创业家首先选择与资金拥有者谈判，一旦获得足够的资金，他就无需就企业索取权与其他人进行谈判，只需要使用资金按照市场价格来购买各种资源就能够顺利建立企业。因此，当一个创业家同时也是资金拥有者时，他独自就可签

署企业的章程并创建企业；如果创业家没有资金，他的首要决策是寻找一个投资者，由此便可签署企业的章程并创建企业。

大多数情况下，创业家与投资者共同签订了企业的初始契约，成为企业的共同创始人。创业家通常投入自己构想的企业蓝图、知识资本，有时也投入部分资金，但最为重要的是承诺在未来一段时间投入自己的全部精力。资金投入者则把自己的金钱投入企业中，以供企业构建生产能力。每一项投入的资源都将被估值，即评估该项资源对未来企业现金流价值的贡献，通过对投入者资源价值的估值，人们形成了对未来企业价值的估计以及对创业者要素投入的价值贡献的估计，并合理讨论对企业未来价值的分配，有关分配的条款就形成了创建者对于企业的索取权。

**案例：美国第一个纺纱工厂的创建文件与索取权安排**（小阿尔弗雷德·D·钱德勒等，2007）

威廉·艾米和史密斯·布朗为乙方，萨缪尔·斯洛特为甲方，达成以下协议。证人证明双方完全愿意联合起来，共同利用水力纺棉花（其中斯洛特声称自己是技工，熟悉所有技术细节）。协议条款如下。上述的艾米和布朗为一方，按原购买价投入已购机器，并提供材料制造两台梳理机（前道梳理机和后道梳理机），以及并条机和粗纱机，还有用来扩展纺机的100个纺锤。斯洛特为签约方，要投入所有时间和精力，就像在英国一样，尽其所能施展技艺，以达到同样目的。上述双方一致同意，斯洛特是所有者，前述机器一半归他所有，斯洛特也承担因建造、购买或维修这些机器已发生和将要发生的费用的一半，但是不能出售任何部分或整机给别人，除了上述的艾米和布朗之外……本合同还同意，斯洛特，为补偿他在设计制造机器、指导和管理纺纱、准备纺纱过程中所投入的时间和精力，在支出所有经营费用，包括按常规规定购买原料3.5%的佣金和出售棉纱4%的佣金之后，得到一半利润，每次结算后都是如此；艾米和布朗得到另一半——艾米和布朗负责购买原料、出售棉纱……本合同还认为，艾米和布朗预付的所有费用，不论是给斯洛特还是为业务经营的，都要用上面的利润来补偿。为此，他们得到生产出来的棉纱，一半记在他们的账户上，另一半记在斯洛特的账户上，除去预付费用、工作量等，给他记净收益。这样，经营一直往前发展。

为证明以上条款，双方出现代表签字为证，1790年4月5日。

威廉·艾米<br>斯密斯·布朗<br>萨缪尔·斯洛特

证人：

奥兹尔·威尔金森，亚伯拉罕·威尔金森

创业家与投资者的签约是形成企业的关键，无论是历史上第一家工厂，还是最新的创业案例，企业创建首先是创业者与投资者的合作，双方签订的协议确定了合作的方式，也规定了各自的索取权。

## 四、人力资源所有者的索取权

企业经营过程中需要与大量人力资源所有者签订契约。人力要素是企业蓝图实现的关键。每一个人都是其人力资源的唯一所有者，他与企业签约时，承诺投入的是其时间、才能和努力，换取的索取权包括工资、福利、奖金、分红等。

工资索取权是非常优先的索取权，企业通常每个月都会对工资索取权进行支付。工资索取权由工作合同确定，数额常常与工作岗位相关。岗位不同，其所需的才能与努力就有区别。工资额与一个岗位的胜任者数量负相关，市场中能够胜任一个岗位的人数越多，有关该岗位的竞争就更加充分，该岗位的报酬也通常越低。一个岗位所需的知识与技能越多，胜任该岗位的人也就越少，因此该岗位上的工资水平也就会越高。在一个企业的金字塔形组织结构中，高层级的岗位所需的知识与技能通常超越低层级的岗位，因此工作岗位所处的层级通常与工资水平正相关。

不同岗位的投入与产出水平有着不同的特征，可以从两个不同的维度来衡量工作岗位的特征。一是岗位产出或努力水平的可测量性，二是努力水平对企业价值的影响程度。由此，构成了四种类型的岗位。第一种岗位与销售类及基层管理者岗位相关，通常，他们的业绩便于衡量，其单个人员的努力水平对于企业的价值也会产生影响。第二种岗位则是中高层管理者，他们对企业的价值影响较大，特别是高层管理者，其努力水平很难衡量，但其才能和努力水平对于企业的价值产生极大的影响。第三种岗位是工厂的工人等，他们的产出很容易衡量，同时工人的单个产出对于企业的价值影响不大。第四种岗位则与企业的低层文员相关，他们的工作常常是辅助性的，产出难以具体衡量，单个人对企业的价值也只有很少的影响。一个操作工人可能获得固定工资或者计件工资，也可能获取一定的奖金，但很少有工人获得公司的分红或者股权奖励。高层管理者获得的索取权则更加多样化，不仅包括工资和福利，更多体现为分红以及股票或者期权等。人力资源所有者的索取权如图 3.1 所示。

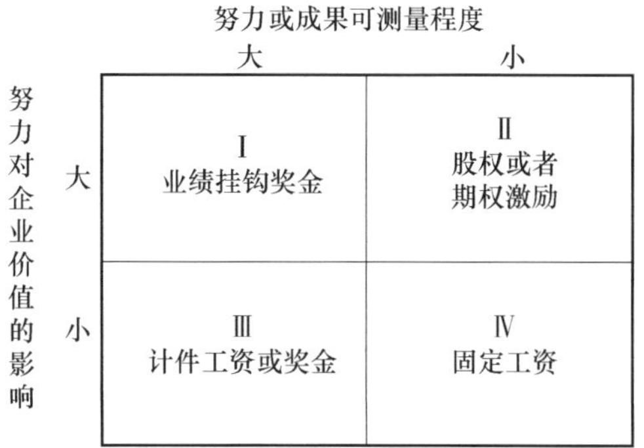


图 3.1 人力资源所有者的索取权

## 第二节 顺序索取权的价值特征

企业是各种资产的集合，这些资产来源于要素所有者的投入和经营过程中创造的盈余。企业的资产在未来创造出现金流，该现金流贴现到当前，就是企业的当前价值。企业的现金价值归属利益相关者所有，并将最终分配给各类利益相关者，分配的依据就是他们所拥有的索取权。索取权就是从企业获得金钱或者物质报酬的要求权，该权利来源于要素投入者与企业签订的契约条款。例如，工人签订了工作合同，他就负有完成工作任务的责任，同时也就具有了要求企业按时支付工资、津贴和奖金的权利；供货商签订了供应合同，他向企业提供产品或者服务，同时也就拥有了要求企业支付货款的权利；银行与企业签订了贷款合同，也就拥有了在贷款到期日要求企业还款的权利。所有由契约签订和履行带来的支付要求权都是对企业的索取权，企业的所有财产最终全部归属于索取权拥有者。

不同索取权要求支付的时间不同，因此可以按时间顺序对索取权进行排序，一个企业的索取权可以划分为许多顺序索取权。本节讨论索取权的基本特征——顺序，资源投入者通过签约获得的现实索取权可以分解为一些以相对顺序为标记的简单顺序索取权的组合。后面对这些顺序索取权的价值特征进行探索。

### 一、顺序索取权价值的代数表达

为了便于分析，假定企业与资源投入者签订了 $n$（$n \geqslant 1$）个索取权，它们按顺序排列。第一个索取权的索取额为 $y_1$，第二个索取权的索取额为 $y_2$，第 $i$ 个索

取权的索取额为 $y_i$，第 $n$ 个索取权是最后一个索取额，$n$ 个索取权正好将企业的资产价值分配完毕。如果企业的总资产价值是一个固定值，那么第 $n$ 个索取权就可以在签约时确定，但如果企业未来的现金流收入不确定，那么最后一个索取权的金额就不能固定。由于企业经营带来的未来现金流总是具有不确定性，因此最后索取权的实际索取额是不可能固定的，必须在未来资产价值完全确定时，才能够知道最后索取权实现的金额。由于最后索取权的金额不能确定，并且它的具体金额只有在总企业价值被分配给所有优先顺序的索取者之后才能确定，因此该索取权也可以称为剩余索取权①。

现实企业索取权的时间特性是在签约过程中自然形成的。企业在经营过程中会不断通过签约来实现资源的获取，如采购合同、工人雇佣合同、建设厂房的合同等。每签订一个雇佣合同，企业就会形成持续的工资索取权，例如，当工人签订的是周薪合同时，工人就拥有了每周末的索取权；当供应商签订了一个供货合同时，就拥有了要求企业在确定时间支付货款的索取权。企业要持续经营，就必然要不断签约，由此就会形成一系列的索取权。

企业必须保证能够按时支付索取权，否则就可能促发破产危机。破产时，企业索取权的顺序特征就会更为显著地表现。例如，破产清算时产生的费用可能最优先被支付，然后是员工的工资以及拖欠的保险费等，之后再是对债权的支付。而债权也会按照一定顺序清偿，具有优先顺序的索取权总是优先获得支付，排序靠后的索取权有时就难以获得全额支付。而最后索取权要在所有固定索取权之后才能获得支付，其剩余很可能一文不值。

假定企业总资产价值 $x$ 是一个分布在 $[0,+\infty)$ 上的随机变量，分布密度函数为 $f(x)$，累积分布函数为 $F(x)$。顺序索取权的含义是，无论未来总资产实现的价值是多少，分配时总是按照索取权顺序的先后来进行分配，首先分配给第一索取权人 $y_1$，然后是第二索取权人 $y_2$，一直到总资产被分配完毕。如果前 $n-1$ 位索取

---

① 用一个形象的例子来描述顺序索取权分配的原因与结果。给定几个人要配置一罐饮料，A 投入一盒糖，B 投入几个水果，C 投入几包增味剂，D 投入几瓶纯净水，E 号称加入一些特殊的原料，能够使所有投入被转换为理想的饮料，并且预期总的饮料数量为 $Y$，但 $Y$ 可能在一定范围内变动。他们将所有这些原料加入一个封闭的罐子搅拌，封闭的罐子内部不可见，罐子底部有一个阀门能将饮料放出来。大家商量分配时，根据预期的产出 $Y$ 和每个投入者为产出所提供的贡献来分配特定杯数的饮料，并确定按照一定顺序在阀门处接饮料。假定 A 第一个接，其约定数量是两杯，然后是 D，约定数量是三杯，接着是 B，最后是 E。最后的 E 就不规定数量，阀门最后能放出多少就是多少。分配排序越靠后，风险就越大，因为罐子里的饮料产出数量是不确定的，不知道放出多少杯后就会放完没有了。最后一位索取权就是剩余索取权。只有在总数量不确定的情况下，分配顺序才是重要的，如果总数量确定，分配顺序就与每个人的实际获取量不相关。因此，顺序索取权与总产出的不确定性是不可分的，顺序越靠前，名义索取额与其最终实际所得越可能相等，顺序越靠后，就越有可能实际所得额小于名义分配所得额。

权人都获得了相应分配之后还有剩余，那么剩余就归第 $n$ 位索取权人所有。

令

$$x_1 = y_1,\quad x_2 = x_1 + y_2,\quad x_3 = x_2 + y_3,\quad \cdots,\quad x_i = x_{i-1} + y_i,\quad \cdots,\quad x_{n-1} = x_{n-2} + y_{n-1} \tag{3.1}$$

根据这一定义，假定未来总资产实现价值为 $x$，第一顺序索取权获得的实际分配价值为

$$Y_1 = \begin{cases} x, & x \leqslant x_1 \\ y_1, & x > x_1 \end{cases} \tag{3.2}$$

第 $i$ 索取权获得的实际分配为

$$Y_i = \begin{cases} 0, & x < x_{i-1} \\ x - x_{i-1}, & x_{i-1} \leqslant x \leqslant x_i \\ y_i, & x > x_i \end{cases} \tag{3.3}$$

式（3.3）的含义是，如果实现的总资产价值小于前 $i-1$ 个索取权要求之和，那么 $i$ 索取权的分配为 0；如果总资产价值大于前 $i-1$ 个索取权要求之和但小于前 $i$ 个索取权要求之和，那么 $i$ 索取权的分配等于总资产减去前 $i-1$ 个索取权要求之和，即 $x - x_{i-1}$；如果总资产大于前 $i$ 个索取权要求之和，那么 $i$ 索取权的分配等于其名义固定分配额 $y_i$，$y_i = x_i - x_{i-1}$。显然，索取权 $i$ 的真实实现值是一个随机函数。在分布密度函数为 $f(x)$ 时，第一索取权的期望价值为

$$\overline{Y_1} = x_1 \int_{x_1}^{+\infty} f(x)\mathrm{d}x + \int_0^{x_1} x f(x)\mathrm{d}x \tag{3.4}$$

第 $i$ 索取权的期望价值为

$$\overline{Y_i} = y_i \int_{x_i}^{+\infty} f(x)\mathrm{d}x + \int_{x_{i-1}}^{x_i} (x - x_{i-1}) f(x)\mathrm{d}x \tag{3.5}$$

式中，$\int_{x_i}^{+\infty} f(x)\mathrm{d}x$ 代表总资产超过 $x_i$ 的概率；$\int_{x_{i-1}}^{x_i} (x - x_{i-1}) f(x)\mathrm{d}x$ 代表总资产价值在 $x_{i-1}$ 和 $x_i$ 区间的期望值。

第 $n$ 索取权的期望价值为

$$\overline{Y_n} = \int_{x_{n-1}}^{+\infty} (x - x_{n-1}) f(x)\mathrm{d}x \tag{3.6}$$

式（3.4）～式（3.6）描述了在给定未来产出分布的情况下，顺序索取权期望值的计算方法。要具体计算一个索取权的期望值，需要知道两个方面的条件。

一是 $f(x)$，即未来总资产的分布密度函数。分布特征通常是主观估计的结果，人们可以根据一定的历史数据和产出特征来对企业未来的总价值分布进行估计。例如，Black 等（1973；1976）认为，时间 $t$ 的股票价格服从对数正态分布。二是索取权对应的区间 $[x_{i-1},x_i)$，这是通过式（3.1）来获得的。只要每个索取权的大小和顺序确定（这通常在合作谈判的过程中确定），就可以通过式（3.1）算出索取权对应的区间 $[x_{i-1},x_i)$。由此，就可以根据式（3.5）或者式（3.6）计算出一个特定顺序的索取权的期望价值。

虽然每个顺序索取权的价值都是可以计算的，但在缺乏对 $f(x)$ 的具体描述时，要研究不同的顺序索取权的特征仍然非常抽象。为了直观地分析顺序索取权的性质和变化特征，本章探讨了一种几何图示方法来对顺序索取权进行分析。

## 二、总资产期望价值以及索取权价值的几何表达

图 3.2 给出了未来总资产分布密度函数 $f(x)$ 与相应累积分布函数曲线 $F(x)$。$F(x)$ 作为累积分布函数，随着 $x$ 的增加将无限接近 1，即有

$$\lim_{x\to+\infty} F(x)=1$$

**定理 3.1** 累积分布函数 $F(x)$ 曲线与 $y$ 轴以及 $y=1$ 围成的图形面积等于随机函数的期望值。

**证明** 给定 $F(x)$ 和 $f(x)$，因为 $\mathrm{d}[F(x)]=f(x)\mathrm{d}x$，所以有

$$\overline{Y}=\int_0^{+\infty} xf(x)\mathrm{d}x=\int_0^{+\infty} x\mathrm{d}F(x) \tag{3.7}$$

令 $y=F(x)$，则 $x=F^{-1}(y)$，$y\in[0,1]$。

使用换元积分方法得

$$\overline{Y}=\int_0^{+\infty} xf(x)\mathrm{d}x=\int_{F(0)}^{F(+\infty)} F^{-1}(y)\mathrm{d}y$$

简化得

$$\overline{Y}=\int_0^1 F^{-1}(y)\mathrm{d}y \tag{3.8}$$

如图 3.2 所示，$\int_0^1 F^{-1}(y)\mathrm{d}y$ 就是曲线 $F(x)$ 在 $y$ 轴上从 0 到 1 的积分，其积分结果就是由累积分布函数 $F(x)$ 与 $y$ 轴及 $y=1$ 围成的图形面积，即图中灰色部分的面积。定理 3.1 得证。

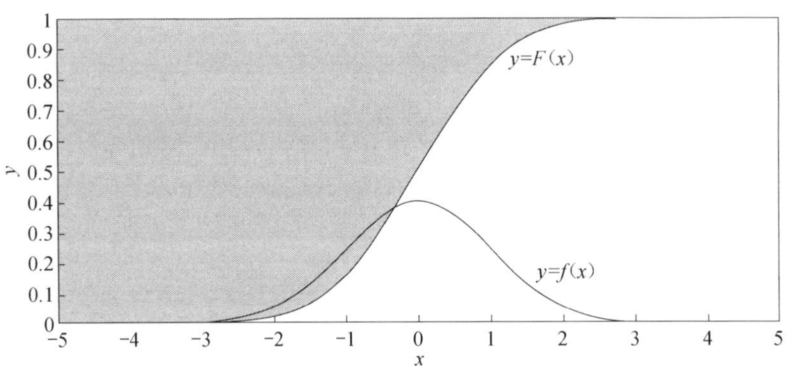


图 3.2　风险资产期望价值的图示

当企业随机资产被划分为 $n$ 个顺序索取权以后，索取权的顺序和价值都可以在几何图形上表现。假定 $n$ 个顺序索取权的索取额分别为 $d_1,d_2,\cdots,d_n$。将这 $n$ 个索取权按从左向右的顺序画在图 3.3 中，$x_1,x_2,\cdots,x_{i-1},x_i$ 代表 $x$ 轴上的点，令 $x_1=d_1$，$x_2=x_1+d_2$，$x_3=x_2+d_3$，…，$x_i=x_{i-1}+d_i$，…，$x_{n-1}=x_{n-2}+d_{i-1}$①。以 $x=x_1$，$x=x_2$，…，$x=x_i$，…，$x=x_{n-1}$ 画 $n$–1 条直线，正好将 $x$ 轴划分为 $n$ 份。由此，就能够从图 3.3 中看到每一个顺序索取权在 $x$ 轴上对应的位置。例如，第一顺序索取权与区间 $[0,x_1)$ 对应，第二顺序索取权与 $[x_1,x_2)$ 对应，第 $i$ 索取权与 $[x_{i-1},x_i)$ 对应，第 $n$ 索取权与 $[x_{i-1},+\infty)$ 对应。如图 3.3 所示，每个顺序索取权区间的两条直线与 $y$ 轴和 $y$=1 围成一个矩形，该矩形的面积 $s_i=d_i\times1=d_i$，即该矩形面积等于对应索取权的名义索取额。

从图 3.3 中还可以看出，直线 $x=x_{i-1},x=x_i,y=1$ 以及累积分布函数曲线 $y=F(x)$ 也围成了一个封闭图形，其面积是否与第 $i$ 个索取权的期望价值有关系呢？本书给出定理 3.2。

**定理 3.2**　顺序 $i$ 的索取权 $y_i$ 的期望价值等于由直线 $x=x_{i-1},x=x_i,y=1$ 以及累积分布函数曲线 $y=F(x)$ 围成封闭图形的面积。

**证明**　第一顺序索取权的期望价值

$$\overline{Y_1}=\int_0^{x_1}xf(x)\mathrm{d}x+x_1\int_{x_1}^{+\infty}f(x)\mathrm{d}x \tag{3.9}$$

---

① $d_i$ 数值上也等于由 $x=x_{n-1}$，$x=x_n$，$y=0$ 和 $y=1$ 围成的矩形面积。

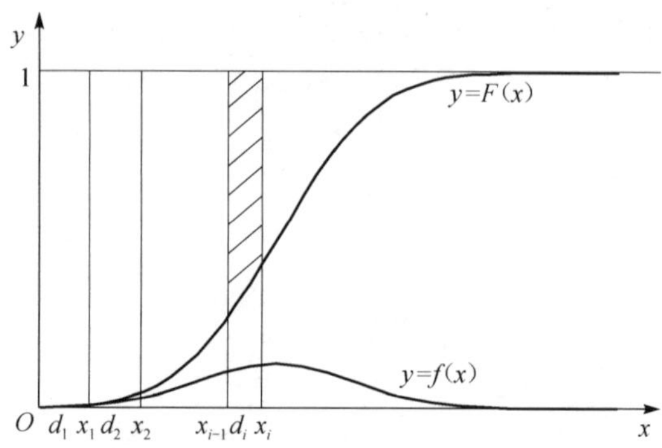


图 3.3　顺序索取权期望价值的图示

将其变形为

$$\overline{Y_1}=\int_0^{F(x_1)}F^{-1}(y)\mathrm{d}y+x_1[1-F(x_1)] \tag{3.10}$$

可以发现，由于 $F^{-1}(y)$ 和 $F(x)$ 是同一曲线，$\int_0^{F(x_1)}F^{-1}(y)\mathrm{d}y$ 就是该曲线在 $y$ 轴上从 0 到 $F(x_1)$ 的积分，即图 3.4 中 I 部分的面积，$x_1[1-F(x_1)]$ 则是图 3.4 中 Ⅱ 部分的面积。由此直观地看出，第一索取权的期望价值就是由曲线 $F(x)$，直线 $x=x_1$ 和 $y=1$，以及 $y$ 轴共同围成的图形的面积。

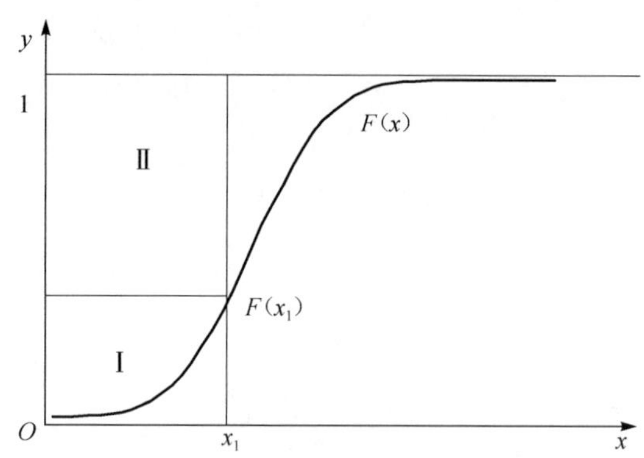


图 3.4　第一顺序索取权价值图示

同理，也可以证明第二索取权的价值是由曲线 $F(x)$，直线 $x=x_1,x=x_2$ 以及 $y=1$ 围成图形的面积，第 $i$ 顺序的索取权 $y_i$ 的期望价值等于由直线 $x=x_{i-1}$，$x=x_i,y=1$ 以及累积分布函数曲线 $y=F(x)$ 围成封闭图形的面积。

## 三、企业未来总资产价值期望变化对于索取权价值的影响

企业未来价值是投入的企业资源在动态环境中不断运用产生的结果。投入的资源水平越多，环境越有利，未来企业价值就会越高。企业未来价值的改变表现为分布曲线的改变，图 3.5 描述了企业分布曲线变化与企业期望价值变化及索取权价值变化之间的关系。

如图 3.5 所示，企业原有的累积分布曲线为 $F_1(x)$，该企业价值分配给了三个索取权，优先索取权的索取额为 $w$（简称优先债权），第二索取权索取额为 $d$（简称为次级债权），第三索取权为剩余索取权（简称股权）。从图中可以看出，优先债权的期望价值为 $y_w$；次级债权的期望价值为 $y_d$；股权的期望价值为 $y_e$；企业总的期望价值为 $y_w+y_d+y_e$。

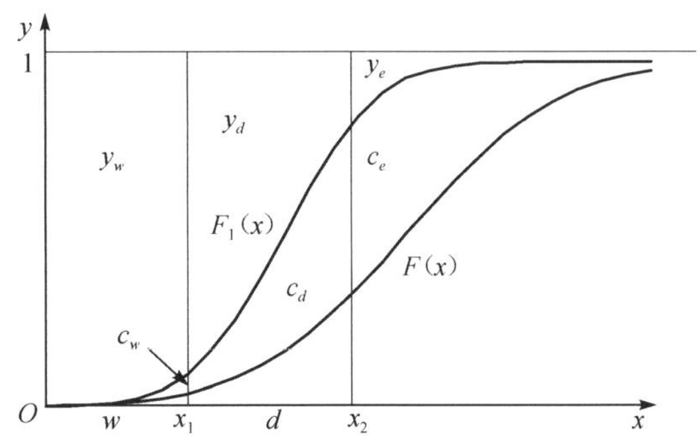


图 3.5　累积分布曲线移动与企业价值变化之间的关系

当累积分布曲线从 $F_1(x)$ 向右移动到 $F(x)$ 时，企业未来期望价值增加了。从图 3.5 中可以看出，每个索取权的期望价值都有所增加，优先债权的期望价值增加了 $c_w$，次级债权的期望价值增加了 $c_d$，股权的价值增加了 $c_e$，企业总的期望价值增加了 $c_w+c_d+c_e$。相反，如果累积分布曲线是从右向左移动，企业总价值和各顺序索取权的价值都会减少。从这个结果可以看出，不同索取权拥有者在利益上具有共同性，这是利益相关者团结在一起的基本原因。

分布函数期望值和标准差的改变都会导致企业价值分布曲线改变。鉴于影响企业期望价值和标准差的因素并不相同，分别独立研究期望价值变化和标准差变化对不同索取权价值的影响。

当分布密度函数从 $f(x)$ 变为 $f(x-\varDelta)$ 时，企业价值的期望为

$$\overline{Y}_1=\int_0^{+\infty}xf(x-\varDelta)\mathrm{d}(x)=\int_{-\Delta}^{+\infty}(x+\varDelta)f(x)\mathrm{d}x=\varDelta+\int_0^{+\infty}xf(x)\mathrm{d}x=\varDelta+\overline{Y} \tag{3.11}$$

可见，$f(x)$变为$f(x-\varDelta)$等价于标准差不变而期望价值增加$\varDelta$，即等价于密度函数横向移动$\varDelta$的距离。当密度分布函数横向移动时，累积分布曲线也会沿相同方向横向移动。图 3.6 表现了累积分布曲线横向移动的情形。从图 3.6 中可以看出，当累积分布函数向右移动时，索取额相同而位置不同的索取权价值的变化是不同的。

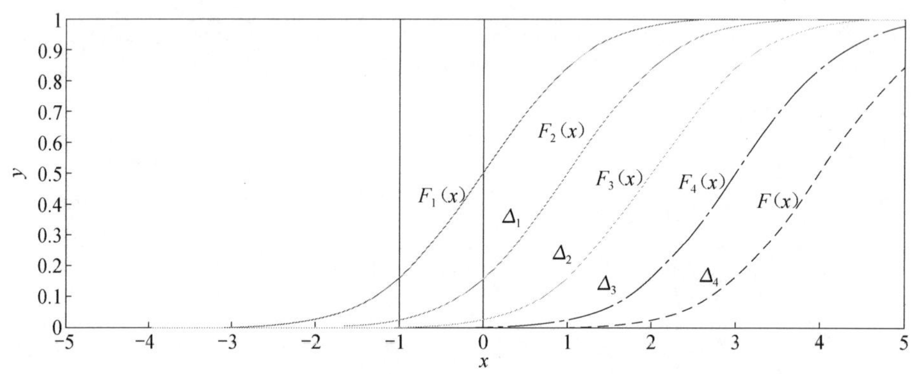


图 3.6　期望价值变化对索取权价值的影响

如图 3.6 所示，在$F_1(x)$向右移动到$F(x)$过程中，优先索取权 $w$ 的期望价值是增长的，但增长幅度不断变小。次级债权的价值也是这样，随着企业期望价值增加，其价值也在增加，增加的幅度也会最终减小。只有剩余索取权的价值会随着企业总价值的增加持续增加，并且其增加的最终幅度等于企业价值的增加幅度。如图 3.6 中所示，当企业总价值增加$\varDelta_1$时，剩余索取权的价值只增加了约 0.5$\varDelta_1$，而当企业分布曲线从$F_4(x)$移动到$F(x)$而增加了期望价值$\varDelta_4$时，增加的价值几乎都由剩余索取权所获得。

从代数上也可以证明相同的情况。为了便于比较，假定顺序索取权的索取额都相当。

**命题 3.1**　等名义索取额的索取权期望价值随着索取权顺序向后移动而不断减少。

**证明**　假定某索取权的名义索取额为 $D$，其起点对应的区间点为$a$，随着顺序后移，$a$不断增加。该索取权期望价值为

$$\overline{Y_a}=D\int_{a+D}^{+\infty}f(x)\mathrm{d}x+\int_{a}^{a+D}(x-a)f(x)\mathrm{d}x \tag{3.12}$$

对 $a$ 求导得

$$\partial\overline{Y_a}/\partial a=-\int_{a}^{a+D}f(x)\mathrm{d}x<0 \tag{3.13}$$

可见，随着 $a$ 增加（即索取权顺序位置向后移动），等名义索取额的索取权期望价值是递减的，即命题 3.1 得证。

**命题 3.2** 固定索取权的期望价值随着总期望价值的增加而增加，一直到无限接近其名义索取额。剩余索取权的价值随着总期望价值的增加而增加，并且剩余索取权的增加值不断靠近总期望的增加值，直至二者相等。

**证明** 假定固定索取权的索取额为 $D$。企业期望价值增加等价于索取权位置向左移动，由式（3.13）可知，随着索取权位置逐渐向左移动，$a$ 逐渐减小，索取权价值总是增加的。但无论如何增加，固定索取权的最大价值就是其名义索取额。

剩余索取权期望价值的增加等于企业期望价值增加减去固定索取权期望价值的增加。由于固定索取权期望价值增加的速度是递减的，因此剩余索取权的增加速度是递增的。当固定索取权期望价值都达到其名义索取额时，企业增加的价值就全部变为剩余索取权增加的期望价值。命题 3.2 得证。

## 四、分布密度函数的钟形特征对索取权价值敏感度的影响

由命题 3.2 可知，每一个顺序索取权的期望价值与总产出期望都具有正向关系，当总产出期望增加时，每个索取权价值都会增加；当总产出期望减少时，每个索取权的价值都会减少。

总产出期望增加 $\varDelta$ 时，名义报酬为 $D$、区间起点为 $a$ 的顺序索取权期望值为

$$\overline{Y_a}=D\int_{a+D}^{+\infty}f(x-\varDelta)\mathrm{d}x+\int_{a}^{a+D}(x-a)f(x-\varDelta)\mathrm{d}x \tag{3.14}$$

变形得

$$\overline{Y_a}=D\int_{a+D-\varDelta}^{+\infty}f(x)\mathrm{d}x+\int_{a-\varDelta}^{a+D-\varDelta}(x-a+\varDelta)f(x)\mathrm{d}x \tag{3.15}$$

对 $\varDelta$ 求一阶导数得

$$\partial\overline{Y_a}/\partial\varDelta=\int_{a-\varDelta}^{a+D-\varDelta}f(x)\mathrm{d}x \tag{3.16}$$

式（3.16）也表明，当企业总价值期望增加时，索取权的价值也是增加的。

继续对 $a$ 求导，得

$$\partial^2 \overline{Y_a} / (\partial \varDelta \partial a) = f(a + D - \varDelta) - f(a - \varDelta) \tag{3.17}$$

由式（3.16）和式（3.17）可知，所有索取权的价值都受到总资产价值变化的影响，但受到的影响程度不同。假设分布密度函数具有钟形特征，如图 3.7 所示，在索取权位置不断向右移动的过程中，$\partial \overline{Y_a} / \partial \varDelta$（图中条形面积）是先增加然后逐渐减少的。在位置从 $O$ 向 $G$ 移动的过程中，$f(a + D - \varDelta) - f(a - \varDelta)$ 为正，$\partial \overline{Y_a} / \partial \varDelta$ 逐渐增加。在 $G$ 位置以后，$f(a + D - \varDelta) - f(a - \varDelta)$ 小于 0，$\partial \overline{Y_a} / \partial \varDelta$ 逐渐减少，直至为 0。显然，在靠近 $G$ 位置时，索取权价值受到总价值变化的影响更大，对于企业价值变化的敏感度高，而两端的价值的敏感度就比较低。

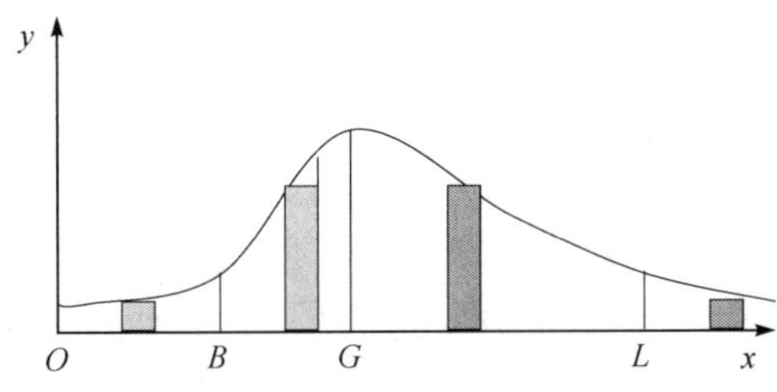


图 3.7　位置的边际影响

总结这一现象，给出命题 3.3。

**命题 3.3**　任一顺序索取权的价值变化都与企业总价值变化呈正向关系，但受到影响的程度不同。在总产出分布具有钟形分布特征时，等名义价值的顺序索取权的期望价值受总价值期望变化影响的程度与其离变化后的分布密度函数最高点（通常是总期望价值点）的距离呈反向关系，越靠近变化后的企业总期望价值点，索取权价值受企业期望价值变动的影响幅度越大，越远离变化后的企业总期望价值，索取权受期望价值变动的影响幅度就越小。

为了从直观的意义上了解索取权顺序位置对每个区间索取权期望价值的影响，本章模拟计算整体价值分布属于正态分布的一组顺序索取权价值。假定总体价值是一个期望为 100、标准差为 30 的正态分布，将这个正态分布的价值分配给 21 个顺序索取权，前 20 个顺序索取权的固定索取额都是 10，第 21 个索取权是剩余索取权。将模拟计算的结果绘制成图 3.8，由此，在直观的意义上可以观察到等长度为 10 的顺序索取权的价值变化。

从图 3.8 中可以看出，对于名义支付同为 10 的索取权，随着索取权顺序位置向右移动，其期望价值是在持续减少的。第 1 个顺序索取权的价值几乎等于名义价值 10，之后的顺序索取权期望价值就逐渐下降，到第 5 个顺序索取权时，期望价值就明显小于 10，到第 10 个顺序索取权时，其期望价值就不到名义价值的 60%。

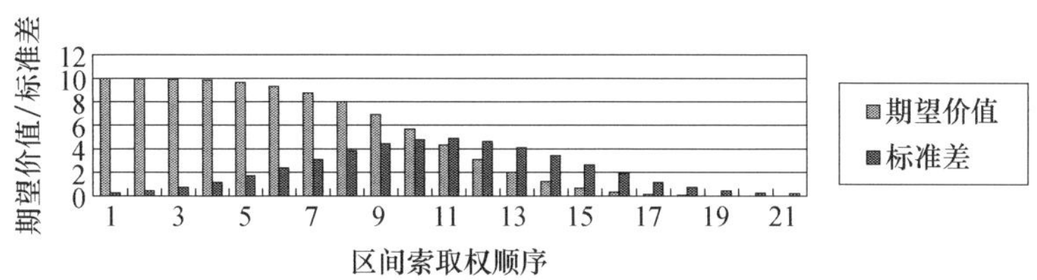


图 3.8　区间索取权的期望价值和标准差

当正态分布的期望从 100 增加到 110 而标准差不变时，各索取权期望的变化值如图 3.9 所示。从图 3.9 也可看出，靠近总产出期望附近的索取权价值对于总产出价值变化最为敏感。

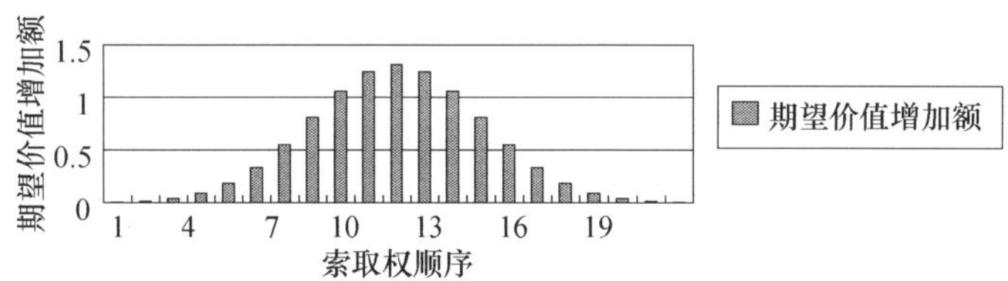


图 3.9　总期望价值增加对不同索取权价值的影响

## 五、总资产风险变化对于各索取权价值的影响

风险最常用的度量工具是标准差，标准差越大，意味着风险越大。为了研究风险对索取权价值的单独影响，固定企业总价值的期望不变。当累积分布函数的期望不变时，代表期望值的图形面积也就不变。如图 3.10 所示，由于面积相同，不同累积分布曲线必定相交。

标准差增加意味着分布密度函数变得更加扁平，表现在累积分布函数上，就是曲线的左端向上移动而右端向下移动。如图 3.10 所示，从 $F_1(x)$ 移动到 $F_2(x)$ 就表明标准差增加。曲线移动的结果是代表索取权期望价值的图形面积改变，左端的索取权价值下降，而右端的索取权价值上升。由于总面积不变，所有一端增加的价值就等于另一端减少的面积。由此可见，风险改变事实上是在对不同位置的索取权进行价值转移，风险增加减少了靠前的索取权价值而增加了靠后的索取权价值。当一个企业只有债权和股权两个索取权时，增加风险就是将债权的价值转

移一部分给股权。图 3.10 中，风险增加的结果是将债权的价值 I 转移给了股权。

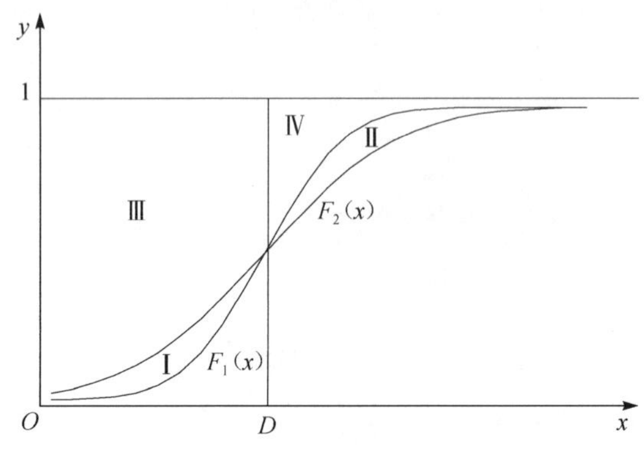


图 3.10　风险变化对于索取权价值影响

**命题 3.4**　当总产出期望保持不变而产出风险变化时，各索取权的期望价值会发生变化。在产出区间中存在某一点 $a^*$，该点之前的顺序索取权价值随着风险的增加而减少，该点之后的顺序索取权价值随着风险的增加而增加。

**证明**　由 $\overline{Y_a} = D\int_{a+D}^{+\infty} f(x)\mathrm{d}x + \int_a^{a+D}(x-a)f(x)\mathrm{d}x$，给定分布函数的期望为 $\mu$，标准差为 $\sigma$。

令 $y = \dfrac{x-\mu}{\sigma}$，将总产出分布函数标准化得

$$\overline{Y_a} = D\int_{\frac{a+D-\mu}{\sigma}}^{+\infty} f(y)\mathrm{d}y + \int_{\frac{a-\mu}{\sigma}}^{\frac{a+D-\mu}{\sigma}}(y\sigma + \mu - a)f(y)\mathrm{d}y \tag{3.18}$$

对标准差 $\sigma$ 求一阶导数得

$$\partial\overline{Y_a} / \partial\sigma = \int_{\frac{a-\mu}{\sigma}}^{\frac{a+D-\mu}{\sigma}} yf(y)\mathrm{d}y \tag{3.19}$$

由于 $y$ 是标准化的分布，它的期望值为 0，标准差为 1，分布密度函数 $f(y) > 0$。

当 $\dfrac{a+D-\mu}{\sigma} < 0$ 时，$\partial\overline{Y_a} / \partial\sigma = \int_{\frac{a-\mu}{\sigma}}^{\frac{a+D-\mu}{\sigma}} yf(y)\mathrm{d}y < 0$，此时以 $a$ 为起点的顺序索取权的期望价值随着标准差（风险）的增加而减少，因此该索取权拥有者必然是风险厌恶的。

当$\frac{a-\mu}{\sigma}>0$时，$\partial\overline{Y_a}/\partial\sigma=\int_{\frac{a-\mu}{\sigma}}^{\frac{a+D-\mu}{\sigma}}yf(y)\mathrm{d}y>0$，此时以$a$为起点的顺序索取权的期望价值随着标准差（风险）的增加而增加，因此必然是风险偏好的。

由连续性公理可知，在$\frac{a-\mu}{\sigma}<0$和$\frac{a+D-\mu}{\sigma}>0$之间必然存在一点$a=a^*$，使$\partial\overline{Y_a}/\partial\sigma=\int_{\frac{a-\mu}{\sigma}}^{\frac{a+D-\mu}{\sigma}}yf(y)\mathrm{d}y=0$。特别地，当$f(y)$对称时，$a^*=\mu-0.5D$。由此，得到如下结论。

当$a<a^*$时，顺序索取权的价值随着风险的增加而减小，因此必然厌恶风险。

当$a>a^*$时，顺序索取权的价值随着风险的增加而增加，因此偏好风险。

由此，命题 3.4 得证。

为了直观地展现命题 3.4，在之前模拟计算的基础上，观察当企业期望价值为 100 保持不变，标准差从 30 增加到 40 时，各索取权期望价值的变化状况。

从图 3.11 可以看出，不同位置索取权价值受到风险的影响有很大的差异。以总产出期望为分界线，靠后的顺序索取权价值随着风险的增加而增加，靠前的索取权的价值随着风险增加而减少。相同反应的索取权对风险的反应程度也各不相同，呈现出中间段反应强烈而两端反应不敏感的特征。

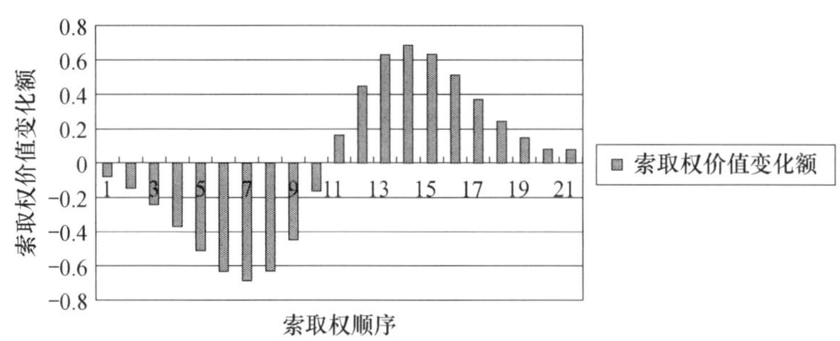


图 3.11 标准差变化对索取权价值的影响

## 六、现实中的索取权

股权、债权是现实中最常见的对企业的索取权，工资、奖金与分红也是对企业的索取权。现实中的索取权多数是复合的顺序索取权，即现实索取权是由多个顺序索取权组合而成。先看一个现实中的例子。

某建筑企业在 2009 年 1 月 1 日有固定资产 5000 万，流动资产 3000 万。8000

万资产中有4000万通过贷款获得，另外4000万为股东权益。贷款的年利率为10%，每月月底支付利息，年底归还本金。管理层和员工每月支付工资，工资总额为每月 100 万。为了激励其管理层，企业设定了这样一个奖金计算办法：2009 年企业的最低利润目标为 500 万。利润 500 万以下没有奖金，当利润超过 500 万时，奖金总额=(实现利润–500 万)×15%。

该企业有哪些索取权呢？债权、股权、工资和奖金索取权都是该企业的索取权，但显然这些索取权都不是简单的一个顺序索取权。债权包括利息索取权和本金索取权，管理层拥有每一个月固定的工资索取权，还拥有一个在 500 万利润之后的奖金索取权，该奖金索取权是 15%的剩余索取权，而股东拥有的则是固定债权和工资索取权之后等值于4500万的固定索取权以及超过500万利润之后的85%剩余索取权。

从这个例子可以看出，现实中的索取权是由简单顺序索取权以不同比例组合而成。股权常常是由固定索取权和部分剩余索取权构成，人力资本的索取权也常常由固定的工资索取权和靠后的索取权甚至部分剩余索取权构成。因此，研究各种现实索取权可以通过分解为简单的顺序索取权来实现。

## 第三节 小 结

索取权分配是现代社会分配未来产出价值的普遍方式。通过使用几何图示法，本章对顺序索取权的性质进行了研究。研究表明，人们采用顺序索取权对未来产出价值进行分配，是因为顺序索取权分配方式具有良好的特征。首先，不同顺序索取权的价值与企业总价值都是正相关的，索取权顺序分配能够促使各方投入者都愿意为企业价值做出贡献；其次，顺序不同的索取权受到企业总价值变化的影响不同，投入变化对企业价值变化的影响也有差异，这使人们可以根据投入的不同性质匹配以不同的顺序索取权，从而实现企业价值的最大化；最后，不同顺序索取权的风险特征不同，这也提供了满足不同风险偏好的选择。

现实中的各种索取权，包括各种金融证券都是特定顺序索取权或者是顺序索取权的组合。根据顺序索取权期望价值和风险的计算方法，可以更加准确地讨论各种资产的定价、资本结构等问题。本章有关顺序索取权性质的讨论，正是后续各章讨论的基础。

# 第四章　索取权和控制权分配——认知视角

顺序索取权能够有效应对企业总产出随机特征，在复杂和信息不充分的环境里，要素所有者根据自身的信息和经验相互协商决定了最终的顺序索取权和控制权安排。本章从一个新企业的创建过程开始，在顺序索取权价值特征的基础上讨论索取权和控制权的配置机理，分析要素所有者如何利用顺序索取权和控制权来实现资源的最有效配置。

新企业通常由创业者发起建立。每一个人都可能成为创业者，当他发现了一个市场机会，并设计出一套能够利用这个机会的特定资源组合运用计划时，他就创造了一个新的企业蓝图。许多创业者将脑海里的企业蓝图写成一份创业计划书，并通过将创业计划书展现给潜在的风险投资者来获取创业资本。一份创业计划书通常描述了：一个未满足的市场需求、拟为这个市场需求提供的产品与服务，将要创造的企业价值以及他期望获得的投资金额等。

创业计划书帮助投资者理解企业家的未来的行动及价值，并奠立了双方讨论合作的基础。投资者追求投资收益，为了决定是否投资，他要估计企业未来的价值，然后估计不同索取权的价值，最后与企业家谈判索取权的价格来决定是否投资。当投资者认为未来企业索取权的价值很高，企业家要求的索取权价格较低时，投资者就会认为有利可图而愿意投资。

## 第一节　企业索取权分配

### 一、投资与企业的价值

企业的价值来源于未来创造净现金流的能力。企业需要构建两方面的能力，才能够创造净现金流，一是拥有较大规模的市场，二是拥有满足这个市场的产品或者服务提供能力。所谓拥有的市场，是指已经对企业特定产品或者服务形成了稳定的购买认知的顾客数量。对产品具有稳定认知的顾客习惯性地使用企业的产品（服务）来满足自己的特定需求，并在可预见的时间内持续购买。举例而言，在写作本书的时候，数以万计的人正在使用“滴滴出行”手机软件呼叫快车，另一些人则使用“饿了么”手机软件购买外卖食品，而苹果公司的粉丝则在预约

iPhone7。向企业投资形成的能力，在很大一个程度上就是投资创造人们对于企业和产品的认知：顾客喜欢企业的产品，并愿意持续购买。培养这种认知不仅在于产品（服务）本身能够给顾客创造愉悦的消费经验，而且也来源于企业积极开展的营销和宣传活动，这些活动本身将耗费大量的投资。

投资的第二个方面是构建企业的产品或者拥有服务提供能力，这包括构建生产设施和形成企业的组织能力。通常，构建生产设施的投资是比较容易衡量的，投资完成后，能够看到有形的实物，如厂房、设备、机器。但是，这还不能构成产出的能力，还需要较长一段时间来培训员工团队。团队成员掌握足够的隐性知识才是提供高质量稳定产出的关键，要使员工团队掌握生产的技能和诀窍，就需要持续开展团队的学习。投资在企业生产能力方面的资源，其中很大一部分是用于培养员工团队，使其拥有开展高效生产的显性和隐性知识。

投资的过程，就是初始的确定性资源价值（大多数为现金）被转化为顾客群体认知和产品服务提供能力的过程，而这个过程是依据创业者的蓝图和具体指挥来实现的。因此，投资者在与创业者接触时，就必须要仔细审查企业的蓝图——蓝图描绘了未来企业的状态以及达成的路径。投资者更要仔细分析创业者是否具有卓越的才能——是否足以带领一个团队来实现目标。创业者在获得资金以后，就会按照其蓝图设想来使用资源，资源在使用过程中价值会逐渐被消耗，但是却不一定能够转化为企业创造价值的能力，这就是投资所面临的风险境地。摩托罗拉公司著名的铱星计划失败，就是这样的例子。

铱星移动通信系统是摩托罗拉公司在 1987 年提出的，通过卫星与卫星之间的通信连接来实现全球通信，相当于把地面蜂窝移动电话系统搬到了天上。它具有两大优势：一是轨道低，传输速度快，信息损耗小，通信质量大大提高；二是不需要专门的地面接收站，每部卫星移动手持电话都可以与卫星连接，这就使地球上人迹罕至的不毛之地、通信落后的边远地区、自然灾害现场的通信都变得畅通无阻。摩托罗拉提出通过铱星移动通信系统计划开启个人卫星通信的新时代，并与多家著名公司共同创建了铱星公司。铱星移动通信系统于 1996 年开始试验发射，计划 1998 年投入业务，预计总投资为 34 亿美元，全世界几十家公司都参与了铱星计划的实施。1998 年 5 月，铱星系统全部完成，11 月 1 日，正式开通了全球通信业务。然而，当摩托罗拉公司费尽千辛万苦终于将铱星系统投入使用时，却无法形成稳定的客户群，使铱星公司亏损巨大，连借款利息都偿还不起，最终铱星公司不得不宣布破产失败。

铱星公司的创建过程就是铱星计划的实施过程，虽然该计划构建了完整的卫星通信系统并具有了高质量的通信能力，但因为不能在竞争中获得顾客的认可（顾

客已经完全接受蜂窝移动通信电话系统）而最终破产。因此，创业蓝图是否真正能够实现并创造价值通常是高度不确定的，这就使基于企业价值的索取权价值也存在着相同的不确定性。如果蓝图的价值按照创业者的估计正常实现，就会创造出大量的经济利润，索取权的投资者也会获利丰厚；如果蓝图实现后却没有获得市场，那么投资者和创业者都将损失惨重。

投资帮助创业者实现蓝图并创造出企业价值，给予投资者的回报就是企业的特定索取权，可以是股权，也可以是优先的固定索取权。无论是优先索取权还是最后索取权，其价值都是以企业的现金流价值为基础。投资者对企业未来价值估计越高，索取权价值也就越高，在索取权售价固定的情况下，他就越愿意投资购买一定数量的索取权，企业也就越可能建立。投资者清楚企业未来的价值是由投入的资源在企业蓝图的指引下使用而产生的，新企业的蓝图信息是投资者对企业价值进行估计的基础。为了让投资者知道并理解新企业蓝图，创业者就需要向投资人传递信息。创业计划书以及与投资者的密切接触，就是创业者向投资者传递企业价值信息的过程。

在投资者获得了充分的信息以后，创业者需要与投资者谈判，以便对获得融资以后的企业未来价值进行分配，同时也要对保证这些价值实现的控制权进行分配。谈判的结果是建立企业的治理结构，包括各种索取权与控制权的安排。

## 二、经济利润的来源与分配

创业者与投资者通过谈判达成创建企业的协议，并对企业的索取权进行了初始划分。很显然，双方对于未来企业净现金流的现值估计要远高于投入资源的现金价值，本书把未来企业现金流的贴现值与投入资源的现金值之差称为经济利润。创业者、投资者以及其他利益相关者从新企业获得的超额报酬显然就来源于经济利润，那么经济利润的来源是什么呢？

所有企业创造的价值最终来源于顾客使用产品或者服务的过程。顾客使用了产品或者服务产生了价值，顾客就愿意为这些价值支付一定的成本。显然，顾客愿意支付的金额一定会低于产品或者服务产生的价值，否则顾客就不会购买。顾客的支付构成了企业产品或者服务的现金收入。

如果企业的生产蓝图是人所共知的，而且任何人都可以使用相同的成本将蓝图转变为提供产品或者服务的能力，那么，提供这种产品或者服务的企业将无法获取任何经济利润。任意几个人就可以构成一个企业来提供产品或者服务，这意味着产品或者服务在市场上是完全竞争的，产品的价格一定会等于提供产品的边际成本，企业不会有经济利润。

创业者需要构思出独特的企业蓝图，并且要具有卓越的企业发展能力，才能够获得投资者的青睐。独特的企业构想，意味着现有市场上并没有相同的企业能力，在未来为顾客提供产品或者服务时，它具有某种垄断的特征。垄断特征使企业具有定价能力，价格可以定在边际成本之上，企业在为顾客创造价值的同时，也能够获得经济利润。创业者具有的卓越发展能力，使企业在获得能力的同时，还能够节约投入的资源，这使企业的投资回报率更高。因此，企业的经济利润和价值是来源于创业者团队的独创性和超凡的个人能力，这使他们能够吸引到投资者，也能够在与投资者谈判过程中凭借企业蓝图和自身团队能力获得较多的企业索取权价值。显然，经济利润在很大程度上来源于创业者的蓝图。

在大约 100 年前，弗兰克・H・奈特（2006）对企业的利润来源进行了阐释。奈特认为，企业的利润与不确定性密切相关，而与风险无关。风险可以量度，可确定未来结果的分布概率，因此可以通过保险转给他人如保险公司负担。而创新带来的不确定性是不可量度的，结果是未知的。有两种不确定性因素。第一，生产经营的目的必须从一开始就进行评估。也就是说，要根据给定的资源评估出生产多少产量和生产什么质量的商品。第二，商品要去满足的需要是否在现在与将来具有相同的程度，对需要的这种预测也同样涉及不确定性。因此，生产者必须评估他努力要去满足的未来需求，以及在努力满足这一需求的过程中，经营行为的未来结果。正是因为这两种不确定性的存在，企业家才可能在完全竞争与长期静态均衡的条件下，仍然取得作为企业预期收益和实际收益之间的意外差额的正值（或负值）利润。

当一个企业在初始创建时，创业者主观上认为依照自己的蓝图所建的企业是能够创造经济利润的。创业者或者是认为自己发现了独特的市场需求，或者是相信自己创造了独特的产品或者服务，或者是发明了降低产品服务成本的独特方法，或者兼而有之。独特的企业蓝图使他相信新企业能够在未来一段时期内占据独特的垄断地位，能够创造可观的现金流价值。因此，创业者试图找到投资者，允诺与其分享新企业的经济利润，条件是投资者投入资金来支持企业的创建和运营。这意味着，在创业初始时，创业企业的大部分经济利润已经在创业者与投资者之间分配了。

## 三、信息充分状态下的索取权分配

融资的第一个步骤是向投资者传递企业蓝图的相关信息，如存在的市场机会、企业家发明的重要和先进技术、实现企业价值的运营计划等。经过企业家主动的信息传递，获得信息的投资者就会形成对企业未来价值的主观看法。

假定潜在投资者 $i$ 对企业未来价值的估计以一个随机分布函数的形式存在，分布密度函数为 $f_i(x)$，累积分布函数为 $F_i(x)$。在理想状态下，投资者得到了与企业家相同的信息，并且在对企业未来价值的估计上与企业家相同，即投资者与企业家都认为企业未来价值分布为 $F(x)$。如图 4.1 所示，假定企业家与投资者共同协商将企业未来价值划分为三个顺序索取权，优先索取权的索取额为 $w$，次级索取权的索取额为 $d$，最后索取权为股权。为了方便比较，不妨假定三个索取权的期望价值相等，即面积 Ⅰ＝Ⅱ＝Ⅲ[①]。

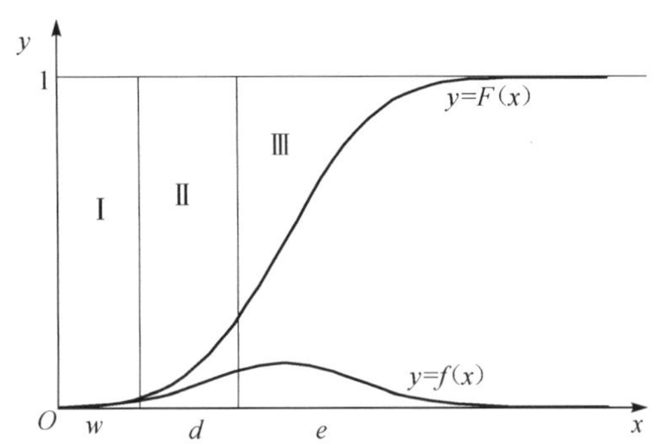


图 4.1 风险资产和顺序索取权期望价值

对于每一个索取权，都可以划分为 $n$ 个相同的标准单位索取权。例如，对于 $w$ 索取权总金额为 100 万，则可以划分为 100 个等值为 1 万的标准索取权。每一个投资者，都可以选择购买其中的一个或者多个。对于最后索取权 $e$，也可以划分为等额的 1 万份，每一份都具有相同的价值。在进行了标准划分之后，一个投资者投入资源换取的索取权就可以选择在三种索取权中自由组合。

通过自由组合，投资者可以选择符合其风险偏好的索取权。当投资者风险中性时，可以得到理想状态下的一个命题。

**命题 4.1** 给定参与方风险中性。如果各方投资者对未来产出的估计完全相同，他们对任意一个索取权的期望报酬估值也就相同。具有相同期望价值的索取权，无论它们的顺序有何不同，对于风险中性的投资者而言都是无差异的，他们将随意分配索取权位置。

① 如图 4.1 所示，$w$ 和 $d$ 是两种债券的到期支付额，由于假设二者期望值相同，索取额必定是 $w<d$。投资者购买时只会按照期望价值来购买，在风险中性时，二者出售的价格相同，不妨假定都为 $p$。虽然实质上的期望报酬率相同，由于通常所指二者报酬率为 $(w-p)/p$ 和 $(d-p)/p$，看起来次级债权的报酬率要高很多。

**证明** 如图 4.1 所示，假定企业总资产被划分给三个顺序索取权，优先索取权索取额为 $w$，次级索取权索取额为 $d$，最后索取权索取额为 $e$。如果代表三个索取权的图形面积相等，那么三个索取权对于风险中性的投资者都是无差异的。

命题 4.1 在现实中显然不成立。究其原因，在于两个基本假设不存在。一是假定信息充分导致企业家与投资者拥有对企业未来价值的相同看法；二是风险中性假设。委托代理框架通过风险偏好假设来证明索取权的分配问题，并成为解释最后索取权安排的主流框架。本书则保留风险中性假设而放松信息充分假设，以便分析在信息不充分，特别是信息不一致的情形下可能产生的结果。

## 四、讨论：股权、经济利润分配与剩余索取权

企业利润应该如何分配？这是许多人都感兴趣且争论的话题。争论的一方，认为现有许多企业的利润分配不公平：企业的利润基本上都被分配给了资本家，而工人群体没有得到企业赚取的利润，鉴于企业增加的收益来源于所有的要素投入者，那么工人群体也应该获得一部分甚至是大部分企业收益；按照马克思理论，利润来源于工人的剩余价值，而工人没有享受到利润，那么必然就是受了资本家的压榨和剥削。资本家获取利润的凭据是其拥有的股权，剥削论者因此主张变革社会法律，让法律来保障工人群体获得一部分甚至是大多数股权，或者让工人群体没有股权也可直接参与企业利润分配。

争论的另一方，声称股权分配是基于效率的市场选择。效率论者把股权称为剩余索取权，意思是股权所有者只有在其他索取权拥有者的权利满足之后，剩余部分才归股权所有者。因此，股权所有者承担着最后的风险，他们既可能获得很大的利润，也可能遭受巨大的亏损。效率论者认为资本所有者或者企业家拥有剩余索取权，只是因为它符合效率原则，是市场的自然选择。例如，张维迎（1995）发展的企业理论——契约一般均衡理论，使用隐藏行动模型和隐藏信息模型证明了企业的索取权和控制权分配结果必然是资本雇佣劳动而不是工人监督企业家，是资本所有者而不是劳动力所有者选择企业经营者。

要解决争论，首先，要探明企业的剩余是否都分配给了股权所有者。如果企业利润没有完全分配给股权所有者，那么它分配给了谁？是何时分配的？如果股权包含了所有剩余，那么改变股权分配就可以改变剩余的分配，剥削论者的目标就可以实现。如果股权本身并不包含剩余，就不可能通过改变股权分配来实现剥削论者的主张。其次，要分析索取权分配的两种基本主张的结果，第一种主张是要通过要素所有者的自由谈判来实现索取权分配，第二种主张是让政府通过计划来实现索取权分配。

在现代社会，所有人都可以在公开市场上购买股票，工人群体也不例外。对于未公开上市的股票，法律也不禁止工人或者工人群体成为企业的股东。如果股权包含了企业全部的剩余，那么工人通过购买一部分股票，就可以实现对自身剩余的拥有。因此，如果要解决股权相关的剥削问题，只要大力发展方便交易各类股票的市场即可。

如果把剩余定义为企业获得的经济利润，其来源是什么呢？所谓经济利润，就是企业获得的超过市场平均利润的部分。举一个虚构的例子来说明什么是经济利润。A 投资了 100 万元建立一个企业 E 生产和销售 P 产品，到年终的时候，企业的利润表上出现了 5 万元的利润。是否这 5 万元就是企业的经济利润呢？如果观察发现，拥有 100 万元资金有不同的获取收益的办法，例如，可以购买一套住房出租，这一年出租的租金是 5 万元，或者是用于购买债券，也能够获得利息收入 5 万元。此时，就会认为投资 E 并没有什么超额收益，5 万元利润只不过是资金的平均收益，远不是什么经济利润。除非这家企业的利润超过 5 万元，超过的部分才能够称为经济利润。

企业获取经济利润的唯一原因在于其拥有独特的企业能力，这种能力很难被其他企业短期模仿。如果企业 E 一年能够挣得超过 10 万的利润，且 E 的生产能力是所有人都可以快速构建的，那么就会有许多人投资建立与 E 相同的生产能力，在此过程中，就会产生以下影响：①P 产品由于供给量大增，价格会快速下降，产出利润也就快速下降；②如果生产 P 产品的原材料数量有限，由于各个企业都竞争原材料，原材料价格就会迅速上升，E 的利润也会因此下降；③如果生产要素有限，要素提供者就会涨价，例如，工人出现短缺，工人也会因为企业间的竞争而获得更高工资，这也导致 E 的利润下降。因此，如果 E 没有独特的企业能力，它就不会赚得任何经济利润。如果 E 具有的独特能力不能为其他企业快速模仿，它就拥有了垄断的权利，E 就可以把价格定得更高，从而产生经济利润。

对于大多数企业而言，经济利润只是创建时的美好愿景，能够实现的仅是少数的幸运儿。统计数据表明，绝大多数企业的生命都有限而短暂，何平等（2008）的一项研究指出，欧洲和日本的公司平均寿命为 12.5 年，我国企业的平均寿命只有 7.3 年，中小企业平均寿命只有 2.9 年。企业消亡的基本原因是收不抵支出现亏损，企业平均寿命低，意味着大多数企业在创办后短短几年内就已经亏损甚至资不抵债了。许多企业从创立到关闭，整个投资回报率是负值。为何多数企业没有产生经济利润呢？著名企业史学家小阿尔弗雷德·D·钱德勒等（2007）这样说："公司，也像人一样，会成功，也会失败。因为他们或者由技艺高超、智力超群者领导，或者不是。"

既然大多数企业都遭遇了失败，那么一般意义上的股权就不可能普遍包含经济利润（或者称为剩余）。那么对于少数产生了巨大利润的企业，是否可以通过股票市场的自由交易让工人群体购买股权来分享经济利润呢？结论是否定的。任何人都可以在市场上购买股票，包括那些能够创造巨大利润的公司的股票。但显然的情况是，如果一个公司的每股利润是其他公司的 2 倍，其每股的价格也就应是 2倍，无论一个公司的股票是否包含了经济利润，在公开股票市场购买它的人却只会得到市场平均收益率。因此，公开透明的股票市场并不能够让工人群体甚至是拥有大量资金的人获得超额回报。在企业平均收益和寿命均较小的现实世界里，如果出于给工人群体增加收益的目的而让其劳动收入转换为一部分股权，也就可能导致工人收入减少而不是增加的局面。

真正获得企业经济利润的人，实际上是最初参与创建企业的人。例如，最初创建和投资谷歌公司、脸书公司的人，都获得了企业的巨大经济利润，而在市场上购买创建人股票的人，正是帮助创建者将经济利润变为现金的人。因此，现实世界中企业的剩余，并非是分配给了股权拥有者，而是分配给了那些创建了企业并使之具有独特生产能力的人。在自由的市场环境中，只有那些具有企业家才能的人，才可能创建一家具有创造经济利润的企业，在创建这个企业的过程中，经济利润已经被分配给参与创建的人，股票只不过是他们据以实现经济利润的工具。

由此，可以用一种新的视角来看待企业经济利润分配问题：企业索取权是一种用于销售企业家才能和其发明的企业蓝图的有效工具。在企业自由创建模式下，创业者预期到未来企业能够带来经济利润，并与投资者在创建企业的契约中已经对预期的经济利润进行了分配，创业者获得的经济利润表现在其拥有的股票数量价值上。如果此时有投资者愿意购买创业者的股票，通过出售，创业者甚至在企业尚未运营时就已经获得了真实的经济利润。互联网创业市场有许多这样的例子，初创企业尚未创造任何收入甚至未开展任何业务，已经获得了巨大的估值。由此可见，企业的经济利润分配常常是在企业真实产生利润之前，之所以创业者能够在利润产生之前获得企业的价值，是因为投资者相信创业者提供的创业蓝图以及个人才能使新企业能够创造经济利润。

那么，一个社会是否能够在企业创建阶段，直接规定工人群体获得一部分股权呢？当然，如果把企业索取权视为企业家出售其企业家才能和发明的工具，出于公平交易的原则，工人群体就需要为这个索取权支付对价，如果支付了对价，那么工人群体事实上就没有获得真正的经济利润（因为企业家已经在出售索取权的过程中把经济利润占有了）。另外一个办法是政府强制让企业家把一部分剩余索

取权让工人群体无偿获得，初始的投资者分享得到的收益就会减少，就会降低创业和投资的热情，相关的创新创业活动就会大幅降低。如果创新创业活动是推动一个国家和社会发展的重要动力，那么这种要求给工人群体留下经济利润的法律就会损害经济发展的动力。

综上所述，在可以自由开办企业和企业可以自由竞争的环境里，经济利润只会产生于那些拥有独特竞争能力的企业。在企业的利益相关者中，只有那些具有独特才能的企业才会获得大量的经济利润，企业的经济利润甚至可以看做企业家才能和其独特企业蓝图的报酬。拥有股权并不一定就拥有企业的经济利润，二者之间并无必然联系。在效率论者的观点，剩余索取权只是最后一位索取权，而在剥削论者的观点，剩余索取权则有对剩余价值的索取权利之意。由于双方对同一名词的理解和使用各不相同，最好的办法是一方不再使用该概念。把剩余索取权改为最后索取权或者股权，将更有利于理论的发展，因此，本书不使用剩余索取权概念，而直接使用股权或者最后索取权概念。

## 五、认知差异导致索取权顺序划分

一个潜在的企业家要实现自己的企业蓝图，就需要汇集大量的资源，并将资源转化为企业独特的能力。脑海里的企业蓝图与现实的企业能力之间具有巨大的鸿沟，企业家必须能够让资源所有者相信企业蓝图具有巨大价值，才能够获取资源开启构建企业能力之旅。创建企业也可以视为这样一个过程，首先是企业家向投资者描绘一个未来的庞大现金流集合（未来的企业），然后将这个未来现金流的部分索取凭证（企业的索取权）推销给投资者，投资者投资的实质就是使用现在的现金去购买一个未来的现金流。

企业家要销售未来的现金流，就首先要向投资者传递足够的信息，并且能够使投资者相信这些现金流是高度确信的，否则，有谁会愿意支付大量的现金来购买一个虚无缥缈的未来财富呢。然而，向投资者传递有关新蓝图的价值信息并非是轻而易举的事情。信息传递的效果受到很多因素的约束，有着很高的成本。第一，知识既有显性的，能够比较容易通过编码的方式来传递，又有隐性的，难以通过一般交流方式进行传递。企业家个人的蓝图知识中必然也包含这两类知识，无论如何努力，企业家都无法将自己所有的知识信息都传递出去。第二，投资者接受信息的能力有限。任何信息的解读都依赖于接收者个人的知识结构和经验背景，投资者与企业家的个人知识背景完全相同是小概率事件，所以投资者对于企业家传递信息的理解也是有限的。第三，信息传递的环境通常还存在着各种干扰源，噪声导致信息传递的准确度下降，信息本身也会遭受损失。因此，由于认知差异，投资者形成的有关企业价值的认识与企业家不同是一个十分正常的现实情况。

假定投资者根据其获得的信息和自身的经验形成对企业价值的估计，在信息传递效果不够充分的情况下，投资者形成的企业未来价值分布曲线就必然与企业家不一样。在每一个时代，都有大量的企业破产倒闭，总体而言，创造少量经济利润或者不创造经济利润的企业是大多数。因此，投资者在听取创业者描述他们企业的蓝图时，理应会抱着谨慎和怀疑的态度。投资者看法会比较保守，这导致投资者对企业价值累积分布曲线在企业家估计曲线的左边。如图 4.2 所示，企业家的累积分布函数为$F(x)$，投资者估计的累积分布曲线为$F_1(x)$。由于投资者对分布曲线的认识是$F_1(x)$，他认为企业三个顺序索取权价值分别是$y_w,y_d,y_e$。假设企业家认为三个顺序索取权的价值分别是$(y_w+c_w,y_d+c_d,y_e+c_e)$且相等。

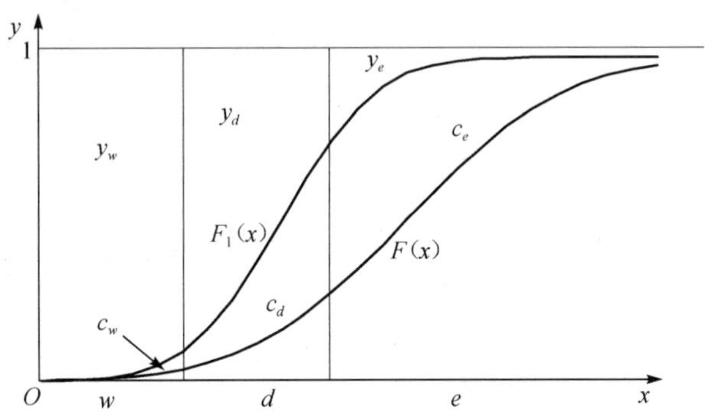


图 4.2　投资者保守估计对不同索取权价值的影响

企业家融资的实质是通过出售企业的索取权来获得资本，出售的索取权越多，他自己拥有的就越少，即出售的索取权的价值就是他融资的成本。当企业家出售索取权融资时，投资者只会按照他认为的索取权价值支付给企业家投资款，估计差异就导致企业家要为融资承担额外的索取权成本，将这个成本称为估计差异成本。$c_w$、$c_d$、$c_e$就是企业家出售索取权的估计差异成本，从图 4.2 容易看出，$c_w< c_d< c_e$，即不同顺序的索取权的估计差异成本明显不同，在融资额相同时，优先索取权的估计差异成本最低，次级索取权次之，而最后索取权的估计差异成本最高①。估计差异成本使企业家划分不同索取权并出售具有了重要意义。如果企业家不划分索取权而是直接出售企业总体价值的一定比例，出让的索取权价值就要比按顺序出让的成本要高。可见，索取权划分能够有效节约企业家的融资成本。

① 几何图形证明很直观，代数证明略微复杂。

为了节约融资成本，企业家将按融资需要顺序出售索取权。由此，可以得出命题4.2。

**命题 4.2**　由于估计差异成本随着索取权顺序后移而增加，企业家总是首先选择出售优先索取权，最后出让最后索取权。

## 六、信息传递与索取权融资类型选择

当企业家向投资者传递信息时，投资者总会对企业未来价值采取保守估计的策略。保守策略是在演化过程中逐渐形成的。最初的环境中或许拥有各种类型的投资者：有些投资者只需很少信息就会给融资者很高的评价并投入资金，可称这种类型的投资者为鲁莽投资者；另一些投资者则根据获得的信息来对企业进行估计，信息越少时，评价就越保守，信息增加，评价就会趋于客观。当然，鲁莽投资者很容易遭受失败，资本会在失败中损失，特别是可能遭受大量的资金欺诈。因此，在经过一段时间的演化以后，鲁莽投资者就因为资本丧失而逐渐消失（丧失投资能力），剩下的就是坚守保守投资策略的投资者。

保守投资者的重要特征是根据获得的信息来判断企业价值，信息越少，估计就会越保守。因此，对于一个具有良好价值的企业项目而言，传递的信息增加会促使投资者估计的累积分布曲线向右移动，移动的结果是使投资者对于各个索取权价值估计提高。

累积分布曲线向右移动对于不同索取权价值的影响不同。如图 4.2 所示，累积分布曲线移动能够降低的估计差异成本 $c_w < c_d < c_e$，即传递信息降低优先索取权估计差异成本最少，降低股权估计差异成本最多。信息传递本身是有成本的，人们传递信息通常遵循先易后难，传递信息的边际成本总是上升的。

传递信息能够降低估计差异的成本，但会带来信息成本增加，因此企业家的最优决策是使信息的边际成本等于估计差异下降的边际收益。由于优先索取权的估计差异最小，传递信息带来的边际收益最小，因此传递的信息量必然最小。而股权的估计差异最多，传递信息的边际收益必然也最大，最优传递的信息量自然最多。由此，可以得到命题 4.3。

**命题 4.3**　企业家传递的信息量与准备出让的索取权类型正相关，出让优先索取权时传递的信息量最少，出让最后索取权时传递的信息量最多。

现实中的融资现象与命题 4.3 是十分吻合的。当要使用股权融资时，企业不仅要公布大量的过去经营信息，也要对未来资金使用进行详细的说明，其产生的各种费用事实上都是向潜在投资者传递信息的费用。如果只是使用债权融资，特

别是只融入少量的债权资金时，企业往往只需要提供资产负债表等较为简单的信息，信息费用相对低很多。

## 七、投资者类型及其报酬率要求

经济理论通常将投资者视为无差异的，但现实中的投资者却千差万别。从接受信息的角度，有些投资者具有丰富的知识和经验，容易理解企业家传递的信息，并更容易形成对企业蓝图价值的客观估计；另一些投资者却缺乏与企业家相似的知识背景，难以对企业家传递的信息进行识别和理解。本书将第一种类型的投资者称为专家投资者，第二种类型的投资者称为一般投资者。

专家投资者是针对特定企业家而言的。如果一个投资者拥有与申请融资的企业家类似的专业背景知识，包括企业蓝图涉及的科学原理和技术特征、市场需求特征、运作特征等的相关知识，那么这个投资者就可称为专家投资者。例如，能够支持建立网上社区交友平台（类似 Facebook.com）的投资者需要拥有的背景知识包括网络技术、网络社区文化、网上交易平台技术、网络广告和消费者特征、网络社区发展趋势等知识。

如果将对企业蓝图背景知识水平了解程度设定为一个(0,1)区间，1 代表投资者拥有项目涉及的完全知识，0 代表对该项目完全不拥有背景知识，那么一个从未接触过计算机的投资者对于网络交友项目的背景知识就等于 0，而一个创建过网络社区平台的企业家的背景知识则可视为 1。通常而言，投资者分布特征如图 4.3 所示。对一个常规项目，完全不知道的投资者是少数，多数投资者具有一定的知识，具有完全知识的专家投资者也是少数。对于一个创新性项目，完全不知道的投资者则可能是多数，其次是了解一部分的一般投资者，而专家投资者则必定很少。

不同类型投资者的数量决定了他们之间竞争投资项目的激烈程度，决定了他们在项目中的讨价还价能力，也就决定了他们能够索取的报酬率。专家投资者的人数较少，相互竞争不激烈，因此他们要求的期望报酬率就高，而一般投资者则只能要求较低的期望报酬率。

## 八、索取权与投资者类型的均衡

由于信息成本与估计差异成本存在，向外部投资者融资的成本总是很高的。企业家的首选是自己为新企业提供资金，但企业家自身的资本很少能够满足资金需求，因此还需要向投资者融资。

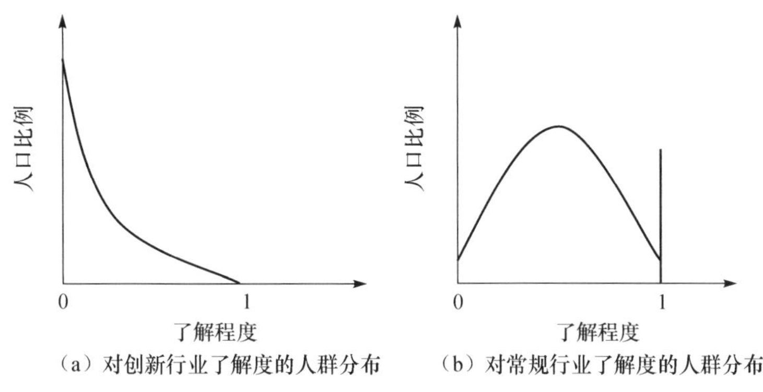


（a）对创新行业了解度的人群分布　（b）对常规行业了解度的人群分布

图 4.3 对不同行业了解度的人群分布

为了融资，企业家向投资者传递有关企业未来价值的信息。企业未来价值是投入新企业的物质资本和人力资本在企业蓝图的指导下运作产生的，主要由三部分构成：一是投入的资本价值，二是投入的人力资源价值，三是创业者才能和企业蓝图的价值。企业家才干和企业蓝图是影响未来企业价值的根本，优秀的企业家和企业蓝图能够使投入的资本和人力产生巨大的增值效应，而差的企业蓝图可能使投入的资本和人力价值消失无形。因此，投资者首先要判断企业蓝图是否具有合理性，创业者是否有超凡的才能，是否拥有创造超额价值的特征。如果投资者认为企业蓝图不够理想，放弃投资是最好的。假定人力资源的价值都在投入时全部支付给雇佣的员工，如果投资者准备投资，就意味着投资者认为未来企业价值至少超过投入的物质资本总量。

假定企业家传递了最基本的信息，恰好使投资者相信企业蓝图是合理的，并且认为总资本投入的价值就是企业的价值。如图 4.4 所示，投资者估计的企业分布曲线为 $F_1(x)$，其围成的面积正好等于投入的资本价值。企业家对企业蓝图价值的认识远远超过投资者，并相信其分布曲线为 $F(x)$。

如图 4.4 所示，假定企业家设置债权总支付为 $D$，其余为股权，并选择出售部分债权和股权来融资。容易发现，债权融资的估计差异成本很低，增加信息传递带来的成本降低程度也很低。例如，增加信息使 $F_1(x)$ 移动到 $F_2(x)$ 带来的收益很小，在 $F_2(x)$ 基础上增加信息带来的收益更小。因此，如果企业家只需融入小于 $D$ 的资金时，选择一般投资者并采用债权融资是最优的，这能够让总融资成本最低。

但如果需要融入超过 $D$ 以上的资本时，采用债权融资的成本就会持续上升。在信息传递量不变时，随着债权比例上升，估计差异成本就开始明显起来。当债权比例从 $D$ 增加为 $D_1$ 时，企业家多支付的估计差异成本就十分显著，图 4.4 中的

阴影部分就是债权比例增加时的估计差异成本。当然，如果信息量不变，采用股权融资的成本将会更高，因为投资者对股权价值的估计差异更高。因此，当企业家需要融入更多资本时，最重要的就是传递更多的信息。

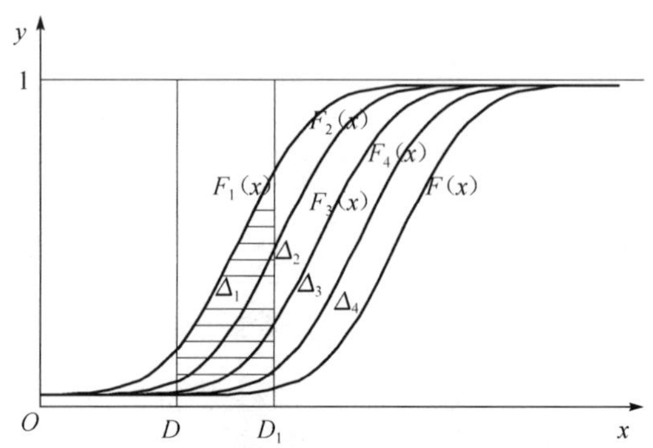


图 4.4　信息传递对企业家股权价值的影响

已知，一般投资者由于背景知识的缘故，信息的边际成本很高，在相同信息量的情况下，其估计的累积分布函数总在专家投资者的左面。在企业蓝图价值很高的情况下，专家投资者就是重要的。专家投资者虽然要求的投资报酬率更高，但由于信息传递效率高，他给企业家带来的估计差异成本更低。因此，企业家在选择专家投资者时，一定要传递更多的信息。由此，可以得出命题 4.4。

**命题 4.4**　企业融资方式与其融资量、投资者选择之间的关系是：融资量越多，企业家就越会选择专家投资者，并采用股权融资，信息传递量也会越多。融资相对数量越小，企业家就越会选择一般投资者，融资方式也必定是债权融资。

根据命题 4.4，得到了表 4.1。

**表 4.1　融资水平、索取权类型与投资者类型**

| 外部融资比率 | 出售索取权类型 | 信息传递数量 | 报酬率 | 投资者类型 |
|---|---|---|---|---|
| 低 | 优先债权 | 低 | 低 | 一般投资者 |
| 中等 | 优先债权与次级债权 | 较高 | 较高 | 专业投资者 |
| 高 | 债权与股权 | 高 | 高 | 专家投资者 |

## 九、工人、管理层的索取权安排

一个被广泛关注的问题是：为何工人很少获得最后索取权？要解决这个问题而不至于陷入意识形态的争论，首先需要明确工人的定义。工人是企业中从事操作性任务的员工的统称，并非是与生俱来的某种身份。某人加入企业成为员工，一方面表明企业需要他的特定人力资源，另一方面也表明他愿意将其人力资源在特定时间的使用权提供给企业以换取特定索取权。工人[①]将获得什么样的索取权呢？

一般而言，单个工人投入的人力资源占企业总体投资的很少一部分。当企业家寻求人力资源投入时，如果要对每个员工都阐述企业详细的蓝图信息，其成本必定是十分高昂的。工人通常也缺乏企业蓝图的背景知识，企业家向其传递信息的边际成本也很高，因此工人获得优先索取权是十分自然的。工人的优先索取权甚至是所有资源投入者中最优先的，其投入的人力资源在每月甚至每周都获得相应报酬。因此，现实中的情况是，工人总是拥有优先索取权，索取权的名称为工资。

管理层的情况则有所不同。管理人员的任务是协调企业系统的运作，对企业系统的价值自然会有较充分的理解。特别是高层管理人员，由于工作需要，他们对企业未来价值的信息相对是最充分的。因此，高层管理人员比较容易接受股权作为他们报酬的一部分。不仅如此，高层管理人员的人力资本本身也是企业未来价值的重要构成部分，当其他投资者对高层管理人员人力资本估计较低时，高层管理人员就会受到估计差异成本的影响，获取股权最能够降低高层管理人员的估计差异成本。因此，用股权作为管理人员、特别是高层管理人员报酬的一部分是一个均衡结果。当然，固定报酬和股权报酬是相互替代的，高层管理人员获得更多股权报酬的代价是其固定工资报酬水平的降低，这是一个必然的结果。

工人拥有优先索取权而管理层拥有最后索取权的根本原因在于信息水平不一致，当一个企业的信息十分充分时，其索取权的拥有者会变得离散。例如，公开上市的著名企业，拥有其股权的既可能有专家投资者，也可能有一般投资者，甚至可能有工人，包括该企业的工人和其他企业的工人。

## 十、索取权顺序安排对激励问题的解决

人们的知识经验以及信息差异导致了对未来资产价值的认识差异，由此决定了索取权的分配结果。这个看法与“激励需要导致索取权分配结果”的委托代理理论不同。委托代理理论所描述的激励是需要普遍存在的，如果描述的索取权分配结果不能够解决激励问题，那么这个理论就不成立。信息和知识差异导致的索取权分配结果能否为企业家提供足够的激励呢？答案是肯定的。

企业的未来价值取决于蓝图本身的先进性水平以及企业家未来的可能投入

① 本书将工人也视为投资者，投入的是人力资源。

水平。为了保险起见，投资者将按已有普通蓝图的产出效率来估计企业蓝图的价值，并且按照企业家过去的努力水平来估计其未来的投入水平，这正如图 4.4 中 $F_1(x)$ 曲线的情况[①]。在保守估计下，投资者获得优先的索取权，而企业家则获得大部分最后索取权。保守估计的含义是，企业家投入水平如果与其历史水平相当，且企业蓝图没有更高生产力，那么企业家能够获得其过去的水平的报酬[即图 4.4 中 $F_1(x)$ 与 $x=D$ 及 $y=1$ 围成的面积]。如果企业家的估计为 $F_2(x)$ 甚至为 $F(x)$，企业家努力的边际收益将大大提高［增加的收益就是 $F_1(x)$ 与 $F_2(x)$ 围成的面积］，因此企业家会投入更多的人力资本水平。所以，投资者在保守估计下已经解决了企业家的激励问题，他有把握创业者会投入更多的努力，并且这个努力水平随着企业家对项目蓝图先进性估计的提高而提高[②]。

当企业家传递的信息使投资者相信新企业蓝图的效率比已有的蓝图效率高，并以此为基础上与投资者谈判时，投资者将只能获得比保守估计下更少的索取权，企业家则获得更大的索取权。索取权增加使企业家对自己未来人力资本投入的边际报酬估计更高，因此其努力水平会更高。因此，在投资者对新企业有良好估计的情形下，他也不会担心企业家的激励问题。

企业家第三个激励源泉来源于投资者对企业家人力资本的估计方式。投资者对企业家人力资本投入的估计以其历史为基础，这意味着企业家未来人力资本价值将以在该企业中的业绩表现为基础。为了在未来获得更多的报酬，人力资源拥有者甚至会投入比现在边际报酬更高的努力程度，即企业家的激励是超水平。

企业家的激励还来源于其自身的投资。当创业者缺乏历史信息可供参考时，其自身的物质投入水平对于获得外部投资至关重要。创业者资本投入越多，他拥有的索取权份额就越大，其个人努力带来的收益也就越高。因此，企业家自身的投入也是其努力水平的有力保障，这一点投资者也是相信的。

在知识与信息差异导致的索取权分配过程中，激励是自然解决的，索取权分配的结果会促使企业家更加努力工作，并保障投资者获得超过谈判时预测的期望报酬。人们对于索取权性质的利用弥补了不确定性带来的合作难题，产生的良好结果加强了人们对于合作的信念，由此不断推动着社会创新的实现。

---

① 低于这个估计水平的投资者不会参与谈判。理性投资者在已有信息下如果认为企业家提出的蓝图是低效率的，那么他就会相信总资产价值一定亏损，因此不会投入。

② 创业者表现出的信心越足，就说明他对自己人力资本边际产出的预期越高，这将表明他会投入更多的人力资本。因此，投资者更愿意向具有高信心的创业者投资。

## 第二节　企业控制权分配

所谓企业的控制权，其首要含义就是对参与各方投入的要素权利的使用方向和方式进行决策的权力。由于要素权利的运用方向和方式非常多，不同运用方式导致的结果又可能大相径庭，这必然是签约各方在签约时重点考虑的问题。控制权还包括代表企业对外进行谈判和签约的权力[①]。当企业在运作过程中需要吸引新的要素权利加入企业，或者是需要某些要素退出企业时，总需要特定的人代表企业（所有的要素索取权利益）与这些要素所有者谈判并签署要素合约。为了实现自身的索取权价值，每一个参与方或许都会希望拥有一定的控制权，但参与方对控制权的需求首先由索取权分配方式决定。企业总价值通常受到随机因素的影响，在顺序索取权的分配方式下，如果控制权对于总产出分布具有影响，就会对不同顺序索取权的价值造成不同的影响。因此，顺序索取权安排与控制权安排是紧密联系的。

### 一、控制权分配的前提

控制权分配的前提是排除控制权私利。所谓控制权私利，是指控制权人通过攫取归属于企业的价值而获得的利益[②]，包括控制权人直接将企业的要素权利据为己有，或者将要素权利运用创造的财富中饱私囊，以及使用不公平的交易手段损害企业价值并从中获利。例如，新兴市场中某些控股股东靠掏空（tunneling）企业获得利益就是一种控制权私利。

控制权私利违背了利益相关者创建企业的基本精神。企业是由参与者投入的资源构成的，资源及其运用产生的价值通过索取权的方式分配给了投入者，因此

① 权力而非权利含义，是强调控制者仅有控制的力量，但不一定被其他人承认他有依据此力量来获得私人利益的合法性。例如，某官员可以拥有一笔政府资金的具体使用途径的选择权力(用于 A 项目或是 B 项目或者自己拟定一个项目)，但他不被允许利用这笔资金为自己牟私利，即不能使用权力来获取自己的利益，否则他就违法甚至犯罪了。企业中对实际要素权利拥有控制权的人，其对于企业中要素权利的关系，与政府官员和政府资源之间的关系是一样的，他拥有权力，但并不拥有权利。权利包含权力。对于私利的判断是至关重要的，举例而言，存在三个项目，其中 A 的价值最大（但由于信息原因，外界很难判断哪个项目价值最大），如果三个项目还可能分别带来个人收益，其中 B 项目带来的个人收益最大。如果不限制个人私利，B 项目是会被选择的。如果禁止私利（例如，要求决策者报告私利并上交，否则查出以后重罚），项目 A 被选择的可能性就会大大增加。

② 参考相关文献（徐信忠等，2006）第 101 页，“集中的股权使大股东取得对公司的控制，方便他们牟取私利，这部分利益往往通过损害小股东的方式来获得，被称为控制权收益”。需要注意的是，控制权收益必定是通过这种方式来实现吗？如果禁止损害小股东利益，是否还会存在控制权收益。法律上对待控制权收益，应该如何判断？

投资的本质是以资源换取企业索取权。当特定资源（权利）投入企业中以后，他就不再拥有该资源（权利），该资源及其运用产生的结果都归企业所有。投入企业中的物质资源归企业所有，人力资源权利也属于企业。当然，经理人或者工人投入的是其特定时期和时间的人力资源权利，表现为他们上班的时间。管理人员和其他员工在上班时间必须要为企业工作，工作产生的结果自然也属于企业。从这个意义上说，没有任何控制权私利存在的契约基础，任何控制权私利都是违背契约精神的。用控制权为自己牟取索取权以外的利益，就等于在进行偷窃①。

举例而言，一个总经理制定总的经营计划，指导下属完成计划，这似乎都表现为对企业要素的控制。但事实上，这个总经理本身也是要素提供的签约者，只不过他签约投入的是特定时间的特定人力资源要素权利，一旦签约之后，他承诺的特定时间的服务就属于企业，他对企业进行经营决策的过程事实上就是投入自己承诺的要素的过程。由于经理人的时间以及使用的所有要素都属于企业，其产出自然也属于企业。经理人作为要素提供的签约者，他获得了特定的索取权，这可能包括每个月的工资，年底的奖金、红利以及期权等。但除此以外，经理人并不拥有从自己的决策和使用权力中获得额外收益（契约规定的索取权以外的利益）的权利。其他人力资源与企业的关系也是如此，例如，科研人员在工作期间获得的专利是属于企业的，销售人员建立的客户关系也是属于企业的。

排除控制权私利是控制权得以正常分配并促进企业最大化价值实现的前提。首先，控制权被用来创造企业价值和创造私人价值是相互替代的，如果为私人牟利的途径被取消，控制权就会被最大限度地投入创造企业价值的过程中去，因为控制权人的索取权期望收益与企业总期望价值正相关。其次，由于所有的索取权价值都与企业总价值正相关，总价值最大化对每个索取权人都有利，因此契约各方都愿意寻找一个最具有生产力的人力资源方来获得控制权，以期最大化企业价值，于是控制权分配就不是特别困难的问题了。

《中华人民共和国公司法》在总则中也明确地将控制权私利排除了。例如，其第二十条规定：“公司股东滥用股东权利给公司或者其他股东造成损失的，应当依法承担赔偿责任。”第二十一条规定：“公司的控股股东、实际控制人、董事、监事、高级管理人员不得利用其关联关系损害公司利益。违反前款规定，给公司造成损失的，应当承担赔偿责任。”

给定参与各方在分配中的顺序已经确定，本书讨论两项重要的控制权会如何

① 如果控制权收益合法化，索取权分配就没有意义。因为这等于控制权拥有者可以在任何一个固定索取权之前创设索取权，从而使契约签订的索取权失去原有的价值。

分配：一是经营决策权的分配问题，即决定要素权利的具体使用方向和方式的权力分配问题；二是代表权分配问题，当企业需要不断引入或者退出一些要素，需要对顺序索取权重新安排进行谈判时，谁代表企业进行谈判。

## 二、企业经营权分配

公司法规定，股东会是企业的最高决策机构。股东会选举董事会，董事会代表股东会行使经营决策权，经理由董事会聘任负责具体生产经营管理工作，组织实施董事会决议。

股东及其代表拥有企业主要的经营决策权，原因有二。第一，股东索取权价值受到企业未来价值变动最大的影响，从自身利益出发的股东最有积极性提高企业价值。而企业价值提高对于所有索取权人都是有利的，所以其他索取权人也会支持股东提高企业价值的行动。第二，愿意购买企业股权的投资者对于企业蓝图的知识比较丰富，更有可能寻找到合适的管理者来实施企业蓝图。企业家自身最了解企业蓝图，也常常拥有大量的企业股权，他拥有企业经营决策权是其他投资者愿意投入的基本原因。

蓝图是企业价值估计的基础，也是利益相关者参与企业的基础，股东及其代表的经营决策权力常常以蓝图为基本限制。例如，债权人在签订借贷契约时，规定企业只能在特定范围内投资，资产负债率不能超过特定水平，以及不能再与其他债权人签订更优先的贷款等。当一个企业要完全转变经营方向时（改变企业蓝图），它不仅要取得股东的认可，还要获得债权人以及员工的认可。

## 三、企业代表权的分配

控制权的第二个主要内容是代表企业谈判并签署要素合约的权力，包括增加或者减少要素的合约。企业需要不断与外部环境交换要素权利，有时也要根据环境变化的需求，增加要素权利或者减少要素权利。交换要素权利（如购买机器设备）是比较简单的，经营者在追求企业价值最大化原则的推动下，会交易进来对本企业边际价值更大的要素，从而增加企业价值。交换要素权利不影响企业索取权的原有安排，原有的索取权以及索取权关系不受交易的影响（索取权人在将其要素投入企业以后，他就不再拥有该要素的权利，而是转换为了具体的索取权）。但增加或者减少要素权利的时候，通常就表明引入了新的索取权或者是将原有的某个索取权取消了。

引入新索取权的含义有两方面：一是企业的总资产及其未来价值增加，二是对企业资产的索取权也会增加（这表现在资产负债表上，资产和负债权益两方面

同时增加）。从图 4.5 中可以清楚看出索取权增加的含义。

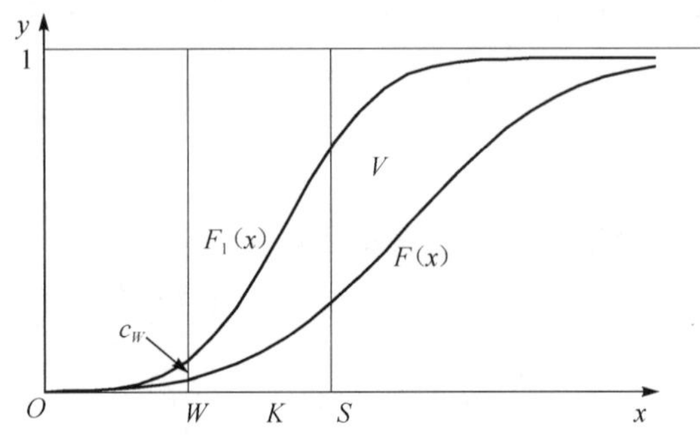


图 4.5　投资者保守估计对不同索取权价值的影响

假定某外部投资者 A 投入了特定资产获得了如图 4.5 所示的 *K* 顺序索取权，这意味着原来在 *W* 之后的索取权 *S* 位置向后移动了 *K*。如果 A 投入的资产能够增加企业价值，企业的累积分布曲线就会向右移动，移动对各个索取权价值造成不同的影响。移动对 *W* 索取权的影响是正向的，图中 *W* 索取权增加了价值 $c_W$。因此，引入在自己之后的索取权通常被索取权人欢迎，例如，债权人总是欢迎股东增加投资，优先索取权人也会欢迎次级债权或者优先股东增加投资。相反，如果一个索取权人 A 要撤出企业，其靠前索取权的价值就会受到负面影响，这导致索取权人都会反对比自己靠后的索取权人撤出企业。

因此，企业代表权的分配通常是非对称的。所有利益相关者都会将代表企业决定增加资产的权力赋予股东，因为增加资产如果能够给股东带来收益，也必定会给股权之前所有的索取权人带来收益[①]。但是，减少资产和索取权的权力必然是由所有索取权人共同决策的，因为减少资产和索取权会给靠前的索取权人带来损失。现实中的情况也是如此，股东增加资产无需债权人同意，但股东减少资产则一定需要获得债权人的同意。

## 第三节　小　　结

企业家才能与创新是现代经济发展的重要动力，企业家创建的新企业给社会带来了巨大的财富，也使创业者本身获得了巨大收益。在自由市场的经济里，企业的索取权安排是在企业家向投资者推销企业蓝图的过程中形成的，索取权可以

① 本书假定利益相关者在监督风险，风险受到监控而没有改变。

视为企业家推销自身才能与创新企业蓝图的工具。通过销售未来企业现金流的索取权，企业家获得了将企业蓝图转变为现实企业的资源，并由此创造和拥有了巨大财富。

索取权分配是企业契约的核心问题，决定索取权具体分配的关键因素是参与者各自对未来产出的估计。对产出估计越低的参与者，越是会选择优先的索取权；对产出估计越高的参与者，越是会选择靠后的索取权。企业家对于项目蓝图最为了解，对其自身的人力投入估计最为充分，因此他的估计通常也是最高的，这促使他最可能选择和获得最后索取权。工人通常对于企业的产出估计保守（可能是无力投资导致），这促使他们通常选择优先固定索取权。一般而言，估计准确的投资者总是少的，他们在分析企业超额价值的谈判中具有更加有利的地位，因此能够获得更高的投资收益，这个更高的收益实质来源于投资者资源配置能力，识别项目的能力越强，就越能够将资源配置到富有生产力的领域，也就越能够分享由资源配置改善带来的巨大价值。这是杰出金融企业获得超额利润的关键因素。

企业控制权是利益相关者实现其获得的索取权价值的重要保证，索取权的安排特征决定了企业控制权的安排特征。经营决策权赋予股东及其代表符合所有索取权人的利益，监督和风险控制权归属优先索取权人则是保持对股东及其代理人信任的基本条件。股东拥有大多数代表企业签约的权利，但其减少企业资产的决策行为通常会受到固定索取权人的制约，这些制约表现在固定索取权人签约时对企业设置的约束条款上。

# 第五章　资本结构的功能及其决定因素

资本是企业生产要素的重要组成部分，现代企业常常需要数额巨大的资本，这就要求能够协调众多的投资者提供资本。不同的投资者对于企业的认知是不同的，对于企业具体配置资源的观点也各不相同，协调不同投资者达成一致意见必定成本高昂，甚至谈判合作时也是困难重重，因为他们对未来企业的资源配置原则也有着不同的看法。解决不同投资者之间协调困难的一个重要办法是对不同的投资者赋予不同的顺序索取权和控制权，由此形成了企业的资本结构。

资本结构，通常由企业资本中的债权和股权构成。债权是优先顺序的索取权，债权人拥有比股东优先获得分配的权利。股东是最后的索取权人，只有其他索取权人的固定索取额都得到了满足，股东才能够获得分配。各种债权与股权之间的顺序和比例关系构成了资本结构的实质内容，本章讨论资本结构具有的实际功能和最终决定的因素。

资本结构的功能以及股权与债权的比例决定也是财务经济学家和企业管理者所关注的重要问题。由于信息的差异，不同的利益相关者对企业不同索取权的认知不同，前面证明，企业家在创建企业时使用顺序索取权（资本结构）能够降低融资的成本。当企业已经成立甚至成为公开上市企业以后，企业的资本结构是否还具有相似的功能呢？资本结构又如何决定呢？

## 第一节　资本结构与市场价值

50 多年前，Modigliani 和 Miller 提出了资本结构无关论的著名论断。Modigliani 等指出，如果资本结构不影响企业的经营决策，那么由债券价值和股票价值构成的企业总价值不会因为二者的组成比例变化而改变。MM 理论建立在一系列的假设基础上，其中有两项重要的假设：一是资本结构不影响企业的经营活动和现金流状态，二是所有投资者对企业未来的现金流状态有完全一致的预期。企业的总价值是由企业未来的净现金流贴现之和构成的，经营决策不改变，企业的收支也就不会改变，因此企业的未来现金流就不会改变，在这个意义上，企业的价值似乎与资本结构变化不相关。在企业现金流与资本结构无关时，完全理性的投资者对于企业未来现金流的预测才可能是一致的，如果这些投资者完全相同，他们对企业债权和股权价格的估计自然也就相同，从这个意义上说，企业的资本结构与市场价值确实无关。

然而，企业的经营决策事实上是随环境变化而改变的。在不同的资本结构水平下，经营者会选择略有不同的经营策略，经营策略不同就会带来不同的经营结果，并持续对企业的经营现金流发生影响。经营者的每一个决策都会既考虑外部环境发展的机会与威胁，也要分析自身的优势和劣势，企业过去的经营决策影响企业现有的优劣势，因此也就影响企业当前的决策，或者说，每一个企业发展都具有路径依赖特征，资本结构改变引发的微小变化经过长期发展可能会形成巨大的差异，例如，经营者自身的改变，对环境认知的改变，由此又改变了企业的产品、服务以及生产方式。因此，资本结构本身的变化必定会对企业价值产生影响。

不同投资者对于企业的价值认知也是有差异的，资本结构的变化会影响投资者的认知，从而改变投资者的交易行为，这就导致企业股票和债权价格的改变，从而改变企业股票和债券的市场价值。

## 一、认知差异与顺序索取权价值提升

人们依据经验和所知信息来对企业的价值进行估计，并据此来开展买卖的决策。一个普通的现象是，不同的人对于同一企业的价值估计总是不一样的，有时甚至相差甚远。有许多因素导致了这种估计差异，包括估值者个人不同的知识背景和经验，对于企业的行业背景的了解不同，使用的估计方法也各有特点。随着时间的流逝，不同个体获得了不同的新信息，这也会带来新的估值差异。总而言之，对企业的估值差异是普遍存在的，即使是同一个人，随着时间的流逝，也会大幅改变对于企业的估值认知。当市场上的投资者对于某个企业的看法有着一定的差异时，资本结构就会影响企业总体的交易价值。

市场上交易的债券或者股票都代表着对一个企业的特定索取权，投资者根据自己的知识与信息对这些证券进行估值。在此，个体投资者对证券的估值是指他主观认为企业证券未来现金流贴现值，或者说是证券在未来较长一段时间的平均价格在当前的贴现值。一般情况下，投资者的估值与当前市场的价格之间会存在差异。如果一个投资者认为某证券的价值显著超过该证券的市场价格，购买该证券就很有可能获得较多利润，该投资者很可能就会购买该证券。而认为某证券价值低于其价格的投资者则会选择出售甚至做空一只证券。如果投资者认为一只证券的价格正好反映其价值，他就不会交易该证券，因为交易本身需要支付成本。大量证券的交易事实上反映了不同投资者对于证券价值看法的不一致。

当一个市场上存在着大量投资者时，总会有一些投资者对于企业期望价值的估计是相同的，不妨假定有 $n$ 个投资者对于企业 A 的期望价值估计为 $\pi$ 。在风险中性假设下，对企业价值估计为 $\pi$ 意味着投资者所预期的累积分布函数曲线围成的面积等于 $\pi$ 。虽然 $n$ 个投资者对企业资产期望价值估计相同，但他们可能对于证券的具体分布有着不同的估计。如图 5.1 所示，投资者 1 估计的企业总资产价值累积分布函数为 $F_1(x)$ ，投资者 2 为 $F_2(x)$ ，这两个累积分布曲线围成的面积都等于 $\pi$ ，但它们的曲线形状有所不同。在投资者 1 看来，总资产的价值 $\pi$ = Ⅰ+Ⅲ+Ⅳ。投资者 2 则认为总资产的价值 $\pi$ = Ⅱ+Ⅲ+Ⅳ。可知，图中面积Ⅰ等于面积Ⅱ。

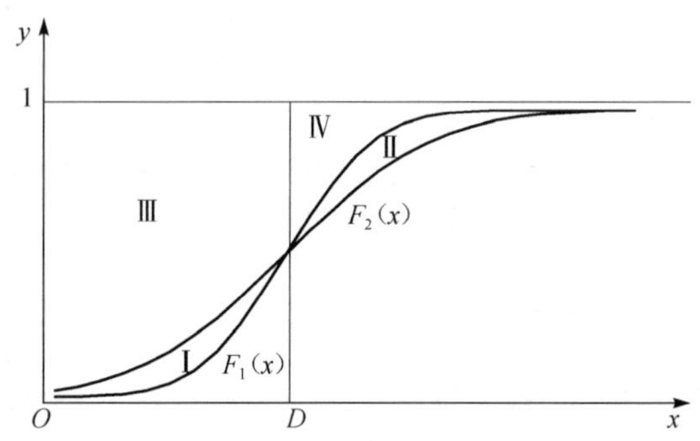


图 5.1　不同累积分布函数估计对于索取权价值影响

如果企业 A 只发行股票融资，上述对总价值期望看法相同的投资者都会按照相同的价格来购买该企业股票。不妨假定 $n$ 个投资者拥有充分的资本，为了购买到证券而相互出价竞争，结果是购买价格等于他们对企业价值的估计，即购买价格为 $\pi$ = Ⅰ+Ⅲ+Ⅳ= Ⅱ+Ⅲ+Ⅳ。

如果这个企业同时使用两个融资工具来融资，情况就有明显的不同。如图 5.1 所示，假定企业将索取权划分为两个来出售，分别出售总索取额为 $D$ 的债权和股权。与投资者 1 有相同认识的投资者将认为债权的期望价值等于Ⅰ+Ⅲ，股权的期望价值等于Ⅳ；而与投资者 2 有相同认识的投资者则认为债权价值等于Ⅲ，股权价值等于Ⅱ+Ⅳ。显然，投资者 1 对债权价值的估计更高，投资者 2 则相对认为股权价值更大。当投资者竞争购买债权和股权时，投资者 1 将出价Ⅲ+Ⅰ购买优先索取权，投资者 2 将出价Ⅱ+Ⅳ购买剩余索取权，则整个融资收入将等于Ⅰ+Ⅱ+Ⅲ+Ⅳ。显然，企业将风险资产划分为股权和债权出售增加了总的市场价值。并且，在竞争条件下，出售的结果必定是投资者 1 获得债权，而投资者 2 获得股权。可见，划分资本结构能够增加风险资产的市场价值，由此可以得到命题 5.1。

**命题 5.1**　一个企业划分为多个顺序索取权可以增加企业索取权出售的市场

价值。在自由交易市场中，顺序索取权会被那些对其估值更高的投资者购买。

## 二、认知差异与金融创新

当投资者对于风险资产的具体分布特征预测有着明显差异时，将风险资产划分为多个顺序索取权证券就能够增加其市场价值。历史上许多著名的金融创新涉及把资产池包装为不同顺序的索取权，以增加销售和证券市场价值的案例，这包括 GNMA 证券、导致 2008 年金融危机的次级债券等，这些做法事实上都利用了社会群体认知差异的特点。

GNMA 是美国政府成立的全国不动产抵押贷款协会（Government National Mortgage Association）的简称，其目标是推动房屋贷款证券化。贷款机构向美国的购房者发放贷款后，把收取贷款人本息的权利打包出售给特定的 GNMA 金融机构以便获得更多资金用于发放购房贷款。金融机构把这些房屋贷款资产合并为资产池，并以这些将来回收的本息现金流作为基础创设各种证券出售给广大的证券投资人。证券发行后，金融机构负责按月向贷款人收取房贷本金与利息，在扣除约定的费用后，剩余部分全数作为证券投资人的投资收益。

1987 年，美林证券的明星交易员 Rubin 尝试将 GNMA 贷款资产证券分拆为本金和票息两部分分别进行销售，为美林证券和他自己带来了滚滚财源。Rubin 发现，不同的人对 GNMA 证券的认知不一样，一些人对证券的本金部分估价更高，另一些人则对利息部分的估计高，当把一份 GNMA 证券拆分成利息证券（interest obligation，IO）和本金证券（principal obligation，PO）出售时，能够比 GNMA 证券整体出售获得更高的收入（查尔斯·R·莫里斯，2004）。传统的解释是，组成 GNMA 证券的两个部分含有不同的风险，能够满足不同群体的风险偏好，因此拆分能够增加证券的总销售收入。本书的解释是，即使人们的风险偏好均为中性，但只要人们的认知存在差异，分拆销售也是有利可图的。

20 世纪 80 年代发明的抵押担保债务证券（collateralized mortgage obligation，CMO），其庞大的发行规模在很大程度上是因为创新者将其拆分成为优先债券、次级债券和权益[①]。由于分拆为多种不同顺序的索取权，具有不同认知的人会购买自己认为价值高的证券，从而在整体上提升了证券的销售价格。由于分拆使证券的价值估计更为困难，证券设计者对于证券的描述更为主观，使潜在购买者对于不同证券的认知差异被放大，由此创造了更多的需求，这些做法使金融衍生市场在 20 多年的时间里得到巨大发展。

① 优先债券、次级债券和权益与最初称呼的快速偿还、中速偿还以及慢速偿还相类似。

需要注意的是，拆分能够提高人们对价值的认识，但并不能提高风险资产未来现金流本身。如果拆分之前的价值已经被充分估计，那么拆分之后的价值必定会被高估。拆分的盈利来源于投资者对产品差异的看法，投资者看法差异越大，金融机构能够销售的产品就越多，利润也越大。或许可以说，拆分是满足不同顾客需求的好办法，但这个办法创造的市场价值并不一定存在，甚至可能产生额外的社会成本。例如，金融衍生品常常与欺诈相联系。为了增加利润，金融从业人员很可能会对不同的投资者发布不同的信息，人为造成人们看法差异增加，从而产生更多的分拆价值。1994 年银行家信托公司被宝洁公司等 8 家客户提出诉讼就是在销售金融衍生品过程中使用信息扭曲来欺诈顾客引起的。2009 年网上也爆出外资银行（如星展银行）疑似以欺诈方式出售金融衍生品的事例。

## 第二节　债 务 融 资

### 一、债务成本

通常认为，债务融资的成本就是利息支付。如果利息率固定且低于股权融资成本，那么企业就有很强的动机增加债务比例。如在第四章所指出的，融资的超额成本包括估计差异成本、信息传递成本以及监督成本。企业使用债务融资时，随着债务水平上升，估计差异成本和信息传递成本都会上升，特别是估计差异成本上升很快，这将阻碍债务水平的持续上升。但现实中的成本不仅如此，债权融资还存在着监督成本，监督成本也随着债务比例的上升而迅速上升。

如图 5.2 所示，假定企业有两个可能的资本结构。低债务 $L$ 和高债务 $H$。在投资的时候，债权人认为，如果经营者按照蓝图所描述的方式正常经营，那么企业的累积分布曲线为 $F(x)$，但如果经营者采用更加激进冒险的方式去经营，那么累积分布曲线就可能移动为 $F_1(x)$ 。$F_1(x)$ 与 $F(x)$ 所围成的面积相同，这表明企业总的价值在两种方案上是相同的。但是，$F_1(x)$ 方案的风险更高，风险上升导致累积分布曲线从 $F(x)$ 移向 $F_1(x)$ 时，债权价值下降了 $V_1+V_2$。如果企业采用低债务方案，当经营者提升经营风险为 $F_1(x)$ 时，债权价值下降了 $V_1$，如果债权比例为 $H$，则风险提升导致债权价值下降 $V_1+V_2$。很显然，债权比例上升导致风险对债权价值影响增加。

当债务资产比例较高时，增加企业风险会使债权人利益向股东转移，这使以股东权益最大化为目标的经营者更有冒险倾向。不仅一般的工商企业具有这个特

征，银行等金融机构也会有这样的特点，即随着资产负债表上债务比率不断攀升，经营者的风险偏好会越来越强。当出现长期的宽松货币政策后，银行以及企业的资产负债比率就会出现显著上升，与此相伴的就是企业的风险水平也会显著上升。企业使用大量借贷资金用于投机性活动，包括购买股票、房地产投资等。一方面，这些活动使资产价值大幅上升，带来欣欣向荣的市场景象；另一方面，也会带来巨大的危机隐患，这些隐患常常在货币政策收紧时集中爆发。美国 20 世纪 80 年代的储贷机构危机与 2008 年的次贷危机都与此相关。

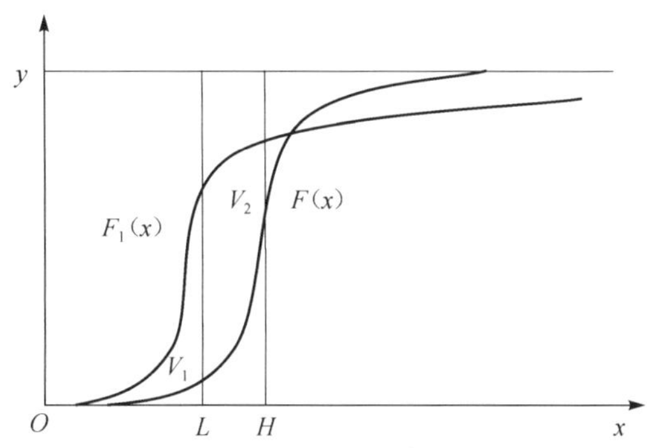


图 5.2　风险对不同资本结构的债务价值影响

为了避免经营者的过多风险行为，债权人会要求获得监督权，随着债务比例的上升，债权价值受到企业风险的影响就会快速上升（这从图 5.2 中可以清楚看出），债权人监督的愿望也就会快速上升。监督会产生实际的成本，这不仅包括监督人要耗费更多的资源来检查企业的行为，还包括监督人会要求审查企业的新决策。由于监督人可能缺乏相应的专业知识，审查的速度可能是缓慢的，这导致企业的决策速度下降，对环境变化的适应能力下降。无论是信息传递成本还是由于影响决策速度导致的成本，所有产生的成本最终都将反映在企业的总体价值上。企业为了有效控制监督成本，必然会缩减债务比例以及寻找能够降低监督成本的办法。

## 二、债务融资比例与控制权出让

债务融资比例越高，债权人要求的监督权就越多，监督成本和估计差异成本都会越高，因此企业不太可能使用过高的债务比例。降低债务融资成本的关键在于让债权人提高对企业未来资产价值的估计，并且让债权人拥有控制企业风险的能力。短期债务替代长期债务、债权人提前撤回投资的权利以及破产规则等在现

实中都起到了帮助债权人控制风险的作用。

当债权人与企业签订借款协议时，债权人对未来企业总资产分布情况进行估计，由此计算自己索取权的期望价值。总资产分布随着时间的延续而改变，一家具有盈利能力的企业，其总资产分布函数的期望值随着时间的增加而增加，但离散程度也将有一定程度的增加，即风险水平也会有一定程度的增加。如图 5.3 所示，图中实线是未来较短时间内企业总资产的分布，虚线为未来较长时间后的总资产分布，由图中可以看出，即使不考虑资金的时间价值，长期债券的价值也要低于短期债券的价值。因此，债权人对于长期债券要求的名义期望收益率一定高于短期债券。由于投资者对长期债券的保守估计导致其成本更高，企业就会使用一部分短期债务来代替长期债务。企业在短期内资产价值的波动程度有限，在企业债务比例较低的情况下，债权价值是相当稳定的。短期借款使债权人不断关注企业的发展状况，以便决定是否继续对企业贷款，当一个借款期结束后，如果债权人认为企业在未来一段时间的发展依然是稳健的，就会继续对企业贷款。

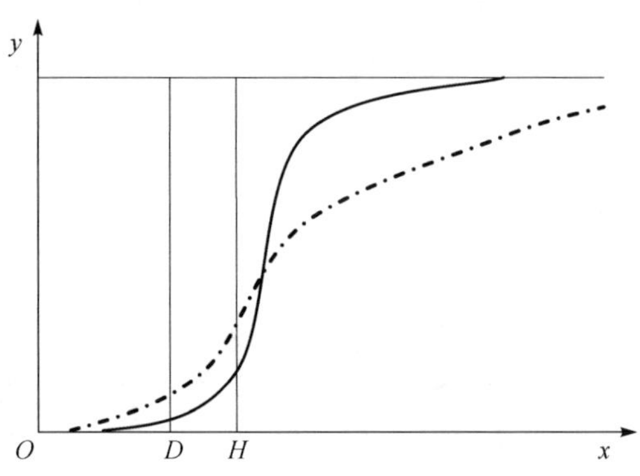


图 5.3　债务期限对债务价值的影响

但使用短期债务来支持长期投资计划是不合适的，长期计划必须要资金持续投入，短期借款人可能因为自身原因而停止持续贷款，这可能导致长期项目无法实现最终目标。为了实现对长期投资项目的支持，就需要贷款人提供长期借款。为了降低债权人对长期企业价值风险的估计，双方通常为长期借款合同增加了许多限制性条款。

例如，双方会限定长期借款的用途，用于建设某些固定资产设备。限定用途使企业自由使用资金的权力被削弱，从而使企业未来价值更稳定。设定债权人有条件提前撤回贷款也是常见的，例如，企业承诺不以更优厚的报酬率向新的贷款人借款，保证企业的债务比例不高于规定水平，在未来特定时间点达到特定的绩

效指标等，如果违反这些条款，债权人就可以提前收回自己的贷款。Roberts 等（2009）的一项实证研究发现，97%的贷款协议都包含企业的承诺条款，承诺的指标常常以财务指标为基础，包括债务对现金流量（58%），债务对资产项目（29%），偿债能力系数（74%）等。当企业违反了借款协议中的条款时，贷款人往往会收回部分贷款来降低企业的债务比例，图 5.4 反映了这一点（Robert et al., 2009）。

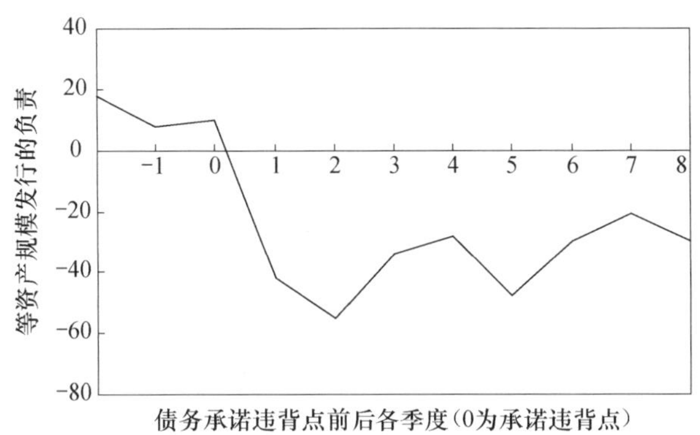


图 5.4　违反承诺前后的企业债务比例状况

## 第三节　影响债务比率的常见因素

宏观经济环境中的利率趋势，行业特征及其所处的生命周期，企业的固定资产比率，企业产品市场上的竞争状态，这些因素都会影响投资者对企业价值分布曲线的估计，由此影响债务的成本和企业的融资决策。

### 一、行业与债务比率

银行等金融机构在购买企业债券或者向企业贷款时，首先需要评估债券的真实价值，评估的基础是企业未来价值（现金流贴现值）的分布。同一个行业的企业共享相同的环境影响因素，对企业价值的估计通常能够以行业平均状态为基础。同一行业的企业在债务价值的估计上有相同的特点，其债务成本也就比较相似。相同行业的企业使用相似的技术，面临着共同的市场变化趋势，在环境机遇和风险上有着很大的相似性，因此企业经营者在资本结构决策上也有相似之处。由于同一行业的经营者决策相似，投资者对于企业的价值估计也以其行业的特征为基础，这两方面的因素导致行业的债务比率有趋同的特征。Bowen 等（1982）及 Bradley 等（1984）研究发现，同行业企业具有相似的资本结构，不同行业的资本

结构则有较显著差别。医药、器械、电子、食品行业负债率较低，造纸、纺织、钢铁、航空、水泥行业负债率较高，电话、电力、石油及航空行业的负债率最高。林钟高等（2002）的实证研究表明，中国产业的资本结构与西方国家有显著不同，例如，医药产业与钢铁产业负债比率相当的接近，钢铁产业比医药制造产业还略低一些。

行业资本结构的差异，很大程度上与该行业所处生命周期相关。每一个行业都会经历一个从萌芽期、成长期、成熟期到衰退期的过程，由于不同国家发展具有先后，不同国家的同一行业也会处于不同的生命周期，例如，美国的钢铁、造纸等行业在20世纪80年代均已进入衰退期，而同期中国正处于制造业快速发展期，钢铁、造纸等行业也正处于成长期。一般而言，行业处于萌芽期时，有大量的创业企业进入该行业，产品创新和技术创新都十分活跃，但主导技术尚未确立，竞争十分激烈，许多企业既可能出现短期的快速发展，也可能在短期内就破产倒闭。基于行业的高风险和不确定性，投资者对于企业的价值估计就比较保守，对其风险估计的水平较高，因此债权融资成本很高，行业的债务比率也就最低。

进入成长期以后，行业内通常出现了主导技术和主导产品类型，竞争更多地从产品创新设计转向到成本与效率的竞争。由于市场快速增长，风险水平略有下降，投资者对于行业中企业的状况有了较深的了解，对企业价值曲线的估计就略微准确。此时，债权融资的成本下降较快，这使企业愿意更多使用债权融资。当企业进入成熟期以后，产品与技术的不确定性基本已经消除，大多数存活的企业也建立了稳定的经营能力，其企业的价值就变得更具预测性，此时，投资者对于企业的价值估计是较为准确的，债权的融资成本会变得更低，因此，企业将进一步提升资本中的债务水平。到衰退期以后，许多企业纷纷退出该市场，剩余的企业在之后的很长时间里收入更加稳定，利润水平较低但变化缓慢，此时他们更倾向于借债来维持企业运营，股权资本则更多拥有支持新兴的高风险企业。

行业生命周期特征与资本结构的关系受到许多实证研究的支持。Bender（2013）发现，在产品生命早期，企业债务水平最低，成长期以后债务比例开始上升，产品成熟期的企业债务比例更高，而衰退期企业的债务比例最高。赵蒲等（2005）基于2000～2002上海证券交易所467家上市公司的数据进行的实证研究发现，公司资本结构差异可以由产业生命周期不同阶段来解释的比例稳定处于3.3%～3.9%，平均值为3.43%，上市公司越处于生命周期的成熟阶段，其债务比例越高。

在行业生命周期过程中，产业集中度水平也是从低到高发展的。集中度水平变化也影响企业的资本结构。集中度水平越低，市场竞争往往越激烈，企业之间

为竞争市场份额的价格战带来的破产率越高，因此，企业经营者会尽量减少债务杠杆带来的财务风险，即企业的债务比率通常较低。在集中度提升以后，企业之间合谋降低竞争水平是一种有利的选择，特别是市场缺乏成长性以后，企业之间如果默认自己的市场份额，避免过于猛烈的竞争损害盈利能力，他们就会保持较高的债务比率，一方面可以显示自身的合作意图，另一方面也可降低总体的融资成本。Brander 等（1986）指出，公司财务杠杆比率的增加将显示寡头公司默契合作的诚意，由此降低实际的竞争，增加企业的利润。联合在很大程度上也是债权人促成的结果，分析 19 世纪末美国铁路、钢铁等行业出现的巨大联盟和垄断组织的案例，可以发现，集中度在很大程度上是由债权人委托的投资银行家促成的，目的就是要通过减少竞争来确保债券的价值。

## 二、产品市场竞争与债务比率

一些企业常常采用激进的竞争方式扩大自己的产品市场份额，例如，大规模降低产品价格，大规模开展广告和促销活动，招聘大量营销人员和扩张销售网络等。采用激进竞争方式的结果，常常是获得较多的市场份额增长，但同时也会产生大量的亏损和现金流出。激进政策的最终目的，是希望通过迫使一些竞争对手退出市场，从而能够在未来获得更多的利润。图 5.5 描述了激进政策带来企业价值变化状况，企业价值的累积分布曲线从 $F(x)$ 变为 $F_1(x)$。在此过程中，债权的价值有十分显著的下降。例如，如果债务比率为 $L$，债权人就将损失 $V_1$ 的价值。

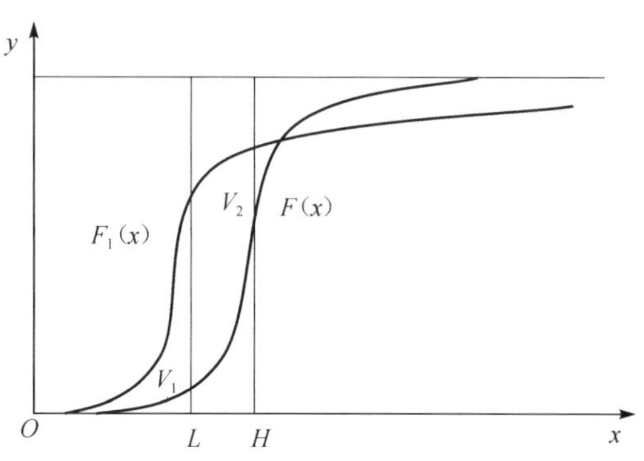


图 5.5　风险对不同资本结构的债务价值影响

对于债权人而言，如果行业处于激烈竞争的状态，企业的债权价值将远低于名义值，因此必须要有一个高的利息率加以补偿，企业使用债权融资的名义成本将很高。同时，如果一个企业拥有一个较高的债务水平，理性的债权人就

一定会对企业的竞争行为加以诸多约束，以防止经营者采取激进政策，损害债权的价值。

在一个成长型的市场，市场份额的长期价值很大，有雄心的经营者需要充足的现金流来占据未来市场价值。如果投资者认为这个市场的竞争格局将会大幅改变，他们就会支持经营者开展激进的竞争活动。由于在激进的竞争活动中债权价值下降而股权价值上升，投资者会针对少数企业进行大规模股权投资，以便能够在大规模竞争后能实现高收益。投资者如果错误选择了债权投资使企业的债务比率偏高，他们就会发现自己陷入了一个两难局面。企业经营者一方面更有积极性开展激烈竞争，使债权投资的价值下降更大，另一方面还要持续增加对企业的融资，否则企业就可能因为资金不足而在竞争中失败，投资者的债权投资将损失巨大。因此，在面临激烈竞争的产品市场上，投资者的最优策略是进行股权投资，在债权投资时，需要限制企业确保只有很低的债务比率。投资者理性决策的结果，就是在产品激烈竞争的市场，常常会伴随行业较低的债务比率。

对于企业经营者而言，如果他面临一个激烈竞争的产品市场，他的最优选择也是采用股权融资。当产品市场出现激烈竞争时，必然会出现价格战或营销战，利润和经营现金流随之下降，企业就需要增加其融资水平。如果企业的财务杠杆已经很高，就更容易陷入财务危机，客户、供应商、债权人等出于自身利益和风险控制的考虑，就会采取对企业经营雪上加霜的行动（Maksimovc et al.，1991），例如，供应商缩减信用额度，银行要求提前还贷等，缺乏资源可能导致销售下降和市场份额萎缩（Opler et al.，1994），内外融资能力进一步减弱，企业将可能最终退出市场（朱武祥等，2002）。基于此，理性的企业经营者在面临激烈的竞争环境时，一定会主动保持一个低的债务比率，其融资也一定更多地偏向于股权融资。

## 三、战略行为与债务比率

在企业总价值不变的情况下，风险调整会带来现金流在债权与股权中的重新分配，当债权人缺乏对企业经营决策的影响时，股东经营者就可能利用这个特点来获取更多个人收益，从而在经营策略上表现出激进的特征。Brander 等（1986）分析了资本结构对企业在产品市场上的竞争行为产生的影响。在二阶段双寡头垄断模型中，由于债务的有限责任效应，在产品市场竞争中，负债企业的行为表现得比没有负债时更具攻击性。Showalter（1995）对研究进行了拓展，将古诺竞争延伸到伯川德竞争，同时考虑到需求不确定性和成本不确定性的作用。他发现，企业发行债务的动力既依赖于不确定性的类型，也依赖于竞争的类型，如果企业

进行的是伯川德竞争，在成本不确定的情况下，企业将不会负债经营。而在需求不确定的情况下，进行伯川德价格竞争的企业将选择一定的负债水平，从而提高产业的产品价格，弱化产品市场竞争强度。Jong 等（2007）区分了古诺竞争和伯川德竞争，他们采用美国制造业数据，检验了债务的战略效应，研究表明，在两种竞争方式下，需求不确定性都与负债率正相关，而成本不确定性在古诺竞争的情况下与负债率正相关，在伯川德竞争的情况下，与负债率负相关。

事实上，债权人通常也是高度理性的，他们有让债权价值稳定和增长的强烈动机，因此会限制企业的风险竞争行为。当企业的债务比率上升时，债权人就会增加对企业经营策略的影响，如果经营者增加风险，很可能就会被债权人要求提前还债，从而导致企业价值出现大幅损失。因此，当企业的债务比率上升时，债权人对企业经营的干涉也就随之上升，企业的竞争行为通常不会增加，反而会有所下降。对于只有少数竞争者的稳定市场，债务比率常常作为一种信号机制，用于传递企业的战略信息。在稳定的市场环境里，一个企业的激进竞争行为，会导致其他企业的报复性反击，从而使整个行业出现亏损。在力量较为均衡的情况下，企业的激烈竞争行为是否能够增加其市场份额是存疑的，如果长期不能获得利润增长反而会导致短缺亏损，经营者的行为就是缺乏理性的。但由于企业之间的敏感，可能会由于市场波动导致错误判断而引发激烈的营销对抗行为，理性的企业需要各自传递有利于市场稳定的信息，以防止市场波动带来误判和激烈竞争行为。当债权人为一个高债务杠杆的企业提供债务融资时，这表明他们将限制企业的竞争行为。当一个寡占市场上的企业提升其杠杆水平时，其传递的信息也就是他将不会主动发起激烈的产品竞争行为，这将使行业的竞争气氛趋于缓和。对于竞争对手而言，如果他要传递类似的信息，最好的办法也是提高债务比率，以达到较为平衡的局面。

债权人会试图降低企业之间的竞争程度，特别是在一些具有高固定投入和低边际成本的行业。美国铁路发展历史上的诸多兼并案例，多由债权人促成，例如，JP 摩根公司作为债权人代表，在很大程度上促进了 19 世纪末美国铁路行业的兼并行为，有效降低了铁路之间的竞争，使债券的价值得到了有效保证。

当企业的前景相当稳定时，企业的经营风险就会比较小，债权人就会愿意增加对企业的融资，企业的债务水平就会比较高。从整体而言，水电一类的公用事业部门的经营是相当稳定的，企业实现的债务水平也就比较高[①]。一个企业的固定资产价值常常具有较强的可预见性，债权人在估计企业未来价值分布时，对于

① 水电行业的资产专用性很高，负债比例也很高，这是资产专用性理论不能解释的。

企业有形资产的价值估计是比较清楚的。一个企业的固定资产占总企业价值的比例越高，债权人就越愿意提高借款比例。因此，债务比例水平应该与固定资产水平有着正向关系。Bradley 等（1984）、Rajan 等（1995）以及 Booth 等（2001）的实证研究证明，企业的有形资产与企业的负债率正相关。同时，如果一个行业需要高的债务比例，那么这个行业就会呈现出众多风险控制的经营特征。商业银行是这方面的典型，由于高负债率是商业银行利润的基础，商业银行就必须向存款人表明自身是低风险的，因此有着众多的风险控制程序和措施。

## 第四节　融资顺序与最优资本结构

### 一、信息与融资顺序

鸟啄次序理论描述了现实中企业融资的典型特征：公司偏好内部融资，如果需要外部融资，公司将首先发行优先债券，然后是次级债券或者是混合证券，最后才发行股票。Myers（1984）指出，1973～1982 年，所有非金融性公司，资本支出的 62%，包括存货和其他流动资产，来自于内部产生的现金。所需的外部融资绝大部分来源于借款。净的新股发行量从未超过外部融资的 6%。为何企业融资出现这种次序特征呢？

现代公司的管理层通常是由股东招聘并予以激励性的报酬，因此他们在决策时通常试图最大化现有股东的利益。公司要增加融资，就必然要以出售部分索取权为代价。企业内外的利益相关者对于公司价值的分布认知是有差异的，外部投资者由于信息不完全而通常低估企业价值。信息的充分水平是影响融资顺序的关键，假定市场对某企业的未来资产价值的估计如图 5.6 中虚线所示，$D$ 是企业的债务账面价值，其市场价值为 $D_1$，$S_1$ 是市场的股权价值。企业自身对未来资产价值的估计为图 5.5 实线所示。当企业需要融资来开展新的项目时，发行债券融资的估计差异成本为 $D_2$，相对于发行股权的估计差异成本 $S_2$ 是比较小的，因此发行债券的成本相对较低，而发行股票的价格就要高很多。管理层追求资本成本最小化，企业融资遵循先借债后发股票的顺序是十分自然的。

当然，公开市场对于企业未来价值分布的估计受到环境的很大影响，市场对企业未来价值估计也可能出现高于管理层估计的情况。在管理层认为市场高估企业价值的情况下，以市场价格发行股票能够降低整体资本的成本，从而最大化管理层心目中的企业价值。由此可以断定，当市场处于乐观状态时，企业有更大的动机来发行股票。无论是中国的证券市场还是西方国家的证券市场，发行证券的

数量通常与市盈率水平正相关，市盈率越高，发行股票的企业就越多。这说明企业在市场乐观时更愿意发行股票。

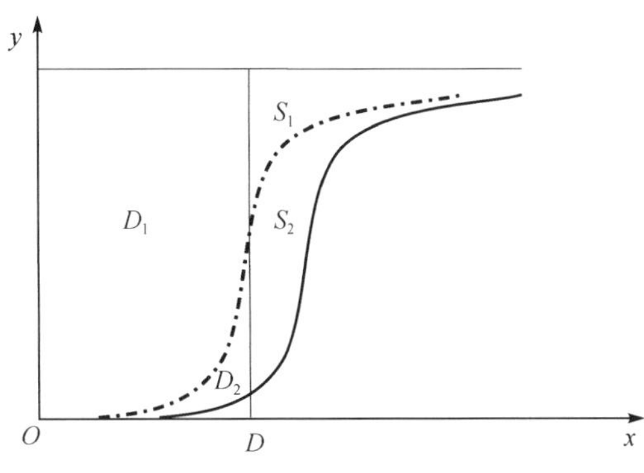


图 5.6 融资方式的成本差异

当企业因为发现价值被高估而发行股票时，发行行为本身也就传递了不利于股票价值的信息，因此股票价格在宣布发行股票以后会出现下降。而发行债权通常传递了相反的信息，表明企业的股票价值被低估，因此发行债券的信息常常会让股票价格上涨。

## 二、最优资本结构

从企业家的角度而言，最优的资本结构就是融资成本最小的资本结构。前面已经证明，债务融资存在着三方面的成本：估计差异成本、信息传递成本与监督成本，随着债务比例上升，估计差异成本与监督成本都加速上升。股权融资的成本变化则有所不同，股权融资的估计差异成本受到信息传递极大的影响，而初始信息传递必须达到一个临界水平，才可能使投资者的估计差异成本开始下降。因此，股权融资存在着一个初始的固定成本。当固定成本投入以后，股权融资的边际成本是比较稳定的。图 5.7 表现了两种融资工具的成本变化情况，当债务比率为 0 时，企业融资全部是股权，此时股权融资的成本最高，随着债务融资比例上升，债务成本逐渐上升，股权的成本则匀速下降。当债务比例上升到一定程度时，其成本上升的速度变得很快，并超过股权融资成本下降的速度，在债务融资成本上升速度等于股权融资成本下降速度时，总融资成本最低，即此时的资本结构就是最优的。

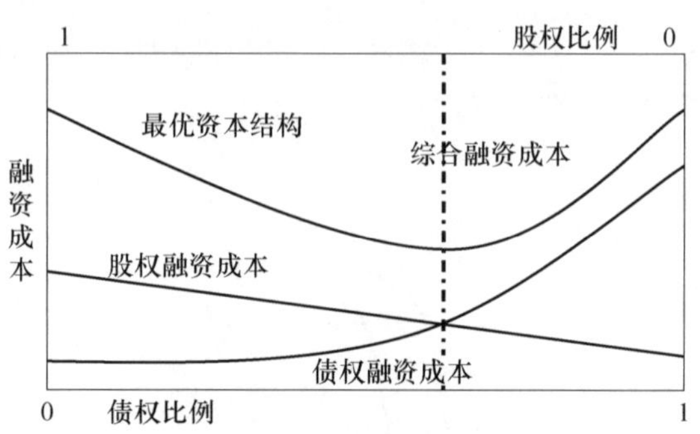


图 5.7 资本结构与融资成本

## 第五节 小 结

本章从投资者信息和认知差异的角度讨论资本要素配置成本对于资本结构的影响。首先，讨论了资本结构与投资者认知差异相互作用使企业的市场价格得到更高估计的基本原理，阐述了衍生金融工具得以大量产生的原因。其次，讨论了导致企业在融资时常常遵循先内后外，先债务后股权的原因。最后，分析了最优资本结构的存在问题，分析表明，由于债务边际成本随着债务比率的上升而上升，股权融资边际成本比较稳定，因此存在着最低融资成本的资本结构，最优的资本结构就是股权融资和债务融资边际成本相等时的资本结构。

# 第六章　资本要素配置过程与金融机构的演化

不同企业配置生产要素的效率有很大差异，生产要素被配置到效率高的企业创造的价值就大，如果配置到效率低的企业创造的价值就小。因此，整个社会资源配置效率取决于是否将社会资源配置到效率高的企业。

现代社会存在大量企业，并且每时每刻都在产生新的企业，也有很多企业因为资源配置效率太差而破产关门。要素所有者将自己的资源投入某个企业换取一定数量的索取权，如果该企业更有效率，其换取的索取权价值就会更高。所有的人都希望将自己的资源投入效率高和能够创造更多价值的企业，然而分辨出具有高效率的企业并非轻而易举，因此金融体系和金融机构被发明出来帮助广泛的投资者降低投资选择的成本并提高识别高效率企业的成功率。本章讨论金融机构如何实现资本要素的有效配置并自我演化发展。新企业创建是资源配置效率提高的契机，因此本章首先分析企业创建的意义，然后讨论金融机构如何帮助投资者提高要素配置效率，最后分析金融机构在此过程中的自我演化。

## 第一节　企业创建的意义：从个体知识到社会知识

企业家的功能在于创造新的生产函数。一个新的生产函数包括部分或者全部这样的内容：创新的产品、新的生产技术和工艺、对于顾客潜在需求的独特洞察、新材料和新的组织方式等。企业家[①]通过不断创造和发展新的生产函数，使社会生产持续进步，企业家是经济进步的核心力量。任何一个国家和地区，如果能够准确而快捷地发现或者培养大量的企业家，就能够使它的经济持续快速地发展。美国成为新经济领导者的主要原因，在于硅谷等地区出现了大批的新型企业家。他们创设和发展了大量的新技术企业，其中一些企业在短短 10 年间就成为举世瞩目的大企业，如脸书（Facebook）、优步（Uber）、谷歌等，其成就甚至超过了一些传统老牌巨头。企业家何以在一些国家和地区大量涌现，而在另一些地区则十分少见？其间的原因是所有关心经济的人都想要明白的。

---

① 熊彼特将企业家的活动视为创造性破坏，通过建立一种新的生产函数来实现对既有生产要素的更优配置，从而创造更多价值并推动经济发展。创新活动包括五种情况：①引进新产品；②采用新技术或者新的生产方法；③开辟新市场；④控制原材料新的供应来源；⑤实现新的组织。

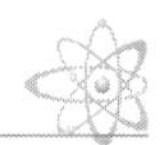

在新企业没有创建之前，企业蓝图仅存在于企业家的脑海里，是企业家的私人知识。蓝图知识以两种形式存在：一是显性的蓝图知识，二是隐性知识。显性知识可以进行明确编码，企业家能够通过文字语言、图表、公式以及模型等方式将显性的蓝图知识展现出来，并能够被其他人识别和判断。隐性知识无法通过直接沟通的方式来传递，但企业家在具体环境中运用这些知识的过程能够被观察到。观察者能够感知到企业家拥有的这类隐性知识，通过长期揣摩和学习，能够获得这些隐性知识并以此为基础培养出独特的技能。在此过程中，隐性知识实现了在个体之间的传递。企业被创建的过程就是隐性知识能够被观察的过程，在企业创建以后，企业本身就成为了企业蓝图知识的载体。

人们通过观察企业的运作来学习综合的知识，然后模仿着建立相似的企业，新的生产函数被广泛应用，从而成为社会生产力的重要组成部分。因此，支持一位企业家创建新的企业，其意义不仅是创建了一个企业，更重要的是为社会引入了一种更先进的生产函数，使整个社会的生产力得到切实提高。英国工业革命从纺织业发生的起点，就是从阿克莱特首先构建成功的工厂模式开始的，随着这种新的生产方式被广泛模仿，工厂成为英国社会财富的主要贡献者。最近 20 年互联网企业的发展也是这样的例子，当 Airbnb 开创了共享经济的商业模式时，全世界就诞生许多类似的企业，如优步、滴滴出行等。

## 第二节　资本要素配置的关键——将资本配置给优秀企业家

并非每一个新提出的企业蓝图都是有效的，也并非每个号称有创业才能的人都能够创造价值。真正的企业家能将蓝图转换为成功的企业，伪企业家则在实践过程中浪费大量资源。对社会而言，尽早将具有价值的企业蓝图筛选出来，将真正具有才能的潜在企业家从人群中挑选出来，就能够更快地促进经济发展，避免大量社会资源的浪费。

假定一个好的企业蓝图获得了投资 $k$，意愿企业家能够通过自身的努力 $a$，在企业蓝图 $f$ 情况下创造一个新的价值 $v$，则 $v=f(a,k)$。

新价值是企业家努力和投资结合的产物。投资水平越高，创造的价值越高；企业家的努力水平越高，创造的价值也越高，但它们都存在边际递减的效应。即 $f_k \equiv \partial\pi/\partial k>0$，$f_{kk} \equiv \partial^2\pi/\partial k^2<0$，$f_a \equiv \partial\pi/\partial a>0$，$f_{aa} \equiv \partial^2\pi/\partial a^2<0$，$f_{ka} \equiv \partial^2\pi/(\partial k\partial a)>0$。

给定一个社会总的储蓄水平为 $K$，其中有 $k$ 的资本投给了真正的企业家。企

业获得成功以后，投资者获得了部分的企业价值，假设这部分等于 $g(v)$。假设失败的投资完全损失掉，收回的价值为 0。那么，社会总储蓄的回报等于 $g(v)$。令 $\bar{r}=\frac{[g(v)-K]}{K}$ 代表储蓄的平均报酬率。

增加储蓄使消费延迟，这会带来效用损失。效用的边际损失就是增加消费获得的边际效用，随着储蓄增加，损失的边际效用也会增加。假定社会在一定财富和储蓄水平时的消费边际效用补偿率为 $s$，即减少 1 单位价值的消费，必须要未来为 $1+s$ 的价值才能够补偿。在完全竞争的情况下，边际效用决定了储蓄的价格，即社会要求的均衡投资回报率必然等于 $s$。$s$ 既是平均投资回报率，又是边际投资回报率。因此有

$$\bar{r}=\frac{g(v)-K}{K}=s \tag{6.1}$$

令 $\beta=\frac{k}{K}\leqslant 1$ 代表总投资中获得了成功的比率，也就是识别投资的成功率（简称识别率）。由于投资 $K$ 中只有 $k$ 能够获得回报，因此对于任何一个具体的企业家和项目，投资者实际要求 $k(1+r)=K(1+\bar{r})$，即 $r=\frac{1}{\beta}(1+\bar{r})-1$[①]。

企业家只有在满足投资者的回报要求时才能获得投资，因此企业家的净报酬等于总价值减去投资者的索取权价值以及努力产生的成本，即

$$\pi_E=f(a,k)-k(1+r)-c(a)=f(a,k)-\frac{1}{\beta}k(1+s)-c(a) \tag{6.2}$$

企业家追求个人净收益最大化，他融入资本的数量由边际条件决定，即

$$\frac{\partial \pi_E}{\partial k}=f_k(a,k^*)-\frac{1}{\beta}(1+s)=0 \tag{6.3}$$

很显然，最优的融资水平是识别率的函数。式（6.3）对识别率求导得

$$\frac{\partial k^*}{\partial \beta}=-\frac{1+s}{\beta^2 f_{kk}}>0 \tag{6.4}$$

可见，企业家最优的融资水平是识别率的增函数。识别率的提高使整个资本

① 本书假设整个投资市场是完全竞争的。由于所有资本的同质性，每一个资本获得的补偿都是相同的，即平均报酬率与边际报酬率是等同的。消费延迟补偿率是边际补偿率，也等于平均补偿率。

报酬率提高，当投资者认识到实际报酬率更高时，他们就会更多牺牲现时的消费而增加储蓄。资金供给增加将导致名义报酬率 $r$ 下降，这必然增加未来企业家努力的边际报酬，企业家自然也就会增加努力水平。

识别率的提高在一个时间过程中会促使储蓄补偿率 $s$ 下降。给定一个社会的财富水平为 $M$，当储蓄为 $K$ 时，消费数量就是 $M-K$。由于储蓄补偿率 $s$ 是由消费边际效用决定的，消费边际效用是由具体的消费数量决定的，因此 $s$ 就是 $M-K$ 的函数，记做 $s=\varphi(M-K)$。消费水平越多，边际效用水平越低，要求的补偿率也就越低。即有[①]

$$\frac{\partial\varphi(M-K)}{\partial(M-k)}<0\text{，}\quad\frac{\partial\varphi(M-K)}{\partial M}<0\text{，}\quad\frac{\partial\varphi(M-K)}{\partial K}>0$$

社会投资和产出是一个不断重复的过程，在此过程中各个决策主体都不断地根据信息的变化而重新决策。当社会识别率 $\beta$ 增加以后，下一期的社会财富 $M$ 就会增加更大，从而降低补偿率 $s$。在 $s$ 减小和 $\beta$ 增加的情况下，$r=\frac{1}{\beta}(1+s)-1$ 必然更快地下降，这使企业投资和企业家努力水平都上升，从而使社会经济得到更快的发展。

识别率是促进新行业发展的关键因素。如果识别率提高，一个社会就会出现加速发展的态势，如果识别率出现下降的态势，就会导致经济下滑，社会陷入持续的衰退。一个行业从出现到成长、成熟的过程就是投资在该行业增长和稳定的过程。人们对一项创新的未来前景判断准确率很低，常常会有失败，因此就会要求较高的名义报酬率，随着对特定创新蓝图成功因素的逐渐认识，识别率将提高，企业家融资成本会下降，投资到整个行业的资本数额也就增加了。投资增加提高行业的竞争水平，结果是消费者获得越来越多的消费剩余。当新行业的识别率提高到成熟行业识别率时，该行业的融资成本也就下降到最低，企业家报酬率也会下降到普通水平，该行业的投资和生产都会进入一个稳定的时期。

如果将行业按照创新程度排成一个序列，创新程度不同，社会对行业的识别率也就不同。整个社会投资创造的价值是所有行业投资创造的价值之和，即

$$\sum_{i=1}^{n}\beta_i k_i(1+r_i)=K(1+s) \tag{6.5}$$

① 这通常表明，随着社会财富的增加，一个社会的储蓄率有提高的趋势。储蓄率随着财富增加而增加，一个社会的财富分布越不均匀，其平均储蓄率也会越高，平均消费率会越低。

式中，$K=\sum_{i=1}^{n}k_i$ 代表整个社会储蓄的总和，$i$ 代表具体的行业，$k_i$ 代表具体行业的投资。

一个行业要获得增加投资的前提是，人们相信它的实际报酬率不低于平均报酬率。每个行业具有不同的识别率 $\beta_i$，因此也就要求有相应的报酬率 $r_i$。创新性的行业通常竞争水平较低，成功的企业通常能够获得高回报，企业家预期在支付了较高的名义报酬率以后仍然能够获得较高的报酬，这促使他们愿意创新。如果企业家预期在支付了投资者要求的报酬以后所剩余的收益很少，那么他就不会有积极性创建或者扩张企业。投资者总是选择投入实际报酬率最高的行业，当一个创新行业被投资者充分认识到时，就会有大量投资愿意投入这些行业。投资者的竞争会迅速降低投资的名义收益率，从而使企业家愿意投入大量努力以吸收大量投资，该行业也就会迅速发展成熟。

$\beta_i(1+r_i)\geqslant 1+s$ 是获得资金支持的关键。在一个产业成熟以后，随着投资的增加，利润下降，由于 $\beta_i$ 极限等于 1，当利润下降到一定水平时，可能导致 $\beta_i(1+r_i)<1+s$。此时，该行业就不可能得到继续投资，该行业的资源也就可能开始流出。因此，任何一个社会的最终发展都要依赖于不断有新的行业和产品的出现，也就是要依赖于创新和创新的识别。当识别创新的能力上升时，创新的企业家就能够获得更多的创新报酬，这就会激励社会投入更多的资源进行创新，从而推动社会加速发展。对于发展中国家，由于行业发展落后于发达国家，而识别技术的能力可以直接从发达国家引进，因此发展中国家的新行业投资可以迅速出现，并引导社会经济快速发展。

## 第三节　投资决策模型与投资工具的临界资本特征

投资就是个体识别和选择有前途的投资项目，并将自己的资金转换为项目特定索取权的过程。对于一个具体的投资者而言，一定时间段内的投资预期收益等于其所选项目特定索取权的估计价值减去资金机会成本和努力成本，即

$$\pi_I=\phi^{\chi}(k,a)-k(1+r)-c_0^{\chi}-c(a) \tag{6.6}$$

式中，$\pi_I$ 代表某个体 $I$ 投资的净收益；$\phi^{\chi}(k,a)$ 代表个体在选择不同投资方式 $\chi$ 时的收益期望函数；$\chi=\chi^1,\chi^2,\chi^3$ 分别代表优先债权、次级债权和股权三种投资方

式；$k$代表投资者投入的资本金；$r$代表社会资本最低报酬率[①]；$a$代表投资者选择具体投资项目和谈判索取权所投入的努力程度；$c(a)$是努力的成本；$c_0^{\chi}$代表投资者选择特定投资方式所需的固定知识成本，不同索取权与不同的背景知识相联系，因此也就有不同的固定知识准备成本。剩余索取权所需的背景知识最多，次级索取权次之，优先债权所需要的背景知识最少，因此有

$$c_0^{\chi 1} < c_0^{\chi 2} < c_0^{\chi 3} \tag{6.7}$$

索取权价值$\phi^{\chi}(k,a)$由三个方面决定：一是投资者选择的投资方式$\chi$，二是投入的资本水平$k$，三是选择项目和谈判索取权投入的努力水平$a$。给定投资者拥有$k$数量的储蓄资本，他需要选择投资方式$\chi$，也要决定投入多少努力水平来选择具体的投资对象。索取权期望价值$\phi^{\chi}(k,a)$是资本额$k$的不减函数，即$k_1 > k_2$时，$\phi^{\chi}(k_1,a) \geqslant \phi^{\chi}(k_2,a)$。投入资本为 0 时，投资者不会获得任何收益，即有$\phi^{\chi}(0,a)=0$。同时，索取权价值也是$a$的增函数，即投资者在识别和选择项目上投入的努力水平越高，发现好项目的可能性也就越大，其获得的期望收益自然也就越大。当投资额为 0 时，企业家投入投资活动努力的边际收益为 0 时，有$\phi_a^{\chi}=\partial\phi^{\chi}(k=0,a)/\partial a=0$，因此他投入的努力水平也必然为 0。当投资额大于 0 时，研究项目的努力能够增加投资的报酬，即$\phi_a^{\chi}=\partial\phi^{\chi}(k>0,a)/\partial a>0$。在投资之前，投资者必定会投入一定的努力水平来辨别潜在投资项目，如果不投入努力成本来识别投资项目，而只是随机地将储蓄投入资本需求者处，就会招引来以欺诈为目的的资本需求者，从而造成资本的损失，即有

$$\phi^{\chi}(k,a=0)-k \leqslant 0 \tag{6.8}$$

因此，对于不准备投入任何努力来识别项目的投资者而言，他的最优决策就是不进行任何投资。给定投资者拥有资本额$k$，最优的努力水平是由对$a$的一阶导数决定的，即

$$\frac{\partial \pi_I}{\partial a}=\phi_a^{\chi}(k,a)-c'(a)=0 \tag{6.9}$$

令$a^b$使$\phi_a^{\chi}(k,a^b)-c'(a^b)=0$为最优的努力水平，它是投资额$k$的函数，对之求导得

$$\phi_{ak}^{\chi}+\phi_{aa}^{\chi}\frac{\partial a^b}{\partial k}-c''\frac{\partial a^b}{\partial k}=0 \tag{6.10}$$

① 最低的社会平均报酬率不会低于 0。

解得

$$\frac{\partial a^b}{\partial k} = -\frac{\phi_{ak}^{\chi}}{\phi_{aa}^{\chi} - c''} > 0 \tag{6.11}$$

这说明投资者的最优努力水平是随着他自身的资本水平的增长而增加的。投资者拥有的资本越大，他预期通过自身努力获得的投资收益越大，他的最优努力水平也就越高。当然，最优努力水平随着资本增加而增长的速度是改变的，这取决于$-\phi_{ak}^{\chi} / (\phi_{aa}^{\chi} - c'')$随着 $k$ 增加而变化的规律。总体而言，最优努力水平随着资本增加而增加的幅度是递减的，因为随着 $k$ 的不断增加，式（6.10）将趋近于 0。

给定投资额不变，不同的投资方式下最优的努力水平也有所不同，$\chi = \chi^1$时投资者的最优努力水平最低，而$\chi = \chi^3$时的努力水平最高。优先债权规定了固定收益率，不同优先债权之间的实际收益率差异较小，无论投入多少努力水平，挑选优先债权获得的收益是较低的。次级债权的名义收益率较高，不同质量的次级债权的实际收益率相差就比较大，努力挑选出优秀的次级债权带来的收益就会较高。而不同的股票收益率差别巨大，投入努力越多，就越可能发现优质的股票，因此股票投资下投资者的最优努力水平最高，即努力的边际收益存在如下的显著关系：

$$\phi^{\chi 1}(k, a+\Delta) - \phi^{\chi 1}(k,a) < \phi^{\chi 2}(k, a+\Delta) - \phi^{\chi 2}(k,a) < \phi^{\chi 3}(k, a+\Delta) - \phi^{\chi 3}(k,a) \tag{6.12}$$

即

$$\phi_a^{\chi 1} < \phi_a^{\chi 2} < \phi_a^{\chi 3}$$

由式（6.12）和式（6.8）可知，在相同的资本水平下，采用不同投资策略的最优努力水平有着显著的区别，采用优先债权投资的个体最优努力水平最低，采用剩余索取权投资的个体最优努力水平最高。

给定最优努力水平 $a^b$，投资者是否要实际投资以及投入努力水平，取决于$\pi_I = \phi^{\chi}(k,a) - k(1+r) - c_0^{\chi} - c(a) \geqslant 0$是否成立。只有投资净收益大于 0 时，投资者才可能实际投资并投入最佳的努力水平。每一个资本水平都对应着一个最优的努力水平，当资本额为 0 时，最优的努力水平也为 0。当资本略大于 0 时，投资者有两种选择：一是投入努力水平并投资，二是既不投资也不投入任何努力水平。在资本额增加时，最优的努力水平也是增加的，因此投资者的净收益是资本水平

的增函数。由于$\phi_a > 0$以及式（6.6）成立，一定存在着一个资本水平$k^*$及其对应的最优努力水平$a^{b*}$，使得

$$\pi_I = \phi^{\chi}(k^*, a^{b*}) - k^*(1+r) - c_0^{\chi} - c(a^{b*}) = 0 \tag{6.13}$$

成立。在投资者资本水平小于$k^*$时，投资一定带来负收益，投资者的最优决策就是拒绝投资。因此，将$k^*$称为临界资本水平。不同投资工具的固定识别投入$c_0^{\chi}$不同，因此满足式（6.13）的临界资本也就不同。由此，可以得到命题6.1。

**命题6.1** 投资工具都存在着一个临界投资水平。一个理性的投资者只有在其资本水平超过临界资本时，才会考虑实际投资。资本水平低的投资者会选择临界资本要求低的投资工具，资本水平高的投资者，则可能选择临界资本要求高的投资工具。

由于个体投资收益$\pi_I$是资本投入水平的增函数，是固定识别投入$c_0^{\chi}$的减函数。因此，固定识别成本越高的投资工具，其临界资本水平也就越高，实际所需的识别努力水平也就越高①。由于优先索取权（债权）的固定识别投入最低而股权固定识别投入最高，因此优先索取权投资的临界资本最低，股权投资的临界资本最高。

投资者的临界资本水平是由真实信息获得和判断的成本决定的，当临界资本阻碍着大量资本不能被有效配置时，潜在创造财富的机会就会促使人们去降低信息成本。降低信息成本的人或者机构分享到这部分增加的社会财富，从而在促进社会投资的过程中逐渐发展为现代的金融机构。不同类型金融机构为不同类型的投资者提供服务，因此他们也就伴随着不同类型的投资者数量变化而变化。当特定类型投资者数量增多时，特定金融机构和金融工具就繁荣起来，而当该类型投资者数量减少时，该类型金融机构和工具也就陷入衰退。

## 第四节　金融机构与投资工具演化

投资就是人们对不同资源配置方案的选择过程。现实社会中不断产生着各种资源配置方案，但只有部分配置方案能够创造价值。资源配置越有效，未来社会获得的价值才会越多，社会的总福利才会越好，投资者自己也才可能获得更多的投资收益。因此，投资的关键在于准确识别出有效的资源配置方案，或者说，在于识别出优秀的潜在企业家和企业蓝图。

① 式（6.10）证明了投入资本水平越多，识别努力水平也就越高。

然而，将优秀的潜在企业家和企业蓝图从众多的资金需求者中识别出来并非是轻而易举的事情，需要耗费大量的识别成本。高识别成本导致投资者付出很高的临界资本，使大量的社会资本无法与潜在的企业家和企业蓝图结合来创造价值。显然，如果一些人和机构能够通过某种方式来降低临界资本水平，促进社会资本被更好地利用，那么他们就能够创造巨大的社会价值，也能够分享到其中很多的价值。金融机构就是因为促进了社会资源的有效配置而得以生存和发展的，金融机构和金融工具的发展过程，就是不断降低临界资本水平并提高资源配置效率的过程。

金融机构是专业识别者或者专业识别者的集合①。专业识别者出现的原因在于与识别过程相联系的规模效应和学习曲线效应。识别能力是通过在人力资本和组织资本上的投资获得的，它一旦形成，就能够以较低成本在大量的识别过程中反复使用。因此，识别能力投资在很大程度上等同于固定资本投资，它具有规模效应：识别数量越多，识别的平均成本越低。识别还具有明显的学习曲线效应，随着识别数量的增加，识别者的识别能力自然增强，识别效率也就会提高，因此识别项目的边际成本会逐渐下降。

当专业识别者发现一些优秀项目缺乏资金而无法启动，同时又有大量因为达不到临界资本水平而被闲置的资源时，他就拥有了一个创造财富的机会。创造财富的办法是将二者结合起来，但如何能够实现这一点呢？

第一种方法是向潜在的投资者发布信息，并邀请有兴趣的投资者与企业家一起进行谈判，谈判成功以后双方向识别者支付费用。第二种方法是为企业家设计一个索取权证券（标准的投资者与企业家合作契约），并通过向潜在的投资者推销证券来实现双方的合作，识别者在此过程中获得设计证券和发行证券的费用。第三种方法是邀请投资者共同组建一个投资集合，投资集合对企业家项目进行投资，投资者和识别者以分配索取权的方式来分享投资集合本身及其产生的收益。

第一种方式适合于大投资者。较少的大投资者就能够提供一个潜在优秀项目的主要资本，因此专业识别者很容易安排潜在企业家与大投资者之间的谈判。专业识别者负责为双方提供大量的信息以帮助达成投资协议，并能够从双方成功的合作中获得较多的收益。企业私募安排就属于第一种投资方式。但第一种方式不适合中小投资者。一方面，单个投资者的资本数量较少，企业家需要与很多的投

① JP 摩根公司的早期就是这样的例子。早期的 JP 摩根公司是合伙人制，通过对企业的深入参与，JP 摩根公司促进了美国大工业的成功，同时也保证了其贷款和证券的成功。

资者进行谈判，这必然提高成本；另一方面，识别者无法在传递信息给投资者时与他们达成有关信息交易的契约，识别者很难从交易中获得报酬。

第二种方式适合于中等投资者。证券方式降低了企业家与投资者的交易成本，投资者无需参与谈判，因为识别者已经为此拟定了标准的契约，投资者只需要进行购买或者不购买的决策。识别者的报酬问题比较容易解决，他能够与企业家达成契约，从设计证券和出售证券的过程中获得报酬。通过设计和发行标准证券的方式来实现投资者与企业项目结合的专业识别者称为投资银行。但证券投资仍然需要投资者承担较高的识别成本，因此只适合于中等投资者而不适合于小投资者。首先，每个证券都是由一个独特的企业发行的，不同证券的价值和风险都有所不同。小投资者要想获得成功的投资，就需要对这些证券进行较多的识别活动，由此导致的成本使小额投资无利可图。小投资者是否可以采用随机投资的方法呢？答案是否定的。随机投资很可能会遭到欺诈者的危害，欺诈者会特意寻找那些缺乏识别能力的随机投资者，并向他们推荐劣质证券。最终导致的结果必然是大多数小投资者拒绝任何证券投资。其次，证券生命周期与小投资者个人的投资期限很难吻合，对此的解决办法是建立一个证券流通的二级市场。但二级市场带来了新的识别成本。证券的价格随着市场中参与者集合对企业项目价值预期的变化而变化，存在着巨大的不确定性。由于证券价格可能出现剧烈变动，小投资者为未来该投资价值设计的用途就可能无法实现，这对于小投资者来说是一种巨大的风险。因此，由于识别成本和市场风险的存在，小投资者通常不会以购买证券的方式来进行投资。

第三种方式适合小投资者。特别是当识别者投入确定的资本建立了一个独立的投资机构，通过这个投资机构向不确定的投资者提供了一份具有以下特征的标准化契约时，称为商业银行的制度被建立，这个机构则称为商业银行。这份标准化契约的特征是，购买者拥有随时签订和退出契约的权利，签订契约时将资金支付给商业银行，退出契约时从商业银行索回投入的资金及其规定的时间报酬。识别者拥有商业银行的剩余索取权，并承诺将所有资本以确定的原则进行投资。

大投资者的资本超过所有的临界资本要求，可以运用所有的投资方式，包括直接投资、购买标准证券和存银行；中等投资者则会购买标准证券和存银行；而小投资者则只适合存银行。而现实中，大投资者往往进行直接投资，而中等投资者则主要进行证券投资，原因在于直接投资报酬率最高，证券投资其次，而银行存款收益最小。投资收益是由投资方式的供给与需求平衡决定的。由于临界资本的影响，参与直接投资的投资者数量最少，投资者谈判分享的企业收益率最高；证券投资的参与者较多，收益率就略低；而参与银行存款的最多，其收益率也就最低。因此，投资者的资本水平与投资方式就呈现出一种对应的关系。如图 6.1 所示，投资者的理性选择是：当资本低于临界资本 $k_1^*$ 时，投资者不参与任何投资，当资本 $k \in (k_1^*, k_1^{**}]$ 时，投资者进行银行存款；当 $k \in (k_1^{**}, k_2^{**}]$ 时，投资者进行证券投资；当 $k > k_2^{**}$ 时，投资者就会进行直接投资。

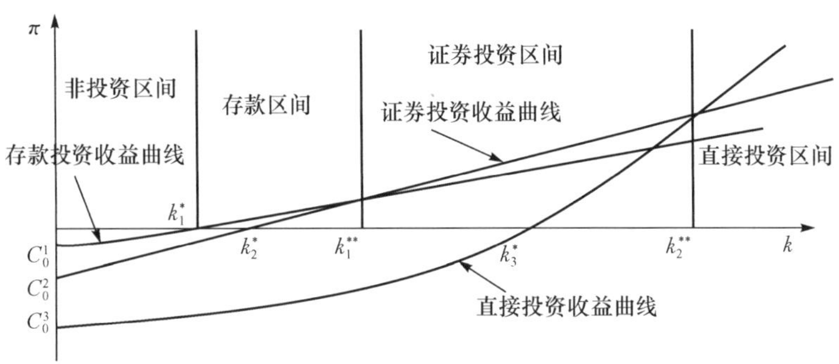


图 6.1　三种投资方式的成本与收益

## 第五节　小投资者与商业银行存贷款制度

降低小投资者临界资本水平最重要的制度是商业银行。为了吸引大量的小投资储蓄资金，商业银行形成了独特的经营制度，这包括：资本充足率水平、稳健投资、追求规模以及控制风险等制度。

商业银行的创建者拥有剩余索取权，追求利润最大化。银行的利润取决于长期的资本总量和单位资本的报酬率以及投资运营成本。总资本越多，商业银行的规模效应越显著，单位资本承担的运营成本就越低。单位资本的报酬率越高，总的报酬水平也就越高。因此，商业银行一方面追求更多的资本总量，另一方面追求更高的投资利润率。但是，在大量资本是由小投资者提供并且只获得优先索取权的情况下，银行的规模与单位资本利润率之间存在着内在的冲突。以小投资者资本为主要资金来源决定着商业银行逐渐形成了稳健的投资原则。

对于投资者而言，哪一家商业银行提供的优先索取权的期望收益最大，他就选择和哪家商业银行签约。在各家商业银行都提供相同的名义报酬率时，小投资者判断优先索取权的期望价值主要依靠两个方面的指标：一是商业银行承诺的优

先索取权价值占总资本的比率，即商业银行的资本充足率标准；二是总资产的稳健性，这体现在商业银行是否拥有和坚持特定的投资原则。资本充足率水平越高，优先索取权的实际价值越接近于其名义价值。投资稳健性越高，优先索取权的价值也就越确定。商业银行为了自身利润最大化，就需要在相互竞争的条件下向投资者承诺自己对两个指标的原则。充足率水平与识别者提供的资本总量决定了商业银行的最大资本水平，也就决定了商业银行自身可能获得的规模经济程度。如果银行家想要更大的经济规模，他或者增加自身投入的资本水平，或者降低资本充足率水平。但投资者总是希望能够选择资本充足率更高水平的商业银行，在投资者具有选择自由的情况下，商业银行最终会形成一致的资本充足率政策。在资本充足率接近的情况下，投资者选择签约的标准就是风险水平，这促使商业银行在风险控制承诺方面的竞争。

要使投资者认为商业银行的资产价值是低风险的，一个重要的方法就是大量分散投资，这可以避免单个大额投资的特异性风险。分散的投资意味着在每一个项目上的投资水平都不高，这使商业银行在该项目上能够承担的识别成本也较低，为此商业银行就只能投资于优先索取权。当商业银行以投资优先索取权为主要业务时，就无需对识别能力进行大规模投资，这使商业银行不会拥有大量具有高超识别技能的投资决策者。优先索取权投资可以采用规范的程序和规则，而无需借助大量具有特殊技能的人力资本，这也是商业银行能够进行大规模经营的基础。

大量小投资者的保守特征决定了以这些投资者为主要资金来源的商业银行经营的高度规范性。规范性表现为投资管理的程序和规则，当商业银行是按照清楚的程序和规则完成投资业务时，资产的风险水平就会被严格控制。因此，小投资者对于商业银行的判断与商业银行本身的业务规范密切相连，只有高度规范的银行才会得到投资者的信赖。小投资者拥有随时签订或者解除契约的自由，这使银行的规模与其资本稳定性正相关。规模越大，银行可用的资本数量越稳定。要吸引大量的小投资者，就需要设立大量的营业场所和雇佣大量的人员，这也使银行的规范性成为其效率的关键。

以小投资者为服务对象的战略决定了商业银行必须分散和保守投资，主要购买优先索取权，使用高度规范的程序和规则来指导具体投资决策者的投资行为。雇佣的大多数员工只需具有一般的人力资本水平，这为商业银行雇佣到大量的人员并且建立大型的金字塔组织机构奠定了基础。金字塔形的组织结构必须以规则和程序作为组织的基本活动方式，从而又给予了外部投资者清楚的信号。一个社会的生产力维持与稳定提高是依靠对既有盈利项目的扩展来实现的，银行的投资原则正好能够满足这些预期有稳定利润的企业扩展行为。当一个社会存在着大量的小储蓄者，也存在着大量需要优先索取权进行融资的企业时，商业银行就是将小储蓄者资金与稳定的生产资本需求联结起来的关键，它以一种低成本的方式维持着社会资本的高效运用，推动了社会的稳定发展[①]。

## 第六节　中等投资者与投资银行的发展

中等投资者拥有较多的资本，能够承受较高水平的识别成本，因此不会满足于只在商业银行存款的间接投资方式。投资的识别成本主要发生在三个阶段：第一个阶段是搜集有关企业的信息，并从大量信息中挑选出一些值得投资的企业进行评估；第二个阶段是对企业价值及各类索取权的价值特征进行评估；第三个阶段是与企业谈判具体的契约条件并达成契约，以及监督企业在经营中的行动。中等投资者愿意投资有一定创新特征的企业，或者是较为靠后的索取权，包括次级索取权和剩余索取权。但中等投资者能够承担的识别成本也是有限的，通常只能够承担在第二个阶段的识别成本。要促进中等投资者进行投资，就需要给他们提供充足的信息，同时也要帮助他们完成最终的契约。标准证券是吸引中等投资者的主要工具，专业识别者为中等投资者提供服务的主要方式就是为企业设计代表特定索取权的相应证券，并将它们推荐给投资者购买。

专业识别者寻找具有发展潜力的企业和项目，然后设计出合适的索取权证券，并将相关信息向投资者充分传递。设计合适索取权证券的关键是要使这种证券能够促进企业未来的价值，例如，外部投资者拥有最优先索取权就意味着企业家和管理层拥有较为靠后的索取权，这可能使企业偏好风险。如果让外部投资者拥有大部分剩余索取权，那么就可能使企业家和内部管理者缺乏努力的动机。因此，设计证券需要在企业的风险行为和努力动机两个方面获取平衡，一项证券可

---

① 在商业银行系统，很多规则是以政府管制的法律形式出现的。政府是整个经济价值体系中较靠后索取权（税收权）的拥有者，整个社会价值创造越多，政府获得的收益也就越多。因此，政府具有很强的动机促进经济的增长。促进经济增长的一个重要途径是降低识别成本，让大量投资者与专业的识别机构之间的交易成本降低是促进经济发展的重要途径，而使用法律的方式规定一种识别机构的投资方式和原则能够降低这种交易成本。例如，如果政府规定和监督商业银行必须具有特定的资本充足率水平，就可以减少大量分散的投资者对于商业银行资产状况的监督，由此减少的成本就等于社会增加创造的价值，政府自然也就能够分享到其中的一部分。规定存款的最高利率（如 Q 条例）使投资者在选择商业银行时首先考虑商业银行的风险水平，从而促使商业银行在风险管理和控制上竞争，这也会减少投资者的监督成本。商业存款的保险制度是减少大量储蓄者识别成本的另一项制度，其目的在于将监督银行风险的动力集中到提供保险的公司。如果要求保险公司对每个商业银行都提供费率相同的保险，那么就必须给予保险公司相应的监督和管理商业银行行为的权力。

能包含多个位置的顺序索取权，并赋予给证券所有者相应的控制权。例如，一项长期的债权可能包含对企业投资方向和决策程序的约束，也可能包含可以转换为股权的选择权（可转债）。

专业识别者与投资者在信息和估价方面具有分工互补的作用。专业识别者负责全面的信息挖掘，并将这些信息以标准的方式向广大潜在的投资者发布。而投资者则结合自己个人的行业知识和独特判断来估计具体项目和索取权的价值。在获得专业识别者提供的标准信息情况下，不同的投资者对于证券价值的认识有所不同。通常而言，拥有特定证券背景知识越多的投资者对证券价值判断越准确，不具有相应知识和信息的投资者对自己估值准确性的信心较低，并通常倾向低估该证券的价值。因此，在证券询价销售的过程中，信息越是不被大多数人所熟悉的证券，其价格越容易被低估，购买者分享到的价值往往越多。而信息越充分的证券，价格竞争越激烈，成交价格也就越高，投资者分享到的价值也就越少。这个特征给予了那些投资于信息挖掘和企业识别的投资者动力，促使他们去研究分析还不被大众所熟悉的行业和企业，从而促进了这些行业和企业的信息传播。信息的挖掘和传播有助于更多潜力企业获得投资，从而促进整个社会经济的更好发展。

证券的价格发现机制也促进了企业家的声誉行为。证券价格越低，获得相同资本时企业家需要出让的索取权就越多，企业家的成本也就越高。在很大程度上，证券价格的估计建立在对企业蓝图以及企业家人力资本估计的基础上。企业蓝图越优越，企业家人力资本价值越高，企业的价值也就越高，证券的估价也就越高。企业家如果能够向投资者展现自己的人力资本和良好品德，建立自己的良好声誉，就能够增加投资者对于企业价值的估计，最终就会使企业家获得更多的企业价值。

专业识别者在竞争成为企业家和中等投资者联合的中介时，必须在两个方面建立声誉。一是在投资者方面，能够为投资者提供准确而又全面的信息，使投资者结合自己的知识就能够发现好的证券并使自己获得足够的投资报酬；二是在企业家方面，能够让企业以合适的成本获得融资，从而使企业家能够获得足够报酬。专业识别者必须能够准确地影响证券最终的定价，定价越高，企业家获得的报酬越高，企业家越愿意与他合作，专业投资者就能够有机会获得更多企业的全面信息。但定价过高，可能导致投资者收益下降，投资者以后就可能拒绝购买该识别者设计的证券。定价越低，投资者购买越踊跃，但可能伤害企业家的努力积极性。因此，识别者的关键是平衡好二者的关系，同时也要尽量降低发行的费用。这两个方面的声誉最终取决于识别者的识别能力，包括识别企业家和项目是否真正具有前途的能力，是否能够设计出让各方分享价值的证券方案，特别是保持事后对企业家的充分激励。前面描述的这类专业识别者事实上与现实世界中的投资银行类似，因此就把此类识别者称为投资银行。

由于要搜集和传递企业的全面信息，并且要设计和销售符合各方需求的证券，证券发行具有很高的固定费用，只有融资需求较大的项目才可能采用这种途径。对于融资需求大的企业，根据其自有资本水平的不同，其融资方式也不同。自身拥有较大资本的企业，发行债券的成本是比较低的。如果自身的资本并不是很多，发行债券就没有优势，因为大量的债务比率可能给企业家以很强的风险动机，由此导致很高的监督成本。为了节约监督成本，并且使企业具有较强的风险抵御能力，企业通常会发行股票。这两种方式及其混合都是需要大量融资的企业的选择，其融资的对象也通常是大量的中等投资者。

## 第七节　投资者分布、金融工具与金融机构发展关系的历史证据

如果投资者分布是决定投资工具和金融机构发展的基本力量，那么投资工具和金融机构发展就与投资者分布变化密切相关。在过去 100 年的西方人口财富分布的历史中，首先是绝大多数无产者时代，其后是多数无产者和较多小储蓄者时代，然后是小储蓄者数量居主导地位而中等财富者逐渐增多的时代，最后是中等财富者居主导地位的时代。由于临界资本要求较高的投资工具需要在特定富裕程度水平的投资者数量增加到一定程度以后才可能出现和盛行，因此，投资工具的出现也必定是有顺序的，并且遵循着临界资本水平逐渐上升的特征。临界资本水平是由投资工具的识别成本决定的，投资工具的复杂和动态程度越高，识别成本越高。因此，投资工具的复杂性和动态性等价于投资工具的风险水平。投资工具的风险水平是否与其出现的先后顺序相吻合呢？美国的投资工具发展历史表明，风险越大的投资工具，其出现和盛行的时间越晚。例如，银行存款工具和政府债券是较早出现的，之后是大型公用企业的债券。18 世纪 20 年代以后，优质股票才逐渐成为主流的投资工具。衍生金融工具出现在 18 世纪 70 年代，而垃圾债券、风险投资、次级债券等投资工具则分别出现在 18 世纪 80 年代和 90 年代。

金融机构业务的发展也反映了投资者分布特征的发展变化。在 1933 年美国商业银行业务与投资银行业务分离的时候，主要的金融机构都选择成为商业银行，例如 JP 摩根、波士顿第一国民银行、大通银行等，这些选择与当时正在迅速增加的中小投资者分不开。而到 18 世纪 80 年代，随着中等投资者数量超过小投资者，商

业银行业务被证券业务迅速超过，导致商业银行举步维艰，纷纷要求开展证券业务，并最终促使 1999 年的《金融现代化法案》出台。这反映在纽约的各种金融从业人员数量的相对变化上，1980～2001 年，证券业从业人数上升了 100%，而银行业从业人数下降了 33%，图 6.2（理查德・罗伯茨，2004）、图 6.3[①]反映了这种情况。最终，证券业成为最庞大的金融行业，这正好与西方中等投资者成为数量最庞大的人群吻合。

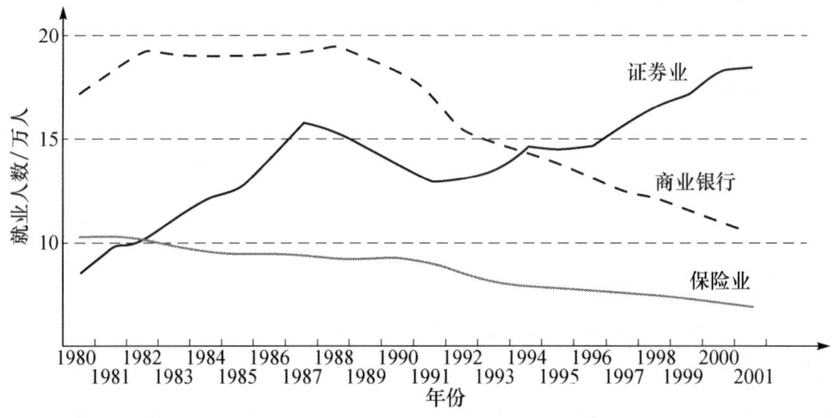


图 6.2　纽约市证券业、商业银行和保险业的就业人数（1980～2001 年）

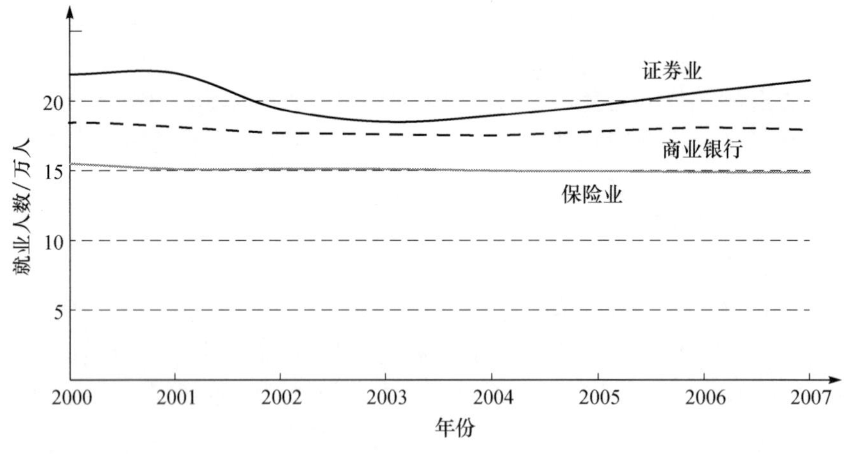


图 6.3　纽约市证券业、商业银行和保险业的就业人数（2000～2007 年）

① 图 6.3 是作者根据纽约州劳工部网上数据整理绘制。由于 2000 年以后采用了新的工业分类标准进行统计，因此图 6.3 与图 6.2 的数据并不一致，但反映的关系一致。

# 第八节 小 结

金融体系最重要的功能是将资金配置到那些最能创造价值的商业机会中去，使资本、企业家才能和普通人力资源能够最好匹配。一个国家的金融体系以商业银行为中心还是以证券市场为中心，这首先取决于一个国家的财富分布状况：当主要的人口都只拥有少量财富时，发展以商业银行为中心的金融体系是自然的；随着富裕人口越来越多并成为主体，投资银行和证券交易所为基础的市场体系就更容易成为主导金融体系。

两种金融体系的功能是类似的，都是将资本配置到最具有价值的领域。当允许金融机构自由发展时，一个金融机构就可能同时拥有两种体系功能。例如，1933年之前的美国主要金融机构既有商业银行业务，又有投资银行业务；而1999年《金融现代化法案》通过之后，美国的主要金融机构又开始拥有了混合体系功能。不幸的是，两次世界性的经济大危机都出现在这种混合型的金融机构发展的高峰，这很难说是一个巧合。其间的可能原因是，拥有两种体系功能的金融机构会使小规模储蓄者的资金错误进入高风险证券市场，并在市场价格失真的过程中导致社会资源大量配置的错误和失败，最终导致资源的巨大损失和经济倒退。因此，允许金融混业经营对于整个经济功能可能是有害的。限制一些金融机构的发展并不会限制金融功能的发展，当一些金融机构被禁止拥有特定的金融功能时，就会产生新的机构来提供这些金融功能，对金融功能的需求是新机构发展的动力。如果允许金融机构自由发展，就会形成一些多功能的无与伦比的巨型金融机构，这对社会长期演化的影响实在难以预测。正如一个物种演化到了具有无与伦比的竞争力——拥有狮子的凶猛、大象的力量、飞鸟的速度、人类的智慧，这到底是自然的幸运，还是不幸？

# 第七章　金融机构：资源配置能力与影响因素

金融机构的核心功能之一是进行资源配置。金融机构为一些企业和项目提供资金，同时拒绝为另一些企业和项目提供资金，获得资金的项目能够实施和发展，缺乏资金的项目则不能执行。金融机构通过选择融资对象和项目实现了对社会资源的配置，这就是金融机构的资源配置功能。金融机构如果能够识别出一个项目为社会创造的价值，并且将资金提供的顺序设定为项目创造价值大小的顺序，那么社会的资源就会配置到价值最大化的领域，各种资源都能够实现最大的价值，社会经济就会得到最优的发展。

然而，金融机构也是人的集合，其资源配置效果依赖于机构集体的认知和决策能力。金融机构对于申请融资的企业及其项目的未来价值预测越准确，就越能够做出正确的决策，本书把金融机构对项目执行价值预测能力称为识别能力。金融机构的识别能力来源于其在识别能力上的投资，而在识别能力上的投资水平，则取决于其识别能力本身的收益状况。本章讨论以下两个问题：①识别能力如何帮助金融机构提升利润；②影响识别能力投资的主要因素。

## 第一节　金融机构识别能力

金融机构向企业或者个人提供资金以支持特定项目的开展，如果项目成功，金融机构就会获得预期的收益，如果项目失败，则可能遭受损失。金融机构的决策者具有认知理性：一方面，他们追求自身利益，为了追求更多的利益，他们努力搜集信息、寻找最优的企业和项目，设计不同的融资方案并评估各个方案的价值，然后选择收益最大的方案；另一方面，他们的决策效果由个人认知能力和投入认知的资源决定，无论信息搜集、决策方案的设计或者对方案价值的评估都与决策者个人的主观认识相关。面对相同的项目和融资者，不同决策者得出的结论可能有很大的不同，也会给出不同的选择。决策者知道自己对未来的估计具有主观性，对于项目实施后的价值估计，认知理性者更愿意使用概率分布函数的方式来进行预测。

假定企业 E 实施项目 P 需要总投资 $K$，其自身拥有的资本为 $k\,(k<K)$，即 E 需要从外部获取资金，$d\,(d=K-k)$，才能有效实施项目。企业 E 向金融机构 B

申请投资，B 根据企业 E 对项目 P 的描述和其他相关信息来决定是否给予投资，以及投资的名义回报水平。简单起见，假定金融机构是银行，投资方式是贷款，投资的名义报酬就是贷款的利率水平。假定银行与企业签订的贷款利率均为贴现利率 $r$ 。E 为了获得资金 $d$ ，承诺在一年时间到期后支付给银行 $D[D=d/(1-r)]$。假定企业 E 仅仅实施项目 P，且保持初始总资本为 $K$ ，需要贷款的数量就是企业自有资本的函数，自有资本越少，贷款就越多。由于总资本保持不变，贷款的数量也就反映了企业的资本结构。

银行清楚，企业 E 是有限责任，如果一年后 E 的总资产价值超过 $D$ ，那么本息都会得到偿还[①]；如果 E 的总资产小于 $D$ ，银行获得的偿付就是 E 的总资产。认知理性意味着银行将根据所获得的信息对未来企业贷款到期时的资产价值进行估计，并由此判断贷款的价值以及决定是否给予贷款。不妨假定银行估计出企业 E 在一年后的资产价值为随机函数 $V$ ，$V$ 的分布密度函数为 $f_{m,\sigma}(V)$ ，累积分布函数为 $F_{m,\sigma}(V)$ 。银行未来收回的实际贷款本息和 $Y_d$ 为

$$Y_d=\begin{cases}D, & V>D\\V, & V\leqslant D\end{cases}\tag{7.1}$$

由于 $V$ 是随机变量，$Y_d$ 也就是随机变量，$Y_d$ 的期望值是银行估计的贷款本息期望价值，为

$$\overline{Y_d}=\int_0^D Vf_{m,\sigma}(V)\mathrm{d}V+D\int_D^{+\infty}f_{m,\sigma}(V)\mathrm{d}V\tag{7.2}$$

式中，$\int_0^D Vf_{m,\sigma}(V)\mathrm{d}V$ 代表总资产价值小于 $D$ 时银行债权的期望值；$D\int_D^{+\infty}f_{m,\sigma}(V)\mathrm{d}V$ 代表 $V$ 的价值大于 $D$ 的债权期望价值。

## 一、银行对单个企业的资金供给曲线

给定企业 E 计划投入项目 P 的初始资金不变，且企业 E 不会因为资本结构不同而改变对项目 P 的经营管理，这意味着其未来项目结束时资产价值与资本结构无关，银行对企业未来资产价值的估计也就会保持为 $F_{m,\sigma}(V)$ 。在此情况下，假定企业决定投入自有资本 $k$ ，并根据资金缺口决定贷款 $d$ 。此时，贷款的名义利率是否与资本结构有关呢？

银行投入获取名义债权 $D$ 的实际成本为实际借贷给企业的资金 $D(1-r)$，则银行的实际收益为

① 忽略偿还或者清算时的交易费用。

$$\pi = \int_0^D V f_{m,\sigma}(V)\mathrm{d}V + D\int_D^{+\infty} f_{m,\sigma}(V)\mathrm{d}V - D(1-r) \tag{7.3}$$

银行追求收益最大化，则最优的贷款 $D$ 时，式（7.4）成立：

$$\partial\pi / \partial D = 1 - F_{m,\sigma}(D) - 1 + r = r - F_{m,\sigma}(D) = 0 \tag{7.4}$$

即银行最优的贷款金额是其贴现率正好等于企业累积分布曲线的点，$r = F_{m,\sigma}(D)$ 构成了银行 B 在垄断情况下对于企业 E 在总资本不变时的资金供给曲线，在此曲线上，银行获得了最大收益。

如图 7.1 所示，银行愿意贷款给一个项目的金额与企业愿意支付的利率正相关，当企业愿意支付的利率从 $r_1$ 增加到 $r_2$ 时，银行愿意的贷款金额也就从 $D_1$ 上升到 $D_2$，即企业愿意承担的利率越高，银行愿意贷款的金额也就越多。

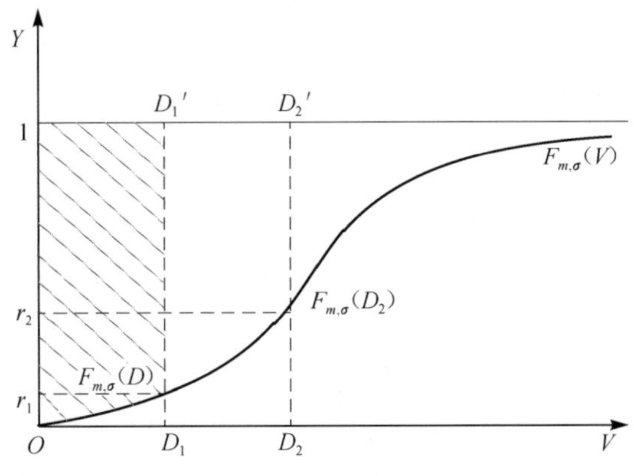


图 7.1　债权的边际价值

## 二、企业估值模型的形成

金融机构希望实现自身利益最大化，就需要尽可能准确地估计出企业的价值分布情况。例如，中国各商业银行在贷款之前要对企业和项目进行许多评估，包括：①企业资信评估，内容有企业基本情况、资本结构、组织架构及领导人素质、融资情况及资信状况、经营状况和财务状况等；②项目的评估，内容有项目概况、产品及市场分析、投资估算与资金来源评估、财务评估和银行效益与风险防范评估。

银行对特定企业价值估计的基础是其获得的有关企业 E 的有效信息。给定企业 E 未来价值分布符合模型：$V = F(x_1, x_2, \cdots, x_i, \cdots, x_n) + \varepsilon$。其中，$(x_1, x_2, \cdots, x_i, \cdots, x_n)$ 代表与企业价值有稳定关系的 $n$ 项因素，如影响企业价值的宏观和微观环境因素、企业内部环境各项因素等。$\varepsilon$ 代表影响企业价值的随机因素。

无论是银行或者企业，都会努力构建自己的企业价值预测模型。当银行开展过一些类型的融资项目后，他们就能够观察到企业实施项目后的价值，也能够积累到在实施前的各种相关数据，由此，通过对数据模型的研究，他们就能总结出来一些预测项目价值的模型。当然，由于认知能力和收集数据能力的不同，不同银行建立的模型会有所不同，每一个银行建立的价值估计模型只会是对企业客观价值的近似。

假定银行建立的模型为

$$\hat{V}_{\mathrm{E}} = F_b(x_1, x_2, \cdots, x_i, \cdots, x_m) + \varepsilon$$

式中，$(x_1, x_2, \cdots, x_i, \cdots, x_m)$ 代表银行 A 识别出的影响企业价值的 $m$ 项因素。

当企业向银行申请贷款时，银行就开始搜集信息来对 $m$ 项因素进行分析，以便对企业项目进行估值。银行相信的信息是其估值的基础，例如，经过著名审计机构审计的企业会计报表为银行提供了许多有效信息，如果银行对企业所属行业有充分的了解，那么该企业所属行业的信息也会给银行提供估值的基础。

## 三、企业报告信息的动力机制

银行对企业价值的估计曲线由其认知状况和获得的信息决定，当信息改变时，其对企业价值曲线的估计也就改变了。由于估值曲线会影响企业贷款可得性与利率水平，因此企业有动机报告信息来影响银行的价值估计，从而降低自身的融资成本。如图 7.2 所示，当银行对企业价值估计值增加时，$F_{m,\sigma}(D)$ 就会向右移动为 $F^1_{m,\sigma}(D)$，即企业的资金供给曲线向右移动，这意味着银行愿意以较低的利率提供贷款，或者愿意在相同的利率水平上提供更多的贷款。

假定一项因素 $x_i$ 对于企业的价值估计有显著影响，当 $x_i$ 增大时，企业的价值也会增加。初始环境下，假定向银行申请贷款的所有企业都未提供 $x_i$ 的有效信息，那么银行将如何估计呢？$x_i$ 造成的实际影响会反映在企业的价值上，但由于缺乏 $x_i$ 的有效信息，银行只会了解到该因素的均值影响，而独特性影响只会归入随机因素①。当某一个企业 E 能有效报告 $x_i$ 的信息，并且自己在该项因素上高于平均值时，企业就会报告该因素，由此带来的结果是其资金供给曲线向右移动，其获得的贷款金额就会上升，贷款成本将可能下降。企业提供更多有

① 就如回归模型，没有被考虑到的因素造成的平均影响会进入常数项，而其变异造成的结果被放入了残差，残差的方差由此增加。

效信息有助于提升银行对其价值的估计，从而有利于企业获得贷款和降低贷款利息成本。

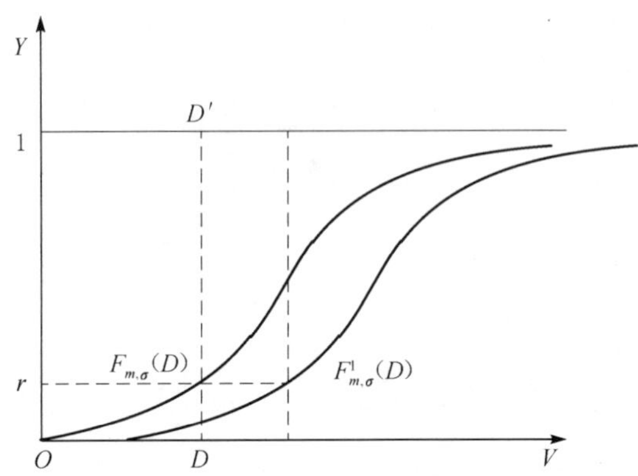


图 7.2　对企业价值估计值增加提升债权价值

该企业被分离出来的后果是剩余企业的 $x_i$ 的均值会下降，从而使他们的累积分布曲线向左移动，这将造成剩余企业更高的贷款成本。受此影响，更多在 $x_i$ 上表现良好的企业将力图报告该信息，不报告的企业则会被认为具有小的 $x_i$，这最终产生了一个信息报告的动力机制。最终的结果是，不能有效报告该信息的企业通常是在该指标上较差的企业或者是缺乏报告能力的企业，银行的均衡选择是对不能报告 $x_i$ 信息的企业做较差的赋值。

由银行认知特征导致的信息报告动力机制与逆向选择机制具有某些相似之处，区别在于有关信息是否可以有效传递。当银行无论如何不能获得有效信息区分企业的风险时，随着贷款利率上升，风险小的企业就丧失参与贷款的动机，结果只剩下高风险企业参与贷款。此时，为了避免逆向选择导致银行利益受损，银行的办法是保持在最优贷款利率水平上实施随机贷款（Stiglitz et al., 1981）。但如果企业有效传递信息是可能的，银行以认知理性为基础的价值估价方法就会促使企业寻求有效传递信息的途径，结果是信息报告动力机制得以建立。

## 四、银行认知能力提升动力

企业有动机向银行传递有效信息，这提升了银行配置资源的效率。是否银行也有动机去努力获取企业的信息，并且不断提升估计企业价值模型的水平呢？答案是肯定的。

一个企业可以向多个银行提供相同信息并申请贷款，可以预期的是，如果每一个银行的认知相同，他们对企业申请贷款的价值认知也就相同，竞争的结果是 $F_{m,\sigma}(D)=r$。

假定银行建立的模型为

$$\hat{V}_b=F_b(x_1,x_2,\cdots,x_i,\cdots,x_m)+\varepsilon$$

式中，$(x_1,x_2,\cdots,x_i,\cdots,x_m)$ 代表银行识别出的影响企业价值的 $m$ 项因素，认知理性意味着银行识别出的因素数量 $m$ 小于实际发生影响的因素数量 $n$；当银行投入更多努力去获取和识别影响企业价值的因素时，银行预测模型中的因素数量就会增加，即 $m$ 代表银行的认知能力。

假定所有银行都能识别出 $m$ 项因素，而银行 A 通过认知努力能够识别出第 $m$+1 项因素，不妨称为因素 $x_{m+1}$。当面对前 $m$ 项因素均相同但在 $x_{m+1}$ 因素不同的企业申请贷款时，银行对这些企业的资金供给曲线都是相同的。如图 7.3 所示，在面对三家贷款申请企业时，虽然 $x_{m+1}$ 因素造成实际的累积分布曲线为 1、2 和 3，但银行对三家不同企业的估价均为曲线 1。所有银行对该类企业的估价形成了该类企业贷款的市场价格。如果某一银行只能选择一家企业放贷，他将随机抽取一家放贷，收取均衡的贷款利率 $r$，并获得平均的收益。

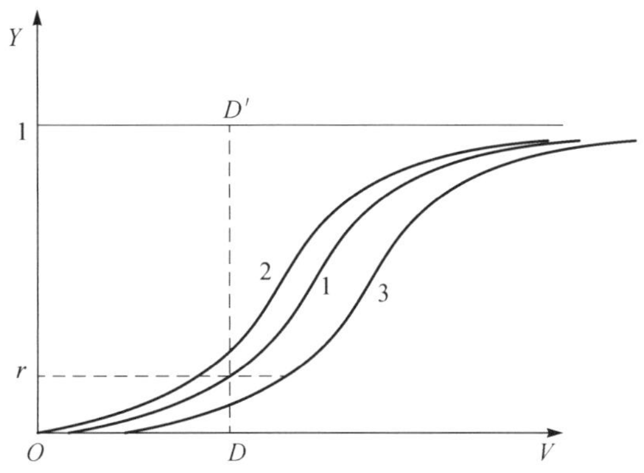


图 7.3　银行识别能力增加提升债权价值

给定银行 A 识别出了 $x_{m+1}$ 因素，估计三家企业实际的累积分布曲线为 1、2 和 3。如图 7.3 所示，如果只能选一家贷款，银行 A 一定会拒绝企业 1 和 2，而只是选择企业 3 进行贷款。结果是，银行 A 获得了超额利润，这个超额利润是银行 A 的识别能力带来的。显然，银行 A 识别能力的提升促进了资源配置效率，因为类型 3 的企业获得资源后创造的价值更多，银行 A 增加向该类企业贷款，即提升

了资源配置效率。

所有的银行都知道提升识别企业的能力是获取超额利润的根源，这将促使银行增加在识别能力方面的投资，包括在人力资源上的投资，在更好的信息搜集和处理系统上的投资。这些投资成为银行竞争的利器，或者成为银行的核心竞争能力。当然，当所有银行都能够识别某一项新的因素时，竞争就会使该项能力的超额收益下降，从而使企业的贷款成本下降。这个过程促使整个社会资源配置效率提升的价值被更多的利益相关者分享。

行业和企业的信息随着时间而不断累积，银行对成熟行业和企业的认知模型与信息识别能力自然更高。对于成熟行业，在边际法则推动下，银行发展更多识别因素的投资将越来越高，边际收益则越来越低，因此银行从成熟企业获取更多收益的能力是有限的。

相对而言，新兴行业的信息不充分，银行对其识别能力有限，这使发展识别能力的投资收益较高。同样，中小企业的差异较大，准确识别中小企业的收益也能够带来较大的收益，这种收益推动银行投资与识别能力，从而不断提高资源配置的效率。

## 第二节　影响金融机构识别能力的因素

### 一、银行规模与识别能力

银行的识别能力与其拥有的贷款技术有紧密联系。Berger 等（2002；2005）认为，贷款技术是指主要信息来源、甄别方法、贷款程序、贷款合约结构以及风险监控策略的独特组合。他将贷款技术分为关系型贷款技术和交易型贷款技术两类。当银行和借款企业长期多渠道接触，通过积累企业及企业主的多维信息，并主要依据这些信息发放贷款时，银行使用的是关系型贷款技术。当银行主要通过财务报表、信用评分以及资产抵押等方式开展贷款时，银行使用的是交易型贷款技术（张晓玫等，2013）。

交易型技术产生的信息具有标准化的特征，易于传递和核查，信息质量比较容易控制。大多数银行都使用了交易型技术对客户进行审查，如资产负债率、流动比率、存货周转率、利息保障倍数等。交易型技术产生的信息对于企业未来的价值估值是保守的，基本上是以会计资产价值为基础。

关系型技术则相对更注重对企业和业主个性化信息的搜集，很多信息来源于接触过程中的主观感受，由此产生的信息难以量化，甚至难以用书面表达。关系

型技术产生的信息传递相对困难，检查核实也就不容易。关系型技术的信息质量受到银行具体实施员工能力与态度的影响很大，如果员工专业能力强、具有高度的责任感和识别能力，其产生的信息就是高质量的，相反，关系型技术产生的信息是低质量的。

一般而言，银行为了获得对企业准确的信息，既要使用交易型技术，又要使用关系型技术。然而，由于采取不同的贷款决策方式，银行对于不同信息的利用能力会大受影响。典型的银行决策模式有两种：一种是现场决策模式，另一种是委员会决策模式。所谓现场决策模式，就是直接考察和收集企业信息的银行员工，即贷款决策的主要参与者，在决策过程中，信息负责人也是贷款决策负责人。委员会决策模式则是由一个专业委员会开展决策，现场的信息收集人通常没有参加委员会，委员会主要根据信息收集人提供和加工的书面报告对贷款申请进行评估。通常而言，现场决策模式中，决策者能够很好地利用关系型技术获得的信息，如果决策人的评估能力比较强，就能够对企业的未来价值和还款能力进行更为准确的评估。在委员会决策模式下，委员会的人员并不和客户接触，甚至也不和与客户联络的银行信贷员接触，他们只是审核文件——客户的各种客观数据指标，并依据银行对客观指标的规定进行决策。关系型技术产生的信息很难有效传递给委员会众多的决策者，因此委员会将主要使用交易型技术产生的信息。

银行的规模常常会影响实际的决策模式。大银行更倾向于使用委员会决策模式，一方面，银行规模越大，层级也就会越多，组织内部的委托代理问题也就相应更为严重。为了防止基层人员追求贷款数量业绩而忽略风险控制，大银行更有可能采用委员会审查贷款的模式。大银行在利用交易型技术方面也存在着诸多优势，他们拥有更多的企业标准化数据，能够开发出更多的数据分析工具，根据交易型数据对于企业价值与风险的判断更为准确。比较而言，小银行对于标准化数据的分析能力就会弱一些，他们也更依赖于基层信贷人员对于企业的了解，使用关系型技术也更为熟练。

由于决策模式的影响，大银行更依赖于交易型技术，其交易型技术能力就会更强。由于小型企业缺乏较为可靠的财务报表数据，他们很难向银行传递所需的标准化信息，因此小型企业在缺乏固定资产时，很难从大银行获取贷款。小银行更多使用关系型技术，这使他们能够与中小企业有更多的接触，获取大量有关企业实际运营和企业主的信息，从而能够识别出更多具有发展潜力的小企业，并给予小企业更多的贷款。

## 二、利率对于银行识别能力的影响

总体而言，每一个行业都会受到利率的影响。当利率上升时，企业相同贷款金额的成本会上升，企业边际生产成本上升，导致均衡的生产规模下降，总体的经济会进入一个收缩的状态。当利率水平下降时，经济就容易进入一个扩张时期。然而，不同的行业资产价值受到利率的影响有着显著的差异，这种差异导致银行从相同名义贷款利率获得的实际收益会产生显著不同，使资金分配在行业之间产生截然不同的变化，从而影响了不同行业的发展。

房地产行业是受到利率政策最大影响的行业。当市场利率上升时，房地产本身的估值会显著下降，这导致银行的房地产贷款价值显著下降。房地产作为一种资本品，投资人一方面能够获得房租，另一方面也可能获得本身的增值。在一个均衡的房地产市场，房租与长期利率的比值就是房价。例如，如果一套房每年的房租为 1 万元，在 5%的利息水平时，这套房子的价值就是 20 万。当利率上升到 10%，房地产的估值就会显著下降为 10 万，而如果利率下降到 2.5%，则房地产的估值会上升到 40 万。可见，利率对于房地产的影响具有十分重大的影响。当一个国家地区的房地产价值占据了国民经济的重要比例时，利率就会极大影响房地产吸收的资金水平。

对于银行而言，当利率上升时，房地产价格会大幅下降。随着利率上升，银行会把对房地产企业的价值估计从右向左移动，如图 7.4 所示，当房地产价值向左移动时，银行的实际贷款价值会出现显著下降。当估值从 $F^1_{m,\sigma}(D)$ 向左移动到 $F_{m,\sigma}(D)$ 时，原有的银行资产价值就减少了图中两条曲线与 $D_1$ 及 $X$ 轴围成的面积。显然，银行的资产价值对于利率的变化是十分敏感的。银行要保持原有的资产价值，最为可行的办法就是缩减贷款的金额，将贷款数量从 $D_1$ 减少为 $D_0$。对于新的房地产项目，银行就会提升利率，同时也会减少贷款数量。对于其他行业，由于利率并不显著影响生产成本，因此对于企业的价值影响并不大。由于相对优势，银行不仅不会降低对企业价值影响不大的企业贷款金额，甚至会设法增加对企业的贷款金额。

因此，可以观察到的情形是，在市场利率上升的过程中，房地产贷款数量将大幅减少，银行会将资金更多地投入生产型企业。为了在生产型企业中找到更多的优质企业，银行愿意投入资金来提升对于中小企业的识别能力，通过识别出有潜力的企业，就能够提升银行利润。

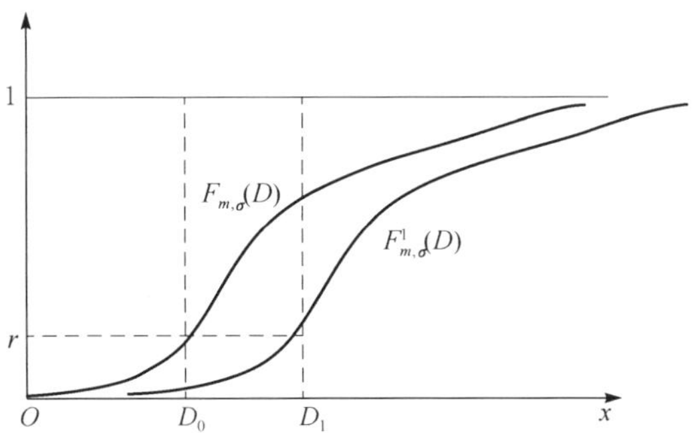


图 7.4　对企业价值估计值增加提升债权价值

相反，如果社会利率下降，房地产的估值就会迅速上升，银行既有贷款的价值也会提升，银行有动机将贷款数量上升到边际水平，即对于同一房地产项目，银行业愿意将贷款数量提升一个显著水平。即使银行给予房地产企业的利率未变，其实际收益率也将大幅提升。当市场利率下降时，如果整个市场的资金供给没有变化，由于银行将更多的资金用于支持房地产行业，那么其他行业的资金供给将会趋于减少。从数量上看，随着社会利率基数下降，相同利率降低对房地产价格上升的促进作用会越加明显。例如，利率从 10%下降到 5%，房地产价格将上升一倍，但利率从 5%下降到 2.5%，房地产价格还会上升一倍，这意味着，利率下降导致的房地产价格具有加速上升的趋势，这使房地产价格上升会越加猛烈，投入房地产的资金数量将出现快速增加，而投入生产型企业的资金甚至会快速下降。既然银行没有多余资金投入实体生产企业，识别出有潜力的中小企业的收益也就减少，银行的识别能力投资会下降，识别能力自然也会下降。

因此，在房地产经济占据主导地位的国家，市场利率对于银行识别能力的影响是反向的，利率越高，一国的实体经济获得的资金反而越多，而利率越低，实体经济获得的资金反而越少。市场利率下降带来新增贷款主要集中在房地产行业，并可能导致实体投资下降，这在 2016 年的中国经济中表现得十分明显。

2015 年下半年后，中国人民银行持续对市场注入资金并推动市场利率水平下降。2016 年中国市场利率水平全面下降，然而统计显示，新增贷款的大部分资金都进入了房地产行业，并促使房地产价格在 2016 年上升迅猛，进入制造业的资金量显著下降。上市公司报告的数据表明，上市银行新增贷款中近 5 成投向了住房按揭，住房按揭贷款达 20029.03 亿元，占新增贷款 46.58%，比例较 2015 年的 31.54%出现大幅度提升。其中，农业银行、建设银行、招商银行、兴业银行新增按揭贷款比例超过上半年新增贷款的一半，分别为 64.01%、62.71%、57.07%和

55.30%。然而，尽管贷款利率下降，制造业企业还是缺乏实体投资的愿望，只好将资金用于购买理财产品及炒股，这反映在账户上，就是制造业银行存款的增加。上市公司 2016 年中报数据反映，制造业的银行存款同比出现显著增长，是 2015 年和 2014 年同期的 1.16 倍和 1.33 倍。

当房地产收益增高时，资金就流向房地产行业，增加了房地产的供给。当实体产业的收益率上升时，资金就会流向实体产业。房地产行业报酬率通常随着利率下降而上升，这使房地产投资收益率随着利率下降而加速上升，因此，当利率持续下降时，房地产行业获得的资金占比会显著上升，对其他行业反而形成一种挤出效应。因此，长时期保持低利率水平可能对经济整体是有害的，可能扭曲经济的均衡发展。

## 第三节　利率政策与中小企业贷款难

利率政策对于金融机构贷款决策有着重要的影响。如图 7.1 所示，给定一个利率，银行就会根据自己估计的企业价值累积分布曲线确定给特定企业的贷款金额。当企业愿意接受更高的利率时，它就会获得银行更多的贷款。

给定银行面临两类企业的贷款申请：第一类是风险小收益较低的大企业项目贷款申请，第二类是风险较大，收益也较高的小企业项目贷款申请。银行追求总的资金收益最大化，对于每一个企业贷款申请，银行都会参照其估计的企业累积分布曲线决定贷款利率，如果企业的项目收益低于该贷款利率，企业就会放弃该项目。在贷款利率自由环境下，企业总是在估计其贷款收益高于贷款成本时才与银行签订合约。当收益高的小企业项目较多时，银行资金的机会成本上升，银行会提升对大企业的贷款利率，大企业就会削减一些低收益项目，其总资金变少。

贷款利率限制造成两种后果：一是风险大收益高的小企业项目难以获得充足的贷款，二是银行失去了提升识别小企业能力的动机。例如，小企业 E 需要贷款 $D_1$ 来启动项目 P，银行估计其累积分布曲线后将该企业的资金供给曲线定为 $F_{m,\sigma}(D)=r$，E 申请获得贷款 $D_1$，银行要求其贴现率为 $r_1=F_{m,\sigma}(D_1)$。E 认为项目 P 收益率 $\pi>r_1$，于是贷款合约签订，项目也就实施了。当政府决定实施贷款利率限制并规定最高利率为 $r_0<r_1$ 时，银行最多能够给企业 E 的贷款为 $D_0=F_{m,\sigma}^{-1}(r_0)<F_{m,\sigma}^{-1}(r_1)=D_1$，此时企业就没有足够资金实施项目 P，贷款也将不能实现。在贷款利率限制下，比较容易观察到的现象是，中小企业银行贷款以及负债与资产的比率是普遍比较低的。

贷款利率限制导致原本配置在中小企业的资金转移到大企业，对大企业资金供给的增加导致利率下降，大企业的一些低收益项目由此获得了资金。因此，贷款利率限制政策下的现象通常是：银行竞相为大企业提供贷款，不惜降低利率；而中小企业很难获得贷款，出现普遍的资金缺口。

贷款利率限制的第二个后果是降低银行对新兴高风险行业企业的识别能力投入。银行投资新兴高风险企业时通过高认知能力获得超额利润，其前提是银行能够与企业自由谈判贷款利率。如果政府限制贷款利率，银行识别能力的超额利润就会消失，这使银行缺乏投资认知能力的动机，结果是资源配置效率下降。

贷款利率限制对于中小企业资本结构以及银行认知能力的影响将在其取消之后显现。中国在2004年初提高了贷款利率上限，并在2004年10月最终取消贷款利率上限。2004年贷款利率上限取消以后，中小企业将为增加贷款而支付更高的贷款利率，贷款成本与资本结构将同步上升，风险高的中小企业贷款成本和资本结构都上升更多。贷款利率限制取消将增大银行对识别能力的投资，其结果必然表现为资源配置效率提升。2004年贷款利率限制取消以后的资源配置效率将逐步得到提高，其表现是银行将给那些更加优质的中小企业提供贷款，减少对质量差的中小企业提供贷款，其结果将是获得贷款更多的企业的平均收益率也会提高。相反，如果银行的识别能力没有提升，其结果将是银行对所有中小企业的资本结构都提升，企业的收益与其资本结构无关，企业间的收益标准差将会更大。

为了实际考察贷款利率限制取消对于中小企业贷款及银行识别能力的影响，本章对此进行了一个经验研究。研究主要检验两个假设：假设1是贷款利率与资本结构之间的互动关系，假设2是贷款利率限制取消以后银行是否提升了对中小企业的资源配置效率。

## 一、样本选择

考虑贷款利率上限在2004年最终取消，本书将研究时限定为2002～2006年。根据商务部颁布的《中小企业标准暂行规定》，年营业额3亿元的企业为中小企业，本书将2004年销售收入小于3亿元作为选取样本的标准，删除其中数据不足5年的企业和财务数据异常（权益为负）的数据，最终得到188家公司共940个样本数据。

如表7.1所示，2002～2005年的平均债务资产比率上升，2006年与2005年的债务资产比率基本持平。使用单因素方差分析方法对各年平均资产负债率进行检验，发现任意相邻两年间的平均资产负债率差异不显著，不相邻两年间的差异则显著，例如，2002年与2004年之后的组间差异在1%的水平上显著，2003年

与 2005 年及 2006 年的组间差异在 1%的水平上显著。这表明，资本结构在 2004 年前后持续变化（王东静等，2007），累积两年的变化是十分显著的。

表 7.1　年度债务资产比率统计

| 年份 | 2002 | 2003 | 2004 | 2005 | 2006 |
|---|---|---|---|---|---|
| 债务资产比率均值 | 0.4171 | 0.4251 | 0.4542 | 0.4849 | 0.4810 |
| 方差 | 0.0353 | 0.0372 | 0.0392 | 0.0498 | 0.0427 |
| 样本 | 188 | 188 | 188 | 188 | 188 |
| *F* | 4.4586 | | | | |
| *P* | 0.0014 | | | | |

## 二、研究设计

认知模型假说认为银行在估计企业资产价值累积分布曲线的基础上同时考虑贷款的数量和利率，二者之间具有互动关系，因此选择使用两阶段联立方程模型来检验假设 1。在联立方程中，企业的各类信息（包括财务信息）是银行决定贷款条件的重要依据，是外生变量。贷款利率与贷款数量则是在信息基础上由银行与企业谈判决定的，它们是内生变量。

$$\begin{aligned}\text{Financialexpense}=&C(1)+C(2)\times\text{Cash}+C(3)\times\text{Longdebtdue}+C(4)\times\text{Longborrowing}\\&+C(5)\times\text{Jrindex}+C(6)\times\text{Debtasset1}+C(k)\times\text{Year}(k)\times\text{Shortloans}\\&+C(11)\times\text{Risk}+C(12)\times\text{Profitassetratio}(-1)\end{aligned}\tag{7.5}$$

通过描述财务费用的构成建立式（7.5），以资产负债率为基础建立式（7.6）。财务费用账户主要反映企业短期借款利息、长期借款利息中未资本化的部分、贷款的各种手续费以及企业的货币资金利息收入。财务费用受到借款数量和借款利率两方面的影响，各种借款数量可以从报表数据中获得，回归所得系数就反映了企业各年不同借款的平均利率水平。不同企业可能会因为风险不同受到银行的区别对待，将风险列入式（7.5）可以将单个企业风险影响贷款利率带来的财务费用变化分离出来。企业的风险通过计算 5 年企业收益标准差来衡量，标准差越大代表企业的风险越大。为了控制不同地区金融生态对于企业财务费用的影响，将地区金融环境指数 Jrindex 引入了式（7.5）。Profitassetratio(−1)代表前一年度的息税前利润率，研究银行是否根据企业过去的经营绩效调整对企业贷款的费率。在以上影响财务费用的因素之外，根据资本结构也会影响贷款利率的假设，本书引入了贷款资产比，使用年末负债与年初资产的比率作为实际贷款数量与资产比值的代理变量（用 Debtasset1 表示），以表示银行在贷款时同时考虑资本结构（贷款数量影响资本结构）与利率水平。假设 1 预期 Debtasset1 的系数显著大于 0。

$$\begin{aligned}\text{Debtasset1}=&C(20)+C(21)\times\text{Profitassetratio}(-1)+C(22)\times\text{Tangible}(-1)\\&+C(23)\times\text{Intangibleratio}(-1)+C(24)\times\text{Totalasset}(-1)\\&+C(25)\times\text{Financialexpense}+C(26)\times\text{Jrindex}\\&+C(27)\times\text{Interestrate}+C(k)\times\text{Risk}\times\text{Year}(k)\\&+C(32)\times\text{Capitalstructure}(-1)\end{aligned}\tag{7.6}$$

式（7.6）反映银行认知对资本结构的影响。贷款资产比（Debtasset1）展现年末负债与年初资产比率，年初资产数额不受之后企业经营的影响，年末负债水平与年初资产的比值充分反映银行等债权人在年初估计企业资产的情况下为企业提供的债务支持水平。银行收集企业的有形资产、无形资产、资产规模、之前的利润状况和风险状况来判断企业的累积分布曲线，在此基础上根据企业愿意支付的利率水平来决定贷款数量。式（7.6）反映了这些影响贷款数量的因素。同时，企业资本结构也受到之前资本结构的影响，使用 Capitalstructure(–1)来控制这一影响。Risk×Year 检验不同年度风险对于资本结构产生的影响。Profitassetratio(–1)的系数反映银行根据前一年度企业经营绩效对于本年度资本结构的影响。根据银行认知决定的累积分布曲线，资本结构也是企业愿意支付的利率的函数，Financialexpense 中包含了利率的影响，因此被用来衡量利率对于资本结构的影响。

本书使用两阶段最小二乘法来求解式（7.5）和式（7.6）组成的联立方程，相关的变量说明见变量表 7.2。

**表 7.2 变量定义表**

| 变量名称 | 变量符号 | 变量定义 |
|---|---|---|
| 财务费用 | Financialexpense | 利润表中列示的财务费用 |
| 贷款资产比 | Debtasset1 | 期末企业债务/期初企业总资产 |
| 金融负债年初资产比 | Jrdebtasset | 期末的非经营负债/期初企业总资产 |
| 货币资金 | Cash | 资产负债表中的货币资金 |
| 短期借款 | Shortloans | 资产负债表中的短期借款 |
| 一年内到期的长期负债 | Longdebtdue | 一年内到期的长期负债 |
| 长期借款 | Longborrowing | 长期借款 |
| 企业总资产 | Totalasset | 企业总资产 |
| 负债资产比率 | Capitalstructure | 负债资产比率 |
| 息税前利润率 | Profitassetratio | 息税前盈余/总资产 |
| 有形资产率 | Tangible | 固定资产/总资产 |
| 无形资产率 | Intangibleratio | 无形资产/总资产 |
| 总资产增长率 | Assetgrowthrate | （期末总资产－期初总资产）/期初总资产 |

续表

| 变量名称 | 变量符号 | 变量定义 |
| --- | --- | --- |
| 企业经营风险 | Risk | 企业 5 年息税前盈余/总资产的标准差 |
| 年份哑变量 | Year | Year3，Year4，Year5，Year6 分别代表 2003～2006 年，2002 年为基准。 |
| 贷款基本利率 | Interestrate | 一年期贷款基准利率 |
| 金融环境指数 | Jrindex | 根据李扬等（2005）编制的金融生态环境综合指数，大于全部样本公司该指数中值的公司取值为 1，否则为 0 |

出于对自身收益的考虑，在贷款利率限制取消后，银行将投资更多识别能力在贷款需求高且愿意支付高利率的高风险组企业，结果是获得更多贷款的高风险企业平均产生的资产收益率会更高。本书使用以下回归模型来研究企业年末资本结构是否与其第二年的绩效正相关，且是否在贷款利率限制减轻和取消以后有显著改变：

$$\text{Profitassetratio}=C(1)+C(i)\times\text{Year}(i)\times\text{Jrdebtasseth}(-1)+C(j)\times\text{Year}(j)\times\text{Jrdebtassetd}(-1)+C(k)\times\text{控制变量} \quad (7.7)$$

Jrdebtasset 等于年末非经营负债（金融负债）与年初企业总资产的比值，由银行与企业谈判达成的贷款数量和年初总资产决定，表现银行对企业的实际贷款水平。将这个指标划分为两个组，Year×Jrdebtasseth(–1)的系数测量不同年度高风险组企业的金融债务年初资产比率对于企业第二年绩效的影响，Year×Jrdebtassetd(–1)的系数则测量低风险组企业的金融债务年初资产比率对于第二年企业绩效的影响。

中小企业总体的风险都比较大，但仍可将其区分为高风险组和低风险组。本书计算了所有中小企业在 2002 年前 5 年的资产收益率标准差，并以标准差中位数为基准将企业分为两个组，收益率标准差大的组称为高风险组，收益率标准差小的组称为低风险组。如表 7.3 所示，2002～2006 年，低风险组的平均资产收益率显著高于高风险组的平均资产收益率。而各年度之间，单因素方差分析都表明，无论是平均资产收益率还是债务资产比率，高风险组在 2006 年与之前各年的差异是显著的，而低风险组不存在此显著性。高风险组平均债务资产比率在 5 年间显示出了稳步上升的趋势，但平均资产收益率的趋势并不显著。

**表 7.3　高风险组与低风险组均值变化对比**

| 年份 | | 2002 | 2003 | 2004 | 2005 | 2006 |
| --- | --- | --- | --- | --- | --- | --- |
| 高风险组 | 债务资产比率 | 0.4472 | 0.4776 | 0.5121 | 0.5471 | 0.5369 |
| | 债务资产比率的方差 | 0.0353 | 0.0372 | 0.0403 | 0.0576 | 0.0467 |
| | 平均资产收益率 | –0.0703 | –0.0497 | –0.0577 | –0.0733 | –0.0223 |
| | 加权平均资产收益率 | –0.0559 | –0.0435 | –0.0579 | –0.0681 | –0.0130 |

续表

| 年份 | | 2002 | 2003 | 2004 | 2005 | 2006 |
|---|---|---|---|---|---|---|
| 低风险组 | 债务资产比率 | 0.3813 | 0.3627 | 0.3854 | 0.4112 | 0.4147 |
| | 债务资产比率的方差 | 0.0328 | 0.0299 | 0.0291 | 0.0303 | 0.0297 |
| | 平均资产收益率 | 0.0184 | 0.0150 | 0.0168 | 0.0090 | 0.0123 |
| | 加权平均资产收益率 | 0.0210 | 0.0145 | 0.0167 | 0.0123 | 0.0164 |

## 三、检验结果

### 1. 联立方程模型检验结果

表 7.4 列出了联立方程模型的检验结果。式（7.5）的结果表明，2004 年贷款利率取消以后，中小企业的贷款成本显著上升了。成本上升反映在三个方面，首先是短期贷款利率平均水平在 2003 年以后逐渐上升，从 2003 年 4.2%上升到 2006 年的 6.5%，其次是中小企业为资本结构支付了额外的成本，这表现为 Debtasset1 的系数显著大于 0（显著度超过 1%），最后，Risk 的系数显著大于 0 表明中小企业还为他们的风险程度支付了额外成本。

**表 7.4　联立方程检验结果**

| 式（7.5） | | | 式（7.6） | | |
|---|---|---|---|---|---|
| 变量 | 系数 | $P$ | 变量 | 系数 | $P$ |
| Intercept | −2159806.0000 | 0.0132 | Intercept | −0.0765 | 0.8067 |
| Cash | −0.0106 | 0.0000 | Profitassetratio(−1) | 0.1592 | 0.0677 |
| Longdebtdue | 0.0029 | 0.6199 | Tangible | −0.0805 | 0.0822 |
| Longborrowing | 0.0141 | 0.0000 | Intangibleratio | 0.0953 | 0.4076 |
| Jrindex | −1403289.0000 | 0.0065 | Totalasset(−1) | 0.0000 | 0.6833 |
| Debtasset1 | 8076966.0000 | 0.0003 | Financialexpense | 0.0000 | 0.0000 |
| Year3×Shortloans | 0.0422 | 0.0000 | Jrindex | 0.0155 | 0.3877 |
| Year4×Shortloans | 0.0452 | 0.0000 | Interestrate | 0.0445 | 0.4289 |
| Year5×Shortloans | 0.0532 | 0.0000 | Risk×year4 | −0.1049 | 0.7502 |
| Year6×Shortloans | 0.0649 | 0.0000 | Risk×Year5 | 0.3630 | 0.2780 |
| Risk | 15691521.0000 | 0.0090 | Risk×Year6 | −0.6108 | 0.3013 |
| Profitassetratio(−1) | −3401423.0000 | 0.1782 | Capitalstructure(−1) | 0.5814 | 0.0000 |
| Adjusted R-squared | 0.6073 | | Adjusted R-squared | 0.3110 | |
| 回归方法：两阶段最小二乘法 | | | | | |
| 样本数：752 | | | | | |
| 总系数（联立）样本：1504 | | | | | |

式（7.6）的检验结果阐释了影响企业资本结构的因素。首先，高度显著的Financialexpense 系数表明企业实际支付的贷款成本是影响其资本结构的关键因素，而贷款利率限制取消是使银行能够收取更高贷款利率的前提，因此贷款利率市场化改革确实在一定程度上缓解了中小企业融资难的现象。其次，Risk×Year的系数均不显著表明风险本身不是影响中小企业获得融资的阻碍，因为银行可以通过增加费率来弥补风险，这在式（7.5）的检验中已经表现出来，在利率限制取消以后，银行趋向于根据风险调整对企业的贷款收费，而不是调整对企业的贷款数量。最后，银行会根据本年度的经营绩效调整对企业下一年度的贷款，Profitassetratio(−1)显著为正表明银行对前一年度经营绩效好的企业增加了贷款。Profitassetratio(−1)在式（7.5）中不显著而在式（7.6）中显著，这表明银行更追求贷款收益，对于盈利增加的企业愿意提供更多贷款而不是给予成本优惠①。

总之，表 7.3 和表 7.4 共同支持了假设 1。2004 年贷款利率上限取消以后，贷款成本与资本结构同步上升了，中小企业支付了更高的贷款成本是其资本结构上升的主要原因，风险高的中小企业贷款成本和资本结构上升更多也表明它们在利率市场化之前的融资缺口更大，且融资缺口是由贷款利率限制造成的。

2. 贷款利率改革对银行认知能力影响的检验结果

银行的识别能力提升有一个过程，当政策出台时，银行之间对高利率企业市场份额的竞争可能还会导致收益下降，但识别能力提升最终会使银行给予优质企业更多贷款，并体现出贷款数量对于企业绩效的预测效应。由于政策变化并非一次完成，本书预期不同年份贷款数量对于第二年企业绩效的预测效应应该有所变化。在 1999 年贷款利率浮动幅度扩大以后，中国贷款利率上限改革在 2003 年再度重启，在 2003 年 8 月再次扩大贷款利率浮动上限，2004 年 1 月再次提升浮动上限，2004 年 10 月最终取消贷款利率限制（易纲，2009）。因此，预期 2003 年和 2004 年的系数比较接近并显著，而 2005 年的系数应该不显著，2006 年的系数则应该显著且提升。表 7.5 的结果与此预期一致，2002 年和 2003 年底高风险组银行贷款对第二年绩效的预测效果显著；2003 年由于政策改变，预测系数出现了下降；2004 年对 2005 年的预测不显著，2005 年对 2006 年的预测不仅显著，而且系

① 多数检验资本结构与企业绩效之间关系的文献得出“资本结构与财务绩效负相关”的结论，其中一个重要原因在于采用年底的资产负债率与年度绩效进行回归。年度绩效本身会影响年底的资本结构，绩效越好，总资产水平就越高，资本结构就会降低，因此这二者之间常常负相关。使用年底债务水平与年初总资产比例与年度绩效进行回归可以避免这种问题，债权人愿意借款给未来经营业绩更好的企业，如果增加的借款与业绩正相关，表明债权人对企业进行了评估，参与了企业治理，如果负相关，表明银行缺乏相关能力。

数出现大幅提升（系数从 2004 年的 0.049 上升到 2006 年的 0.139）。与之相比，低风险组企业的预测总体上是不显著的，2006 年显著的原因可能与银行总体识别能力上升有关。

**表 7.5 银行认知能力提升效应检验结果**

| 变量 | 系数 | T 统计量 | $P$ |
|---|---|---|---|
| Intercept | 0.012483 | 1.387071 | 0.1658 |
| Year3*Jrdebtassetd(–1) | 0.036097 | 1.043964 | 0.2968 |
| Year4*Jrdebtassetd(–1) | 0.042474 | 1.221635 | 0.2222 |
| Year 5*Jrdebtassetd (–1) | 0.035582 | 1.032047 | 0.3024 |
| Year6*Jrdebtassetd(–1) | 0.060686 | 1.989114 | 0.0471 |
| Year 3*Jrdebtasseth(–1) | 0.081595 | 2.620291 | 0.009 |
| Year4*Jrdebtasseth (–1) | 0.049242 | 1.954028 | 0.0511 |
| Year5*Jrdebtasseth(–1) | 0.00492 | 0.152474 | 0.8789 |
| Year6*Jrdebtasseth(–1) | 0.13927 | 4.596956 | 0 |
| Totalasset | $2.33\times10^{-11}$ | 2.679868 | 0.0075 |
| Risk | –0.791704 | –8.428755 | 0 |
| Assetgrowthrate | 0.062242 | 5.622307 | 0 |
| Financialexpense | $-3.65\times10^{-9}$ | –8.362731 | 0 |
| Profitassetratio (–1) | –0.028338 | –0.823768 | 0.4103 |
| 调整后 $F_2R^2$：0.299645 | | | |
| $F$ 统计量：25.71639 | | | |

相比于企业银行贷款对于企业绩效预测的良好效果，表 7.5 显示前一年度资产回报率［Profitassetratio(–1)］对于第二年资产回报率的预测效果是不显著的。可见，要准确预测企业绩效并不是件容易的事情。这也在一定程度上支持了假设 2，银行贷款利率限制取消促进了银行识别能力的提升，银行的资源配置效率有了显著提升。

## 四、稳健性检验

为了检验负债对于企业绩效的预测效果是否在贷款利率上限政策改变的过程中表现一致，使用债务资产比率、债务有形资产比率等指标来代替金融贷款资产比率，用利润资产比率、主营业务利润资产比率等指标代替息税前盈余资产比率来对银行识别能力是否提升进行了检验，检验结果基本一致，银行对于企业绩

效预报的准确度在政策改变过程中得到提升。

## 第四节 小 结

银行向企业贷款时的行为符合理性认知模型。首先根据所得信息估计企业还款时的资产分布曲线，由此计算出债权合约的期望价值。银行 A 估计的企业 E 资产价值累积分布曲线构成了企业 E 面临的资金供给曲线，企业增加有效信息，其面临的资金供给曲线就向右移动，其贷款成本就将下降，也更容易获得贷款。企业提供有效信息的边际成本递增，其带来的边际收益递减，二者相等决定了企业提供的有效信息数量。中小企业生产有效信息的边际收益较低而成本较高，这导致了中小企业贷款难成为一种普遍现象。银行提升自己估计企业资产价值累积分布曲线的能力越高，其获得的超额贷款利润也就越多，这构成了银行提升自身资源配置能力的动力，也是社会资源配置效率得以提升的重要基础。

一国的利率政策对于资源配置能力的影响具有复杂的特征。当一国房地产占国民财富的比重上升到一定水平时，利率对于各行业资金的供给受到房地产的调节作用。利率下降会导致房地产行业对资金的需求大幅上升，从而导致实体产业资金供给下降。相反，利率水平上升反而会增加实体产业资金的供给。

中央银行对于资金供给的调节对于实体经济的影响也是有限的。增加大量的市场资金供给往往不能增加实体经济的资金供给，相反会导致房地产市场的繁荣，在利率下降的同时，制造业资金成本变得高昂。

以认知理性为基础的贷款决策模型表明，在贷款利率自由环境下，银行获得超额利润的基础是拥有更强识别企业价值的能力。贷款利率限制阻碍银行通过发展识别能力来获得超额利润，因此，贷款利率取消的政策将促进银行对其认知能力的投资，其结果是提升整个社会的资源配置效率。对 2004 年贷款利率放开前后的中小企业资本结构和企业绩效变化关系进行的检验表明：①企业资本结构与资金成本是同时决定的，中小企业在 2004 年及以后的资本结构上升是贷款利率市场化的结果；②在贷款利率市场化后，银行认知能力迅速提升，其表现为中小企业贷款数量对于业绩有明显预测效果，高风险优质企业被银行更好识别出来并获得了更多的资金，资金配置效率得到了实质性提高。检验结果支持了认知为基础的模型结论，支持了贷款利率限制取消将提升银行认知能力的假设。

# 第八章　认知差异、交易成本与纵向一体化

许多行业都出现过纵向一体化的现象，一些行业在纵向一体化后又出现了纵向分离的现象。新制度经济学对一体化的基本观点是：节约交易成本，避免专用性资产情况下的敲竹杠成本。管理学者则将纵向一体化视为一种赢取竞争优势的战略行为。本书的分析表明，使用认知的角度，能够更好地解释和预测纵向一体化现象，同时也能对促进专用型资产投资指出更为现实的路径。

## 第一节　一体化的历史与现实

### 一、一体化的含义

两家独立的企业合并成为一家企业的现象称为一体化。独立的含义，常常是指两家企业的股东各自不同，其最高管理机构之间也没有关系。合并，意味着两家企业的股东同一化，不仅如此，两家企业还拥有了相同的唯一最高管理层，原有两家企业的重要决策，包括人事、激励政策、投资等都由这个最高管理层决策。

当两家独立企业原属上下游，企业 D 使用企业 U 的产出物作为原料或者零部件生产产品时，两家企业的合并称为纵向一体化。当两家企业原属同一市场上的竞争对手，二者合并为一个企业时，称为横向联合。2015 年和 2016 年网络科技行业发生了一些著名的横向合并案例，例如，视频领域的土豆与优酷合并，网络约车行业中的滴滴与快的合并，之后滴滴出行与优步中国合并。在纵向一体化方面，长城影视收购了上游的影视基地和下游的媒体企业，一些钢铁企业收购了上游的矿山企业。

为什么两家企业的股东同意合并到一起，并将原本各自决策的管理层合并为一个？合并是否一定增加了股东的利益，对于管理层和普通员工带来的影响是什么？原本一体化的企业，也有纵向分离的例子，纵向分离的原因是什么？以上是本章探讨的问题。

### 二、资产专用性、机会主义与纵向一体化

交易成本经济学认为，纵向一体化是降低交易成本的重要选择。上下游之间

的交易给双方带来收益，交易过程也有许多的成本。威廉姆森指出，同一种交易在不同契约方式下的交易成本有很大的区别，不同的交易需要不同的契约模式。在交易双方存在高额的专用性投资时，采用市场交易成本就会很高，而纵向一体化能够有效降低专用性投资条件下的交易成本。

资产专用性描述了一种特定类型的投资，该项投资一旦完成，就只能生产某种特定的产品或者服务，而不能轻易转向生产其他，若要改做其他用途，势必要损失一部分或者全部的价值。奥利弗·E·威廉姆森（2002）认为有三类专用资本：特殊实物资本、特殊人力资本和有特殊地点的资本。特殊实物资本指的是只可由一家或几家买主使用的建筑和机器；特殊人力资本指的是产品的生产需要经过特殊培训的工人来进行；特殊地点的资本指的是处在相邻位置上的生产连续阶段的资本。专用性资产的优点是在生产特定产品时具有更高的生产效率，或者其产品能够为特定客户带来更高的质量。投资专用性资产的企业，在与其上下游合作的时候，能够获取更高的收益，这部分额外的收益，可以称为专用性资产的准租。对于专用性资产，如果生产的产品只有一个买家，或者说，这个专用性资产只能用于为特定的一个客户提供产品或者服务，那么就有受到机会主义侵害的可能性。

所谓与资产专用性相关的机会主义，是指拥有专用性资产准租的人，遭受到其伙伴停止交易的威胁，从而损失掉一部分准租的情况。威廉姆森指出，投机指的是损人利己；包括那种典型的损人利己，如撒谎、偷窃和欺骗，但往往还包括其他形式。投机是指不充分揭示有关信息，或者歪曲信息，特别是指那些精心策划的误导、歪曲、颠倒或其他种种混淆视听的行为。这意味着，他们知道通过传递信息能够改变别人的行为使自己获利，特别是那些不会因为做出有损道德行为而损失效用的人，他们就随时有机会主义动机。

机会主义只有在专用性资产结合的情况下，才有用武之地。如果没有专用性资产，交易双方就没有理由一定要相互交易，转向任何一个买家或者卖家，企业都不会有任何的损失。但专用性资产本身具有很大的价值，利用这种价值而又避免遭受机会主义，一项选择就是实施一体化。两个具有专用性投资的企业一体化之后，就不再遭受机会主义的威胁，也就能够保证专用性投资了。

证明资产专用性导致专用准租遭机会主义剥夺的著名案例，是 Klein 等（1978）讲述的通用汽车公司兼并费雪车身公司。1919 年，通用汽车公司和费雪车身公司签订了一个为期 10 年的合同。合同规定通用汽车公司以成本加上 17.6%利润的价格，将全部封闭式金属车身业务交给费雪车身公司。但这一价格不能高于其他类似供应商的平均价格，一旦发生价格纠纷则诉诸仲裁。双方没有料到，几年后市

场对通用汽车的需求大量增加。通用汽车公司认为，由于采取成本加成制，费雪车身公司会采取一种相对没有效率的、偏向劳动密集型的技术，这明显提高了通用汽车公司的购买成本。此外，费雪车身公司拒绝将其工厂建在通用汽车公司的组装厂附近。由于费雪车身公司倾向于采取无效率的生产方式以及拒绝靠近通用汽车公司建厂，通用汽车公司难以忍受这种敲竹杠行为，遂1926年将费雪车身公司完全收购。

## 三、资产专用性形成过程

如果一项产品有大量的买家和卖家，这项产品就是标准化产品。生产标准化的产品，可以有许多种不同的技术，这些技术首先表现在设备上。当一种设备能够生产多种产品P（P是一大类产品的集合），那么它就是相对通用的技术，这个技术称为Tn。如果一种设备只能生产一种产品p1，那么它就是相对专用的技术，称为Ts。一般而言，相同投资的水平，专用性设备的效率高，生产出的p1的质量也通常更稳定；而通用性设备却能够有更好的适应能力。在市场对p1有稳定需求时，Ts具有更好的报酬，它效率高且p1的生产质量也有优势。当市场需求变动时，例如，对产品p1需求减少，那么Ts的价值就会大打折扣，而通用型技术Tn则可以不受需求的影响，快速转型生产p2。那么，投资者在构建企业时，是应该选择Ts还是Tn呢？事实上，企业选择Ts还是Tn，在很大程度上是由它们对p1的市场的需求预测决定的。市场规模决定专业化水平，这是经济学早已熟知的原理。如果一项产品是标准化的，投资该产品的专用性资产是由市场规模决定的，企业如果认为市场足够大，一定会采用专用性设备，而专用性设备的价值与机会主义无关。因此，交易成本经济学所讲的资产专用性，并非是生产标准化产品的专用资产，而是指另外一种独特的交易关系。

如果一项中间品Ms有一个买家D，那么这个中间品就是独特的中间产品。一些企业的产品使用多种独特的零部件，这些零部件是其产品独特性的重要来源。如果D向上游企业U采购Ms，U就涉及是否要投资专用性技术的问题。从某种程度上讲，U一旦开始生产Ms，总会形成一定的技术专用性。首先，Ms不同于市场上交易的任何一个产品，U的员工要想生产Ms，就必然有一个学习过程，掌握生产Ms的技术方法。然后，为了提高生产效率，U的工程师可能还要对生产工具和方法进行试验研究，找出优化的流程和方法，并将这些流程和方法贯彻到工人的生产过程中。更有一些企业，还可能设计出高效的专用设备，使生产Ms的质量更优、成本更低。很显然，企业U在为企业D生产的过程中形成了专用性资产，这种专用性资产有着独特的价值。按照机会主义的特征，此时专用性资产

的准租将可能受到侵害。一个例子是，D 可能会威胁说，U 必须降价提供 Ms，否则将不再采购 Ms。这种情形是否会出现呢？

### 案例：专用性资产——苹果与富士康

专用性投资有很多现实案例，苹果公司与其供应商之间的合作也是其中之一。苹果公司的 iPhone 产品具有很大的独特性，并在全世界拥有广大的粉丝消费者。然而，苹果公司自身并不生产，富士康公司是 iPhone 的主要生产供应商。为了给苹果公司生产 iPhone 等系列产品，富士康公司在中国建立了诸多专门工厂，其生产线设备以及工人都达到了非常高的专用性水平。那么，二者之间是否会因为机会主义行为导致很高的交易成本，以至于最终出现不得不相互合并的局面呢？

相信很少有人会想象苹果公司与富士康公司合并的景象。那么，为什么他们之间的交易成本没有因为资产专用性而变得不可收拾呢？考察几个方面。首先，要讨论一下资产专用性形成的过程；其次，要讨论理性的决策者的决策特征以及敲竹杠的利弊。当苹果公司开启 iPhone 业务时，他们决定要让富士康公司来完成最后组装生产的工作。由于是一项全新的产品，生产的投资也具有高度的独特性，那么他们首先需要讨论的是，这项投资应该如何补偿。无论由苹果公司还是富士康公司来进行投资，投资本身需要获得预期的收益，收益最终来源于哪里呢？很显然，这些投资的回报最终来源于消费者，如果最终消费者购买了足够产品，那么专用性投资就产生了充分的价值。其次，问题是具体由谁承担投资，并如何收回这个投资。假定由富士康公司进行投资，收回投资的方案有许多，例如，将投资的成本反映在每一件产品上，苹果公司支付给富士康公司的价格，不仅要包含 iPhone 的变动成本，也要包含给富士康公司的专用性投资成本以及生产行业普遍的利润率水平。双方只要达成这样一个长期合作的协议，并且 iPhone 的市场持续存在，二者的关系就能够持续发展下去。

苹果公司与富士康公司会不断针对产品价格讨价还价吗？结论是显然的，双方当然会不断讨价还价。然而，讨价还价并不会影响双方的交易。富士康公司是否会敲竹杠，例如，提出，必须要给每件产品涨价，否则就拒绝生产？如果富士康公司提出这样的威胁，在短期看来，苹果公司可能会接受被敲竹杠，满足一部分加价的要求。但双方的长期合作显然难以持续，苹果公司必定会寻找和扶持其他的供应商，并逐渐减少与富士康公司的合作。因此，追求自身价值最大化的富士康公司不会威胁苹果公司。当然，富士康公司会向苹果公司提出涨价的理由，如市场上人工成本上涨，房租以及能源成本上涨等，但这并非是机会主义的表现。苹果公司的对策，也会是仔细调查分析，并给予一定的回应，其基本的目标，是要保持专用性资产发

挥稳定的供应作用，同时也保证富士康公司拥有持续合作的动力，而这种动力是由富士康公司投资专用性资产的回报率决定的。苹果公司是否会利用富士康公司的专用性投资，敲富士康公司的竹杠呢？很显然，苹果公司如果追求自身企业价值的最大化，就不会敲长期合作伙伴的竹杠，因为资产专用性是长期合作伙伴的价值所在，伤害资产专用性价值，也就是损害企业自身的价值。

### 1. 资产专用性是黏结剂

在苹果公司与富士康公司的案例中，资产专用性实质上是两个企业之间建立起来的特殊关系价值。两个企业特殊关系价值或许产生于专用的设施，专用的场地或者是专用的人力资本，更多的时候，资产专用性价值由多种相依关系构成，并反映在两家合作企业各自的价值上。从理性角度上看，如果双方已经形成了专用性资产，就不太可能去破坏它。从这个意义上说，资产专用性是企业之间稳定合作的黏结剂，而不是破坏二者合作关系的助燃剂。机会主义在专用性资产上并没有太多的发挥余地。

当两个企业构建了相互专用的资产关系后，就创建了二者合作的准租。这个准租金如何分配是二者之间讨价还价的焦点。从理性的角度，双方都会力图争取更多份额的准租，但也会避免让对方感受到不公平，降低对专用性资产的持续投资。首先，为了保持竞争优势，下游的企业需要不断推出新产品来满足市场变化的需求，这就要求上游企业也持续投资二者的关系，协同开发新的零部件及专用生产技术，这意味着下游企业需要持续投资专用性资产。如果下游企业在讨价还价中过多占有专用性准租金，就会降低合作伙伴继续投资专用性资产的预算。如果上游企业过多要求准租金份额，也会导致下游企业寻找新的合作伙伴，与新的合作伙伴建立专用性资产关系。在汽车领域，就统一零部件与两家或者三家上游企业建立长期稳定的合作关系是汽车制造商常见的策略。

### 2. 对费雪车身—通用公司案例的再考察

资产专用性导致敲竹杠的理论分析最初来源于费雪车身—通用公司的案例，但该案例本身的真实性在 2000 年前后遭到了很多学者的质疑。2000 年，《法和经济学学报》以专号的形式，刊登了针对这一案例的三篇批评文章以及 Klein 本人的一篇回应文章。其中一篇批评文章是诺贝尔经济学奖获得者 Coase 撰写的，他毫不客气地指出该案例是“完全错误的描述”。另外两篇批评文章也得出了类似的定性结论，认为“总体上是不正确的和误导性的”或者“很大程度上是错的”（Coase，2000）。而当初那篇经典论文的主要作者 Klein 则认为费雪车身—通用案例的事实与当初论

文所描述的“完全一致”。2006 年，Coase 再次撰文，总结性地讨论了费雪车身—通用案例的真实性，同时还批评了当前经济理论研究的一些误区（Coase，2006）。

首先，要搞清楚费雪车身公司拒绝搬迁工厂是一种自利决策行为还是一种敲竹杠行为。自利决策，意味着费雪车身公司在考虑是否搬迁的时候，考虑了搬迁或者不搬迁两个方案的利弊。如果不搬迁对于费雪车身公司获取利润更有利，那么不搬迁的决策是一个自利决策。如果搬迁对费雪车身公司更有利，但为了得到更多的准租而威胁不搬迁，那就是敲竹杠。

案例显示，1925 年封闭式车身的需求大增，费雪车身公司的生产能力有限，这使市场上的封闭式车身严重短缺。通用公司希望关闭费雪车身公司在底特律的工厂并在弗林特建造新的工厂，但费雪车身公司反对这一计划。他们希望扩展底特律工厂，因为费雪车身公司还有其他大量客户在底特律，但这对通用公司意味着增加运输成本。通用公司对费雪车身公司拒绝投资建造新的工厂配合通用公司的扩张感到不安，急于得到它未获得的 40%的费雪车身公司的股份。这次纠纷直接导致了 1926 年 5 月通用公司完全收购费雪车身公司，1926 年弗林特的新工厂投入运营，1927 年底特律的工厂被关闭。

敲竹杠行为是指一方利用交易伙伴已经做出了专用性投资并且治理交易关系的契约是不完全的这一事实，侵占来自关系专用性投资的准租金。注意，敲竹杠是对已有的专用性资产的价值损害，判断敲竹杠行为是否存在，首先是要看已经投入的专用性资产的使用情况。如果交易的任一方阻碍已经建立的专用性资产的充分使用，并提出这样的要求：如果你希望充分使用这个资产，那么请先支付 $x$ 元，这就是敲竹杠。反之，如果既有专用性资产已经充分利用，且没有一方提出要削减这种利用，那么就没有敲竹杠。从费雪车身—通用公司案例可以看出，1925 年费雪车身公司既有生产能力难以满足所有的需求，已经计划在底特律建立新的专用生产设施来满足通用公司增加的需求，这说明费雪车身公司已经在考虑增加对通用公司的专用性投资了，而没有任何威胁减少对通用公司提供车身的数量，因此，费雪车身公司事实上并没有敲诈。通用公司对费雪车身公司的要求是建立更为专用的投资，不仅在技术上专用，而且场地上要紧邻和专用，这显然是一项新的专用性投资邀请，费雪车身公司需要做的是判断该项投资是否对自身最有利。

从案例描述中可以发现，1925 年费雪车身公司有许多客户，需要综合考虑工厂地点来实现总收益最大化。在底特律扩建工厂能够满足更多客户需求，能够增强费雪车身公司在车身市场的占有率和总利润。显然，拒绝搬迁是基于其自身战略与利润最大化考虑，只是拒绝了通用公司更高程度的专用性资产投资要求，而并非是敲已有专用性投资的竹杠。

通用公司为何急切想要并购费雪车身公司呢。事实上，1925 年市场出现了明显的变化，购买封闭式车厢汽车正成为市场趋势，通用公司想要快速抓住这个市场并建立自身的领先地位，他不仅想要满足自身在车身数量、质量以及成本上的需求，还希望能够限制其他制造商获得充足车身，以此打击竞争对手。一个显著的结果就是，他在收购了费雪车身公司之后，关闭了底特律的工厂。

如果一方利用专用性资产敲竹杠，能否通过一体化来消除敲竹杠行为本身呢？让我们来分析一下。假定甲乙双方建立了专用性资产，二者之间的交易只能给甲方带来准租，而乙方没有准租。此时，如果乙方威胁退出交易，这种威胁是可信的，因为乙方退出交易没有任何损失，甲方最好的策略是让渡一部分准租给乙方。当然，甲方不可能让渡所有的准租给乙方，否则威胁退出的就是甲方了，乙方反而担心甲方会退出。因此，专用性资产的准租一定是要双方分享的。如果乙方提出可置信的威胁，甲方通过一体化并不能取得更多的利益。因为乙方会在一体化谈判中，把威胁可能带来的收益全部实现在一体化谈判过程中，即如果他能够在交易过程中通过敲竹杠获得收益，那么他也会把这些收益直接体现在一体化要价中。因此，一体化并不能给受到敲竹杠影响的乙方增加实质性收益。

## 第二节 一体化的收益与成本

### 一、专用性投资合作的多种选项

现实世界中，D 有大量竞争对手，而 U 也有大量竞争对手，他们之间如果能够建立专用性资产，就能够给双方带来额外收益以及相对于市场竞争对手的独特优势。专用性投资带来的竞争优势有助于企业在动荡的市场中持续生存和发展，这也就带来了上下游企业之间紧密合作的动机。要实现专用性投资，上下游企业之间可以有多种合作模式，包括一体化、各种类型的长期合作协议等。

U 和 D 一体化后，单一的管理层追求统一的利益最大化，自然会在二者之间建立专用性资产，由此创造出竞争优势和准租金。因此，一体化始终是促进专用性资产价值的有力武器。但一体化本身也具有多种成本，这些成本在下一部分再考察。先来看看保护专用性资产的另外一些选择。

通过签订长期的合作协议是上下游企业建立专用性资产的重要选择。假定 D 和 U 都预期专用性投资是具有超额收益的，例如，投资额为 100，可以提供 100 个特殊交易产品，产生超额回报为 10。为方便起见，假定这项专用性投资产出的中间品只有卖给 D 才具有价值，如果 D 拒绝购买，或者 U 拒绝使用该专用性资

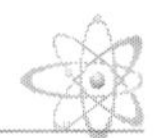

产生生产产品，那么该投资损失 100。显然，二者合作可以利用这个专用性投资机会。为了利用这个机会，双方会坐下来谈判，并达成一个协议。协议可以是多种多样的，假设了以下几种。

第一种协议可以是产品补偿投资协议。在许多国家的工业发展阶段以及国际贸易中，都有过由买方提供专用性生产设备，由加工方生产出产品来抵偿生产设备价款的方案。例如，中国 20 世纪 80 年代开创的“三来一补”企业贸易。在三来一补结构中，销售商提供设备（包括投资建厂房）、原材料、来样，然后采购全部产品，生产者只负责完成生产作业。耐克、阿迪达斯等企业就是通过三来一补等方式在中国建立了大量合作伙伴，实现了竞争力的增强。显然，通过三来一补协议，下游企业与上游企业成功实现合作，二者之间建立了大量专用性资产。

第二种长期合作方式可以是签订大宗购买的协议，使双方能够实现大量的专用性投资。在能源合作领域，发电厂与煤矿之间常常签订大宗采购协议来实现专用性资产投资，例如，发电厂把地址选择毗邻煤矿，或者建立从煤矿到电厂的专用运输轨道。

第三种常见合作方式是长期战略合作。在智能手机生产领域，手机品牌商与生产制造商之间签订长期战略合作关系，将所有产品的生产外包给一家专业的制造商，由此二者之间也会构建独特的专用性资产。

在激烈竞争的市场上，厂商之间的合作收益常常来源于能够发现和构建专用性资产。因此，现代厂商对于专用性资产的态度是十分欢迎和重视的，合作双方都会竭力促进专用性资产的建立与发展，包括设计各种有利于其发展的契约。

## 二、契约视角的一体化成本与收益

每一个企业都是一组契约联结体，实现两个企业的纵向一体化就是将两组契约联结体合并成一组契约联结体的过程。在此过程中，两组契约参与人的索取权和控制权都将发生变化，变化直接影响各方的行为方式，并对整体的绩效产生影响。显然，人们将基于自己能够获得的新契约以及对企业绩效变化的预期来判断自己在新的契约结构里是得利还是受损，并据此赞成或反对一体化。

假设 U 和 D 是两个典型的上下游企业，他们交易中间产品是 P 。U、D 都是股东、债权人、经理以及员工的契约联结体，参与企业的要素所有者投入要素并拥有对企业未来价值的索取权。为了便于分析，不妨假设 U、D 都只拥有一位股东、一位经理和 $n$ 名员工。所有物质资产都由股东提供（没有债权人），经理在特定的企业蓝图基础上负责观察外部环境，为工人提供生产计划，组织所有的原料采购和销售交易。工人则在经理的指挥和协调下负责具体的生产工作。

假定如第三章所证明，企业 U、D 的几类要素提供者签订了典型的顺序索取权分配契约。预期企业 U 在未来分配时的总资产累积分布函数 $F_m(x)$ 期望值为 $Y_m$，总资产被分配给 5 个顺序索取权，第一个顺序索取权是工人的固定索取权，等于工人在未来一个时期的机会成本。第二个顺序索取权由经理拥有，小于等于经理在未来一定时期的机会成本。第三个顺序索取权由股东拥有，金额等于股东投入的市场平均价值。第四个顺序索取权是奖励索取权，由工人和经理共同分享，一般而言，单个经理比单个工人拥有的奖励份额大很多。第五个索取权就是剩余索取权，归属股东。各方拥有的索取权顺序通常不变，但大小随着每一个新的分配期的到来而变化，变化是各方谈判的结果。一个分配期到来之后，各方索取权人就获得了预期的分配，工人和经理都根据契约获得了相应的报酬，股东和债权人也获得了相应的回报。在一个旧的分配期结束时，各方重新讨论在新的分配期的投入和报酬问题，并签订顺序索取权的金额。企业 D 内部的索取权安排也是如此。

在这种典型的索取权安排方式下，经理和股东的价值紧密正相关，经理有很大的动机最大化企业的期望价值。在股东投入承诺的物质资产以后，企业的价值主要由经理和工人的实际投入水平和方向决定，而经理对于投入方向的决策以及对于工人的监督是关键因素。为了获得企业最大价值，经理努力观察和分析外部环境，然后做出最优的产出决策，并对工人进行协调和监督。

假定合并并不改变 U 和 D 的生产技术。在双方企业蓝图都不改变的情况下，企业总的价值主要取决于各方利益相关者的投入行为。因此，后文分析合并以后各方行为的变化，并据以分析企业未来价值可能产生的变化。

## 三、合并对股东与经理行为的影响

在没有合并之前，上下游企业股东之间的利益是相互冲突的。例如，双方在中间产品的价格上是矛盾的，中间产品价格上升可能会提高上游企业 U 的收入，也就增加原企业 U 股东的收益。但是，中间产品价格上升可能导致企业 D 成本上升，企业 D 的股东收益就会下降。因此，双方股东必然支持企业之间讨价还价的策略行为。

一体化首先是两个企业的股东权益的一体化。无论是企业 U 股东收购了企业 D 的股东，或者是采用换股的方式，合并使两方的股东分享两个企业的利益之和，利益上的一致导致集体理性，股东将从两个企业加总价值最大化的角度来考虑企业应有的行动，更愿意企业 U 和企业 D 以协同的方式进行合作，努力减少合作之

间的成本。

股东的合并可以不影响企业的经营与经理的索取权。两个企业可以继续保持各自的独立经营，经理的索取权也可以不做任何改变，在此情况下，两个企业经理的行为就不会有任何改变。

然而，合并的通常目的正是要影响企业经理的行为，使两个企业合并价值超过单独两个企业价值之和。要使经理的行为发生改变，就需要对经理的索取权进行重新安排。当然，可以模仿股东合并的情况，让两个经理分享合并以后的特定索取权。但这种安排对于经理行为的影响和对股东行为的影响不同。一方面，两个经理的利益一致了，他们之间的协调不再有任何问题。但另一方面，合并会增加经理卸责的动机。当两个经理分享合并以后的索取权时，他们的索取权价值和各自投入水平的联系就减弱了。U 经理增加的努力带来的收益有一半是由 D 经理获得的，偷懒带来的损失也会有一半由 D 经理承担。因此，合并可能带来两个经理的相互卸责问题，并导致企业总的价值难以增加。可见，对于经理索取权的安排是企业合并中的一个两难问题。

## 四、总经理结构的收益与成本

现实中常见的解决办法是在两个经理之上再安排一个总经理。为了让总经理与两方面股东的利益一致，其索取权就一定是以两个企业价值之和为基础。为了让总经理有协调和监督两个经理的积极性，总经理的索取权位置安排在两个经理索取权之后。

安排总经理的目标是保证经理的高效努力和协同效果的同时实现。出于增加企业总价值的目的，总经理首先解决两个经理在协作中的竞争问题，让经理们将原投入相互竞争中的资源转移到生产用途。

在一体化之前，两个经理的努力主要分布在三个方面。一是搜集各种生产要素的信息，以决定使用什么样的要素进行生产。各种要素的供求关系在不断变化，因此价格也在不断变化，经理的主要工作，就是要寻找和使用最能够节约生产成本的生产要素，使所有要素的边际替代率相同。二是搜集各种供应和需求变动信息，并参与各种采购与销售的谈判。当产品具有一定的差异性时，中间产品也通常会有一些差异，因此 U 和 D 需要对差异性的中间产品进行谈判。为了获得较多的利润，两个经理都会努力隐藏自己的信息，搜集对方的信息，目的是能够在谈判中获得更好的价格。策略性手段在谈判过程中也会被经常使用，由此产生了很多的交易成本。三是关注对内部生产技术和产品质量的改进，以求能够在更低的成本上获得更多的产出。对于生产函数的改进是整个社会进步的根源，也是企业

具有竞争力的关键。经理的有限人力资源被分配在这三个方面，增加在一个方面的投入，就会减少在另一个方面的投入。

改变两个经理的索取权是影响他们行为的关键，原有两个经理的索取权价值与单个企业的财务价值密切相关，要改变这一点，总经理需要设计和使用一套主观业绩标准来代替原有的市场业绩标准，并将经理的索取权与主观业绩标准联系起来。由此，权威协调代替了市场协调。在中间产品非标准化的情况下，一体化的总经理结构具有增加收益的潜力。一体化的第一个收益来源于更细致的专业化分工。总经理会对经理原有的工作内容进行重新分工，从而实现超过原有程度的分工和专业化。例如，在信息工作方面，独立的经理需要关注所有内外部的信息，以便做出最优的生产决策。在总经理结构下，外部信息可以由总经理来观察，并传递给部门经理，内部信息则分别由 U 经理和 D 经理来收集和传递。由于可以根据收集信息的便利性来进行信息分工，总的信息收集成本会下降。在分工的情况下，每个人收集较窄范围的信息，其信息会更有深度，总体的信息质量会提高。分工使外部信息任务减少，U 经理和 D 经理有更多的时间来关注生产函数的改进，从而能够在生产技术和产品质量方面获得更快的提高。

一体化的第二个收益是减少双重垄断的成本。当 U 和 D 都是其产品的唯一生产商时，就面临着双重垄断的局面。一体化设计使 U 和 D 能够准确报告各种信息，总经理能够在总体最优的基础上决策，从而消除双重垄断的损失。

一体化的第三个收益在于促进新产品的创造。新产品设计需要上下游企业进行大量的信息交流合作，在 D 和 U 各自为独立企业时，全面的信息交流是困难的。在采购谈判中，D 经理力图降低采购的价格，U 经理则希望能够提高出售的价格，隐瞒信息可能加强他们在谈判中的讨价还价能力。例如，D 经理通常不会告诉 U 经理该中间产品如何为消费者提供效用，这使 U 经理很难设计出更能满足需要的中间品。U 经理也不会告诉 D 经理中间产品的成本构成和实现技术，以避免 D 经理利用这些信息来压低价格。一体化将信息活动置于总经理的内部观察之下，可以比较容易对两位经理在信息工作上的努力水平进行评价和激励，也就鼓励了信息的创造和交流，从而能够创造更多价值。

总经理的设置显然也会增加企业的成本。首先，要支付给总经理较高价值的索取权报酬。为了让总经理有充分的激励关注新企业的价值最大化，需要给总经理较多的索取权，特别是以绩效为基础具有激励功能的索取权。总经理协调两个企业的运作，需要制定主观绩效指标来引导两个经理的行为，在新绩效指标的指引下，经理也会重新修改对员工的绩效指标，从而使企业在整体上的制度有着根本性的改变。总经理领导所有员工制定和执行新企业制度、新流程

的过程，其产生的成本是十分显著的。如果新的制度流程没有获得成功，企业就将陷入失败。

## 五、合并对上下游企业的其他影响

当上下游的企业经理不再独立为企业价值负责时，他们的决策集将有显著改变。对于企业U而言，他原本追求独立的企业U价值最大化，但现在却是根据总经理设置的绩效指标来进行决策。在独立决策时，企业U经理会努力与更多不同的企业D进行交易，不断根据市场需求创新产品。由于受到其他上游企业的激烈竞争，企业U会不断改善自身的产品质量并降低成本。然而，在合并后，U经理的行为将首先满足总经理提出的绩效指标，这使他的行为次优化。例如，当总经理将满足自身的企业D作为首选时，他就会制定相应的绩效指标促使U增加与D的合作投资，并且可能减少U对其他企业D的合作交易，以避免U将一些新的技术泄露给D的竞争对手。合并带来的额外成本中，增加影响成本和丧失范围经济是两项需要重视的成本。

当企业U独立经营时，经理会努力去实现范围经济。所谓范围经济，是指企业通过同时生产多种产品来降低企业产品的平均成本，例如，本田公司将其在发动机上的技术应用于汽车、割草机、摩托车等多个领域，由此能够有效降低每一种产品分摊发动机技术研发的成本。经理人实现范围经济的一个表现就是他会关注大量潜在的客户，试图拓展其技术能力的应用范围。他能够通过不断推出新产品而反复增长某些专门技能，这些技能就被称为企业的核心能力。在一个动态环境中，企业有效推出和制造新产品的能力具有无比重要的战略地位，而核心能力的形成十分依赖于经理层的独立市场决策。当U经理的关注点从外部市场转向总经理设置的绩效目标时，其构建核心竞争力的动机也可能消失了。

内部绩效激励的另一个问题是影响成本。内部的管理者并非是被动的绩效政策接受者，他们常常试图通过各种方式（如与上级搞好关系）来使绩效标准和绩效测量过程有利于自己，从而在自身实质性绩效不变的情况下获得额外的报酬，这种行为常常被称为寻租。内部人的寻租行为是非生产性的，其目的是影响租金分配，由寻租活动产生的成本就称为影响成本（保罗·米尔格罗姆，2004）。影响成本是组织中的重要成本，常常随着组织规模的扩大而加速上升。当上下游企业合并后，影响成本会显著上升。

## 第三节 认知差异与一体化

一体化既有优势，又有诸多的成本，优势和成本随着行业特征的不同而有很大的差异，因此，不同行业的一体化水平有着很大的差异。即使是同一行业，其历史发展过程中的一体化水平并非向同一方向变动，在前一阶段，某些行业可能出现了一体化的趋势，随着时间流逝，这些行业又可能出现纵向分离的趋势。汽车行业、钢铁行业、计算机行业，都曾出现过一体化的时期，也曾出现过纵向分离的时期。

假定一个行业有两个环节，下游企业从上游企业购买中间产品（服务）并完成最终产品（服务），最终产品由消费者从市场购买。具有广大市场的行业中，商业企业和下游企业数量很多，上下游之间形成了基本稳定的状态，即上下游企业总的生产能力基本相等。这些企业之间的中间产品如果是完全标准的，上下游企业之间就无需见面，只需要在一个中间市场上匿名交易即可。但由于消费市场上的差异性，产品总会有一些不同的地方，中间产品也需要适应这种情况，结果是上游企业与下游企业之间形成较为稳定的合作关系，一家上游企业与一家或者多家企业稳定合作，一家下游企业也只是向少数几家企业出售中间产品。行业的稳定状态是所有要素提供者都希望的状态，但它总会遭遇到冲击，这些冲击包括新发现的市场、新出现的技术、新的产品等。

需要注意的是，企业是由一些具体的人运作的，切不可以为企业会自动采用新技术、理解新市场。新的技术或者市场被发现意味着它首先成为了一些杰出人物创造的知识，在他的脑海里形成了利用知识的方案。这些方案要实现，就需要按照方案组织大量的资源，并通过一个练习和试错过程来形成最终的生产能力。

需要强调的是，创造新生产力的方案是在少数人头脑里创造形成的，如果能够据此最终建立企业，这些人就被称为企业家。假定一个下游的企业家 $D_i$ 产生了一个新的蓝图，能够大大增加市场销售，他会怎么做呢？对于整个行业的影响又是什么呢？

首先，他会努力寻找资源来实现自己的企业蓝图，同时，他会意识到新的企业对于整个产业链产生的影响，并预先做出安排。例如，当新企业利用了其庞大的生产能力，就会带来对中间产品市场的巨大需求，这将带来中间产品的价格上涨。此时，如果他提前投资上游生产能力或者收购上游生产能力，就能够给自身带来超额收益。新的企业蓝图拥有新的技术，因此很有可能存在专用性资产的机会，上游企业如果设计生产出一些特别的中间产品（服务），就能够使 $D_i$ 的生产

更具效率，产品质量更高。显然，企业家 $D_i$ 有动机购买上游企业或者说服上游企业给自己签订独家供货合同。

为了便于分析，假定原有竞争使整个产业处于稳定的状态，资产的回报率为 $r$。$D_i$ 发明的新蓝图能够使市场增加 $y$，如果要利用这个机会，就需要增加投资 $k_d$ 来发展新的生产能力，同时也需要上游投资 $k_u$ 来增加零配件生产能力。

$D_i$ 预期，如果有一家上游企业能和自己同时增加投资，就能够共同创造价值 $(k_u+k_d)(1+R)$，$R>r$。要利用这样的机会，自然不会考虑将信息公之于众，但需要寻找合适的上游厂商来参与投资。假定他认为 $U_j$ 是合适的合作厂商，然后开始与 $U_j$ 谈判共同投资的问题。

为了获得 $U_j$ 投资匹配生产能力和开展专用性技术革新，$D_i$ 需要向其传递充分的信息并获得认同。由于上下游厂商之间的背景知识差异，双方对于未来的看法总是会有差异，$U_j$ 很难形成与 $D_i$ 相同的看法，特别是有关未来市场的看法。如图 8.1 所示，$D_i$ 预测 $U_j$ 投资的未来价值分布为 $F_d(x)$，希望 $U_j$ 投入 $k_u$ 的资源。但 $U_j$ 对此的估计为 $F_u(x)$，与 $D_i$ 估计的价值差异为 $y_e$。

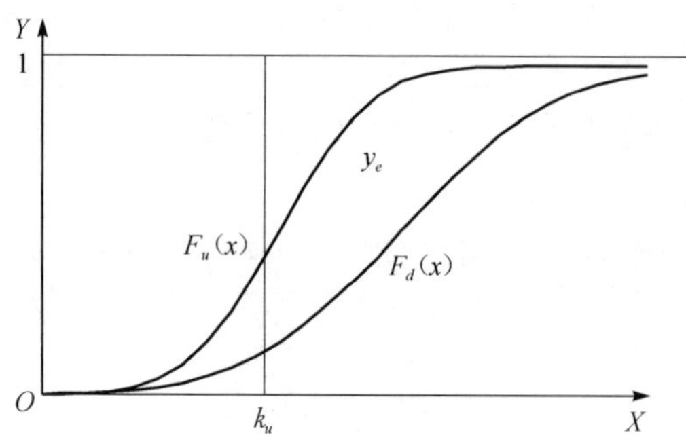


图 8.1 信息差异导致的投资价值估计差异

$U_j$ 估计较低的原因很多，首先，双方所处的信息背景不同，$U_j$ 对市场的了解相对较少，他只能看到过去市场的需求状况，关注自身环节的技术改变。$U_j$ 能完全确信 $D_i$ 传递的信息是全面的和客观的，虽然双方有着合作的关系，但也存在着对中间产品价格方面的利益之争。例如，当 $U_j$ 的生产能力超过 $D_i$ 的生产能力时，$U_j$ 的讨价还价能力会受到削弱。最后，$D_i$ 传递信息的成本也会阻碍 $U_j$ 的估计。

如果 $U_j$ 愿意投资的水平较低，$D_i$ 就无法充分利用市场机会，其投资也会大

大削减。如何能够让 $U_j$ 充分投资呢？一个重要的办法就是一体化合并。合并涉及对双方企业的重新估价以及新的索取权安排。

合并的目标是要在两个环节上实现投资的协调。虽然合并能够实现双方在利益上的分歧，但并不能够消除双方对于未来世界的看法。因此，合并需要对索取权和控制权进行重新安排，让 $U_j$ 的原股东拥有新企业的优先索取权，$D_i$ 股东则拥有新企业的剩余索取权。通过索取权重新安排，企业经营决策的控制权安排也就同时解决了。通过一体化，拥有新信息和新知识的企业家最终拥有了协调整个价值链的能力。

纵向一体化能够克服信息差异带来的合作障碍，使首先获得知识和信息的企业家能够利用市场机会快速行动创造巨大价值。因此，纵向一体化与各种重要趋势或者机会的出现有着密切的关系，包括重要技术出现，市场出现显著变化，重要的法律制度变迁以及政府的重要战略等。

为了证实这个猜想，根据以上论述提出以下三个假设，并搜集案例来验证。

假设 1：纵向一体化出现与技术变革时期紧密相关。

假设 2：实施纵向一体化战略的企业通常是首先获得新技术或新信息的企业。

假设 3：纵向一体化企业具有更多的内部知识传递和计划协调。

## 第四节　纵向一体化的历史案例研究

生产与销售是两个紧密相关的上下游职能，现代大多数企业都是生产与销售一体化。然而，在美国企业历史上有很长一个时期，生产和销售两种职能常常分散在不同的企业里，即生产企业只负责生产，而销售完全由商业企业来完成。美国的第一家现代工厂始建于 1790 年，是由萨缪尔·斯洛特在艾米与布朗的支持下合作建立的纺纱工厂。该厂不直接销售棉纱，而把它转给艾米与布朗商社销售。工厂只是确保产品质量，以使产品可以出售。这种生产和销售职能的完全分离是以营利为目的建立的制造企业的典型特征，在美国维持了将近 100 年。

企业家要想成功，就需要快速抓住机会。通常，在一项革新性技术出现的时候，通常不止一个人能看到利用其发财的机会。要抓住机会，就需要快速行动，抢占最大的市场。任何一项新技术要转化为协调的价值创造能力，都需要企业家协调整个价值链，使整个价值链上的投资与活动处于一个均衡的水平。此时，创造最有利于快速行动的契约就是企业家成功的关键，一体化契约（组织）的最大优势就是行动迅速，当企业竞争的关键在于速度时，一体化就成为

必然的选择。

19 世纪 80 年代，美国企业突然集中出现了一次大规模的一体化进程，原有生产与销售分离的模式迅速被一体化模式取代，并由此出现了大量生产销售一体化的大企业（小阿尔弗雷德 • D • 钱德勒，2001），产供销一体化的大企业成为美国经济的主流组织方式。企业史学家钱德勒对此的描述是：“现代工业企业最显著的特征是纵向一体化……在 19 世纪 80 年代，许多工业部门都突然不约而同地出现了这种形式的企业。”这些工业包括香烟业、火柴业、谷物（燕麦）业、罐头业、肥皂（日用化）业、照相业、快速消费品（牛肉和啤酒等）业、机器制造（缝纫机和农业机械等）业、办公设备和电器业等。

这些行业的一体化进程是由新技术发明引发的。新技术发明带来了产业链协同投资的巨大机会，但由于认知的差异，协同投资的交易成本过高，因此企业家的选择就是一体化。

## 一、烟草行业的产销一体化

1882 年注册专利的邦萨克卷烟机是香烟行业发展的开端。邦萨克卷烟机采用一种连续流程的方法，香烟日产量达到了 120000 支，远远超过了之前最熟练工人达到的日产 3000 支的纪录。如果以 19 世纪 80 年的销量而言，15 台这样的机器就能够供应整个世界。

杜克意识到邦萨克卷烟机带来了巨大的市场机会，机器投资能够产生极大规模的生产能力，大规模生产能够大幅降低生产成本，香烟价格降低可能创造巨大的市场。要快速利用所购买的邦萨克卷烟机独家使用权来实现大量制造，就需要开辟大量销售渠道，发布大量的广告宣传来促进消费需求。在生产与销售相互分离的模式下，杜克只能去说服大量的代理采纳他的销售模式并增加在香烟上的销售投资，如招聘专职销售香烟的人员、投资销售广告等。很显然，要说服大量的销售代理商是异常困难和缓慢的，核心的原因在于杜克和代理商在认知上有巨大差异，杜克发现了烟草行业可能的巨大机会并获得了关键生产技术，而代理商从其经验出发，并不认同大规模广告和招聘大量销售人员进行促销的方法。代理商如果拥有杜克的信息和知识，或许他就自己购买机器设备并建立销售渠道了。在不拥有杜克的信息和知识时，他又难以相信进行大规模投资的收益。知识与信息差异使杜克与其潜在的销售合作伙伴之间难以达成快速的发展契约。在企业相互竞争中，快速的行动是取胜的关键，缓慢的协商意味着高昂的机会成本，或者说交易成本。因此，直接投资销售职能是杜克公司最好的选择，这不仅能节约大量的搜寻和谈判成本，而且能够最快速度地建立自己的竞争优势。

为了快速利用潜在的机会，杜克派遣副手莱特通过 19 个月的旅行来开拓全球市场，雇佣了大量工作人员来开展销售与采购活动，目的是为其高效的工厂和机器寻找稳定的供应和销售。通过建立销售机构，香烟市场得到了极大扩张，从工厂到零售商的商品流通时间得到极大缩短。在生产销售量迅速扩大的情况下，杜克还需要相同规模的供应系统。同样，也很难找到愿意投资专门设备来满足杜克公司专业化生产的供应商，因此杜克公司建立了自己的采购机构，通过投资与生产相匹配的采购、储存和烘烤过程来保证了香烟的持续稳定生产。最终，杜克公司得到了巨大发展，在竞争者中取得巨大优势。在发现了杜克获得优势的原因在于一体化组织时，为了避免竞争失败，其他烟草制造商也很快追随杜克的做法，由此整个烟草行业的企业都成为产供销一体化的企业。

## 二、其他连续生产技术行业的一体化

1881 年，四家最先进的企业决定合并成立钻石火柴公司，通过综合所有竞争对手机器的最佳特性，钻石火柴公司发明了火柴公司自动生产和包装的新机器，75 个工人能够生产 200 万盒火柴，相当于新机器发明前 500 个工人的产量。1880 年，美国有超过 30 家火柴厂，到 1990 年，火柴生产主要集中在一家位于俄亥俄州巴博威尔的大型企业以及三家小企业。为了扩大销售，钻石火柴公司也像杜克公司一样设立了销售机构，负责建立和维护与批发商的联系、当地的广告以及协调产品向经纪人和零售商的供应等。同时，钻石火柴公司也建立了采购机构，开始购买类似于木浆、碳粉等关键原材料，并很快拥有了自己的伐木厂和加工厂。到 19 世纪 90 年代末期，钻石火柴公司已经成功将企业发展到德国、加拿大、秘鲁和巴西等国。

1882 年，亨利 • P • 克罗威尔建立了全自动的燕麦磨粉厂（贵格燕麦公司）。磨粉厂的生产能力大大超越了当时对燕麦的市场需求，为了能够利用自动化生产设施，克罗威尔发明了燕麦粥。燕麦粥是一种全新的产品，甚至比香烟还要令美国人感到新鲜。为了在全国销售，克罗威尔建立了专门的销售机构，在全国投放广告的同时进行人员推销。克罗威尔的销售人员使用了回扣、奖金、资格证书、科学报道等诸多手段来吸引零售商和消费者。克罗威尔在美国和海外市场设立销售办事处，最终创造了一个巨大的燕麦市场。为了保证原料供应，克罗威尔组建了采购部门，采购人员甚至直接与农民建立联系，在种植谷物的各州向农民购买燕麦或者在芝加哥谷物交易市场向卖者直接购买燕麦。之后，整个食品工业都模仿贵格燕麦公司的一体化做法，产销一体化企业成为食品工业的典型。

日用化学工业的一体化是从宝洁公司发明新型肥皂加工工艺开始的。为了

销售其日产量达到 20 万块的象牙牌香皂，公司开始在全国宣传，并建立销售网络。同时，宝洁公司也建立了自己的供货机构，以确保原材料——动物和植物油、脂肪、苏打粉的稳定供应。1885 年，宝洁公司创建了辛辛那提最大的工厂之一——象牙谷工厂，为了充分利用工厂的生产能力，开始生产洗涤产品以及其他香皂、棉花籽油和色拉油等类似产品。在 19 世纪 80 年代，高露洁公司、N.K.费尔班克斯公司、B.T.贝比特公司等其他肥皂制造商，都建立了类似于宝洁公司的一体化组织。

摄影行业的一体化则开始于柯达公司创始人乔治·伊斯特曼设计的明胶乳液胶片的自动生产机器。为了给自己大规模生产的胶片提供市场，伊斯特曼在 1887 发明了柯达相机。为了促进顾客消费，柯达建立了销售相机、胶片以及为顾客冲洗相片的机构，随着相机和胶卷生产的大幅度飙升，公司建立了采购机构来保证原材料供应。由此，柯达成为摄影行业一体化的巨人。

从以上案例可以看出，连续生产技术的使用要求销售和供应具有相同的能力，需要销售和采购环节大量的投资，这是促使产供销一体化的关键因素。而产供销之间需要密切协调，则是一体化结构能够得以保持的关键。

## 三、对资产专用性的讨论

19 世纪末期美国工业的一个典型特征是技术革新带来了大规模的专用性资产投资。这些专用性资产，如自动化卷烟机、磨粉机等各种自动机器，是整个产业组织转变的关键因素。专用性资产的最大特点是带来了新产品和高效率生产，但要发挥这些资产的价值，就必须匹配相同的销售与供应能力。在销售方面，消费者对于新产品的接受有一个过程，需要投资大量的宣传广告，也需要将产品陈列到大量的零售柜台上，这就需要在销售机构上的大量投资。同时，销售机构还必须要与生产机构快速协同，不仅要推销产品，生产机构也需要根据销售机构发现的实际需求偏好调整生产。销售与生产的一体化优势首先就在于协调速度快，能够抓住更多的机会，因此在迅速变动的市场中成为主流的组织模式。

资产专用性是否与敲竹杠有紧密的关系呢？在连续生产的行业案例里很难推测有这样的联系。首先，这些资产专用性表现在产品上，并不是对某个机构或者用户专用，因此，企业不可能是为了避免敲竹杠来考虑一体化。相反，这些专用性资产的投资增大了企业的顾客范围，增加了各类交易对象的收益，无论是批发商、零售商还是最终的消费者，都因为企业专用性资产的建立而获得了极大的发展。

## 四、投资协调需要导致的一体化

一个产业链的上下游之间需要协调，当一个环节要投资专用性资产时，常常需要对应的上下游也采用匹配的专用性资产。然而，要说服上下游不同的企业来采用统一步调是非常困难的，一体化也就成为了要协调投资的重要解决办法。美国牛肉产业和啤酒业的一体化属于满足投资协调需求的例子。

美国的养牛业在西部，牛肉消费市场在东部，因此从牛肉生产到消费具有很长的空间距离。1880 年以前，活牛从西部运输到东部，零售商直接购买活牛宰杀以后销售。1870 年以后出现的冷冻和运输技术事实上允许牛在西部集中宰杀而后运输到东部销售。集中宰杀、销售的模式具有很大的优点：首先，使用冷冻车运输牛肉的成本比运输活牛的成本具有巨大的优势；其次，集中宰杀牛肉具有规模优势，能够对副产品进行良好运用，能够增加很大的经济价值；最后，能够避免活牛运输过程中的大量损耗，也能够保持牛肉的统一质量。然而，在西部屠宰需要一系列的规划和协调投资，如投资屠宰场、冷冻储存场地、冷冻车等。

斯威夫特是第一个系统规划牛肉一体化运作过程的企业家。斯威夫特在 1878 年开始实施一体化运作的策略，建立在各地的分支网络机构。每一个机构包括一个冷冻储存场地、一个销售办公室、一个店员，把肉销售并送到零售批发商、杂货店和其他食品店那里。同时，还建立了用冷冻车把调制好的肉小批量运到小城镇或农村销售的路线。从理论上说，宰牛厂、冷冻运输、各地存储之间并非一定要一体化，签订长期的合作契约似乎也能够实现相互合作。然而，在初期运作时，从宰牛到运输给最终的零售商，整个生产运输环节的专用性投资必须是同步的，如果其中任何一个环节没有完成，整个体系就难以运作。很显然，要实现这样的成功谈判以达成协同的投资活动并不容易，最快速利用此系统的方法仍然是一体化。

斯威夫特通过一体化实施其业务计划的过程中，仍然遭遇了强烈的反对。美国东部铁路公司反对斯威夫特运输冷冻牛肉的计划，因为这将使他们可能丧失运输活牲畜的业务，而运输牲畜是铁路公司的主要业务。各地活牛批发商也反对斯威夫特，因为他们屠宰活牛的生意也会大受影响。然而，新模式带来的高质量低价格是消费者不可抗拒的诱惑，通过大规模的广告、专业的销售和运输团队，斯威夫特在整个运输系统完成后很快取得了成功。在市场确定以后，斯威夫特不得不快速扩张来满足市场需求，通过技术革新和大量投资，斯威夫特于 19 世纪 80 年代和 90 年代早期在 6 个产牛城市新建了肉类分装厂，建立了专门的采购部门，

由善于识牛的采购部员工大批购买活牛。

在斯威夫特的成功初现时，其他的肉品供应商就意识到必须跟上他的步伐，因此也开始建立相似的冷冻运输以及销售体系。少数一体化企业快速成长和扩张，很快形成了对肉类产品生产和加工销售的垄断局面，这种情况从19世纪80年代开始出现，延续到20世纪。

与牛肉业相似，啤酒业也经历了一个快速一体化的过程。在19世纪70年代，啤酒制造商依靠销售人员把木桶装的啤酒卖给批发商，只能在工厂周围附近区域销售。当运输系统改善后，一些啤酒商开始试图扩大规模并进入全美国市场。20世纪80年代，新的麦芽糖生产工艺发明，使制造商能够大规模生产啤酒。一些制造商开始构建全国范围内的分销网络，并通过广告把产品推向全国市场。1881～1894年，啤酒生产商帕斯特在美国建立了30多家分支机构，依靠自己的分支机构进行存储、运输、营销和广告。1887年，帕斯特购买了大量酒吧，进入了啤酒零售业。同年，帕斯特和其他的国内啤酒商一样扩大了采购部门，让采购部门大批购买高质量麦芽、大麦等原材料。他们还建立了制桶厂并购买了林地用于制桶。

一个行业上下游的协调是产业发展所必需的，当纵向环节中的某一个部分出现重要的技术革新，企业家看到革新给整个产业带来的机会时，企业家总会试图去利用这个机会。一体化在此过程中成为企业家成功的选择，究其原因，在于一体化具有快速协调上下游投资水平和快速行动的优势，利用这种优势就能够获得技术革新带来的最大机会。

## 五、知识传递需要促进的一体化

当企业不仅要销售产品，而且还要与顾客相互传递复杂的知识信息时，一体化也会促进企业的发展。当销售者需要掌握专业化的知识才能够实现产品销售功能时，就需要生产者对销售者进行专业的产品知识培训，同时也需要销售者学习专业化知识。培训费用是一笔很大的投资，在市场签约情况下，如果生产商完全支付培训费用，他就期望在交易过程中支付较低的佣金，而一旦代理商掌握了知识，代理商可能会寻求更高的佣金成为该生产商竞争对手的销售商。因此，在市场签约的情况下，生产商没有积极性投资培训。同样，代理商在不清楚投资培训对自己的收益时，也没有积极性投资。因此，代理商缺乏知识的现实就会阻碍产品为顾客创造价值，这使产品市场难以发展。知识传递问题可以通过生产商自己雇佣销售员工来解决。生产商建立产销一体化组织，雇佣拿固定薪金的雇员来实施销售，培训和知识传递都能顺利完成。缝纫机产业、农业机械产业、商用设备

以及电力制造企业都经历了一体化的过程，其中最显著的特点就是培养了大量熟知技术的销售人员和采购人员，使知识信息在整个价值链环节实现了充分传递，为顾客传递了完全的价值。

缝纫机专利的拥有者在 1854 年将专利授予 24 个制造商，其中有 3 个制造商首先建立了自己的独立营销机构，而这三家企业最终成功控制了这个行业。建立独立营销机构的原因在于需要销售者传递知识信息，钱德勒描述说："刚开始，这些公司依靠一些全日制的独立的代理商，……制造商很快就发现，这些代理商几乎没有有关机器的技术知识。他们既不会演示机器的操作又不会对机器进行维修。……格鲁沃和贝克公司建立了一个由公司所有和运作的商店来提供这种服务。……辛格决定仿效此法……营销机构的扩展和重组使辛格公司的销售稳步上升，从而使工厂日产量和公司规模扩大。1874 年，公司建立了世界上最大的缝纫机厂。……辛格公司的内部和外部人员都把它的成功归因于它的营销能力和组织"（小阿尔弗雷德·D·钱德勒，2001）。

缝纫机企业的一体化使知识和信息传递在内部交流，使所有销售活动都能够采用相同的标准，维修和服务得到了极大的保证，而这些提高促进了企业的顾客数量快速增长，使现代化的生产设施能够满负荷生产而发挥成本优势。

在农业机械行业，当企业的销售人员代替了独立代理商以后，组装机械、演示机械的使用过程并提供用户服务的活动得到了全面的开展，销售技术人员还将最终顾客的使用需求信息传递给企业，促进了企业机器设备的更新改善。一体化组织的企业由于拥有在整个环节上保持用户服务的能力而逐渐将非一体化的企业排挤出市场。最终，产供销一体化成为机械相关行业的标准组织形式。

商用设备（如打字机、收银机等）、电气设备以及其他机器制造行业都在同一时期出现了一体化企业，并且一体化组织形式最终成为所有这些行业的标准形式。

## 六、企业纵向边界

案例分析表明，19 世纪末期的大量一体化是跟随着同期的技术创新现象出现的。技术创新使一部分企业意识到了巨大的市场机会，利用这些机会的一个重要方法就是一体化。一体化的优势是便于协调，协调能力来源于总经理拥有的制定经理绩效指标和考核经理绩效的权利，强大的协调能力使最终一体化的企业战胜了那些依靠市场协调的企业。

如果市场协调的能力强，上下游企业之间容易相互协调，行业的纵向一体化趋势就会被纵向分离趋势所替代。Holmes（1999），Levy（1988）的研究表明，

产业区域集中常常与产业纵向分离相伴。李婧等（2007）对中国产业聚集与纵向分离情况做了实证研究，发现绝大部分二位数字产业，其产业聚集中心的平均纵向分离程度，会比产业聚集处以外的纵向分离程度要高。究其原因，当产业在地理区域上集聚时，上下游之间的信息交流和协调活动都将变得更加容易，一体化的成本将更加超过优势，因此产业聚集程度越高，纵向分离程度也就越高。

## 第五节 小　　结

两家独立的上下游企业合并为一家企业是纵向一体化，一家上下游一体的企业分拆为两家独立的企业是纵向分离。基于企业价值最大化的考虑，企业所有者有时会采用纵向一体化策略，有时又会采用纵向分离的策略。

本章的分析表明，上下游企业管理者的认知差异是阻碍企业利用新技术、新市场价值的主要障碍。当企业家发现了新市场和新技术机会时，为了让自己的上下游企业能够匹配投资并协同开展行动，他们就会发起纵向一体化并购活动，使上下游企业置身于统一的权威协调之下，从而能迅速抓住市场与技术机会。但纵向一体化也会有高昂的协调管理成本，当一个行业的上下游之间围绕产品与服务形成了标准化的合作模式时，企业就有纵向分离的动机，由此解决企业内部激励与监督成本过高的问题。

本章的企业并购历史回顾印证了以上的观点：纵向一体化出现与技术变革时期紧密相关，而实施一体化战略的企业通常是首先获得新技术与新信息的企业，通过一体化，这些企业实现了更多的知识传递和计划协调。关于产业聚集与纵向分离程度负相关的文献分析则表明，当上下游企业在地理区域上形成产业聚集时，信息交流和协调活动就变得更容易，一体化企业的内部协调激励成本劣势就显现出来，促使了纵向分离趋势的出现。

# 第九章 横向一体化——垄断还是效率

## 第一节 识别横向一体化的动机

一个行业中，多家处于同一生产—营销链的企业合并为一家企业时，称为横向并购或者横向一体化（horizontal integration）。在企业历史上，出现过许多次横向一体化的浪潮，20 世纪初期和 21 世纪初期都是横向一体化十分盛行的时期。在 20 世纪，美国钢铁、铁路、石油以及化工等行业出现了大量横向并购，产生了许多著名的巨型垄断性企业，如标准石油公司、美国钢铁公司、杜邦公司等。2002 年，法国于齐诺尔公司并购卢森堡阿尔贝德公司和西班牙的埃塞雷亚公司，并购交易金额达 31 亿美元，此次并购造就了全球规模最大的阿塞洛钢铁公司。2004 年 12 月 15 日，美国第三大无线电话运营商斯普林特电信公司以 350 亿美元收购奈克斯泰无线通讯公司。2005 年 1 月 28 日，宝洁公司以 570 亿美元并购吉列公司，组成世界最大日用消费品生产企业。

### 一、横向一体化相关理论观点

有关横向一体化的动因，有两种显著不同的观点：一是获取垄断势力，二是追求效率。一些研究者认为，垄断地位让企业有能力把消费者剩余转为自己的利润，利润至上的本性让企业总是试图获得垄断地位，而横向兼并就是他们试图获得垄断势力的路径。为了避免广大消费者剩余被剥夺，政府的重要职责就是严格审查企业的横向并购，避免垄断发生。追求效率的观点则与此不同，他们认为横向并购是由于规模经济或者协同效应的驱使，其结果是企业的产出效率提升，为社会带来了更多价值，消费者获得的剩余会更多而不是更少，因此，政府不应该干预企业的横向并购。

### 二、垄断权力

古诺模型表明，当 $m$ 个同质厂商相互竞争时，他们的均衡总产量与市场容量之比是 $m/(m+1)$，这意味着，竞争厂商数量 $m$ 越多，产量就会越趋近于市场容量，而价格则会越趋近于完全竞争价格。如果竞争厂商之间相互合并成为一个厂

商，就会出现三个负面效应：一是企业通过将产量控制在社会最优水平之下使价格高于边际成本，产生生产非效率；二是通过价格机制将财富从消费者转移到生产者，产生分配非效率；三是控制价格的能力使得企业失去降低成本的动力，这不仅意味着资源的无效使用，同时也意味着更高的价格（余东华等，2013）。简单说，横向一体化企业有能力获得垄断利润，代价是消费者会损失大量的剩余，供应商在谈判中的讨价还价能力也将变弱，从而降低收益。不仅如此，横向合并过程本身也具有很高的交易成本，在合并以后会有更为严重的官僚成本，如果弥补这些成本是依靠垄断地位获得价格提升，那么就应该坚决反对合并。因此，横向合并应该受到反垄断法律的严厉对待，这不仅保护了大众，而且也常常是符合效率原则的。

通过合并拥有垄断权力对于上下游的影响常常是立竿见影，中国网络租车的案例为此提供了一个很好的注脚。2016 年 8 月 1 日，中国最大的网约租车服务商滴滴出行与其中国竞争对手优步中国达成合并协议。其后，网络上就出现了大量有关消费者乘车涨价和司机被削减收入的抱怨，例如，新浪财经就有这样的标题"滴滴与优步中国合并后打车涨价了？司机收入难过万"，具体内容描述了一位滴滴师傅告诉南都记者，最开始一天跑 500 元会有 800 元进账；现在跑 500 元扣掉 26.3%（滴滴 20%+6.3%保险加租赁公司费用）和油费，只剩下 200 元。汽车折旧和保养费用还没算进去。"我之前加了个 500 人的司机大群，现在只剩 260 人了。"在这个报道中，两家公司合并的直接后果就是消费者剩余被剥夺、供应商（司机）的收入被降低。

## 三、效率理论

横向一体化的效率首先来源于合并双方在经济上的互补性、规模经济或范围经济。石油行业的典型特征是具有规模经济，大型的炼化设施能够显著降低产品的单位成本。几何学的知识表明，体积与表面积之比随着直径的增加而增加，因此，存储石油的油罐越大，单位体积存储的成本也会越低（储油罐表面积钢材耗量就越小）。赞成合并的观点都十分信奉合并是为了追求规模经济，然而，合并并非是神奇的手杖，两个企业把小油罐放在一起，并不能使它成为一个大油罐。如果一个企业建造大的生产设施，其结果往往是两个小生产设施被废弃。规模经济是企业成长的基础，企业是可以独自扩大规模以利用规模经济，因此并不意味着两个企业一定要合并，也不意味着合并在一起自然会产生规模经济。

效率的第二种来源是有关财务协同。两个企业合并为一个，资本的应用就具有了规模效应。例如，两家公司的现金流量不完全相关，合并后就可以实现内部

的调剂，提升资金的利用效率。资本合并也会降低企业破产的可能性，债务的共同担保效应在并购中能够增加企业的债务价值。

管理能力协同也是并购效率的来源。两个企业管理能力通常是有差异的，如果并购企业的管理效率高于被并购企业，并购就可以实现落后企业管理效能的提升。如果并购企业拥有闲置的管理资源，如先进的管理理念和管理经验、剩余的管理硬件设施等，他们就有强烈的动机去并购落后企业，通过提升落后企业的价值来实现自身价值。对于上市企业，当被兼并企业的管理效能上升时，其市盈率就会上升，股价自然上升。

## 四、认知视角

横向合并是基于追求效率还是基于追求垄断权力？要回答这个问题，还需要使用认知的视角。认知视角是以当事人的认知来分析并购活动的得失，因为并购是基于决策者当时的认知推动的。一个企业的决策者发动横向一体化行动，是他认为发现了机遇，或许认为并购能获得垄断力量并增加利润，或许认为通过重新组织被兼并企业的资产能创造更高的生产运营效率。同时，决策者也并不总是正确的，这意味着兼并在许多时候可能失败，导致企业的利益相关者受到损失。

按照产权理论的观点，两家企业的最高决策者事实上都拥有剩余控制权，当 A 企业并购了 B 企业，通常意味着 B 企业的决策者丧失了剩余控制权。因此，并购虽然是 A 企业的目标，但可能会遭到 B 企业的反对。要使 B 企业同意并购，A 企业的出价就需要超过现有 B 企业的市场价值。例如，2011 年 8 月，谷歌公司以每股 40.00 美元现金收购摩托罗拉移动公司，溢价 63%。2013 年 5 月 29 日，双汇国际控股有限公司以总价 71 亿美元收购史密斯菲尔德公司，收购价格为每股 34 美元，较 5 月 28 日收盘价溢价约 31%。雷曼股份公司于 2015 年 10 月收购拓享科技公司 100%的股权，交易作价为 2.3 亿元，收购溢价达 11 倍。

存在高额的溢价，意味着收购方的决策者认为并购能够带来更高的价值。这种价值的可能来源之一是增加了市场权力。假定 A 企业和 B 企业是同一市场上两家主要的竞争对手，并购以后 A 企业的 CEO 成为唯一的决策者，他首要的决策就是要限制产量和提高价格。因此，如果两家企业合并后的市场现象是价格上升和产量下降，就可以知道市场势力是合并的重要动机。

并购的另一种目的是快速扩散企业的专有知识和技术，将被并购企业的生产要素重新组织一遍。在这种并购发生以后，显著的变化是被兼并企业的生产设施、组织结构以及业务惯例都会发生显著的变化，其产出的产品可能产生极大的改变。兼并的结果甚至可能是对两家企业的重要生产设施进行统一的重构，从而实现更

大规模上的生产设施优化和组织优化。如果企业的并购是出于利用优势的专有知识和技术，那么并购活动就总是领先企业并购相对落后的企业，其结果是落后企业原有的生产组织模式消失。

如何分辨企业并购的主要目的，是垄断势力还是利用既有资产提升效率，从并购后的企业行为就可以得出结论。当并购是为了有效提升效率，那么通常发生的情况是：①对被兼并企业，兼并者首先是改变其组织结构，对员工进行新的培训，使员工们的知识、技能发生明显的改变，员工的信念与行为方式明显改变；②为兼并后的企业建造新的厂房，引入新的机器设备，并且对产品进行改进。结果是，并购后的企业产出更高、效率更高而生产成本更低，总的市场会显著扩大。

因此，从认知的视角看，分辨横向合并的动机，要从合并后的企业变革来观察，如果企业的生产资源和生产方式出现了重要变革，产量大幅提升，而价格不断下降，那么合并就是效率推动的；如果企业合并后并无大的变化，反而是价格上升和产量下降，那么企业并购就主要出于追求垄断势力。根据这个观点，来分析历史上一些著名的横向一体化案例。

## 第二节　横向一体化案例分析

### 一、早期工业发展模式

大多数工业早期的企业规模都很小，当最初的生产技术出现以及市场初步形成以后，企业的数量就会迅速增加，形成一种典型的竞争市场状态。纺织、机械、石油工业、化学（火药）工业以及零售业早期的形态都是如此，行业中的企业数量多而规模小，技术是通过相互模仿而获得的，并且随着经济周期而不断繁荣和衰退。图 9.1 表述了这种情况。

在这些行业的发展过程中，早期都出现过以控制价格和产量的联盟组织，如图 9.2 所示。然后是出现横向合并，见图 9.3 和图 9.4。最终，有些工业出现了大量的纵向一体化现象，并形成由少数巨型企业占据主要地位的行业结构，火药行业和石油行业就拥有这样的发展历程。

### 二、20 世纪杜邦公司横向一体化（案例一）

杜邦公司的前身是一个火药生产企业的松散联合体，与图 9.2 所示的情况有些类似，杜邦家族依靠在众多企业中拥有股权而成为联合体的领袖，成为虚拟的

垄断结构，并对火药价格和产量进行干预。当然，干预是采用会议协商方式进行的，而不是层级制度。这也意味着，获取垄断利润并非只有合并一途，企业之间协调价格和产量也是许多行业寻求更高利润的办法，卡特尔式的企业联盟就是追求垄断力量的典型。

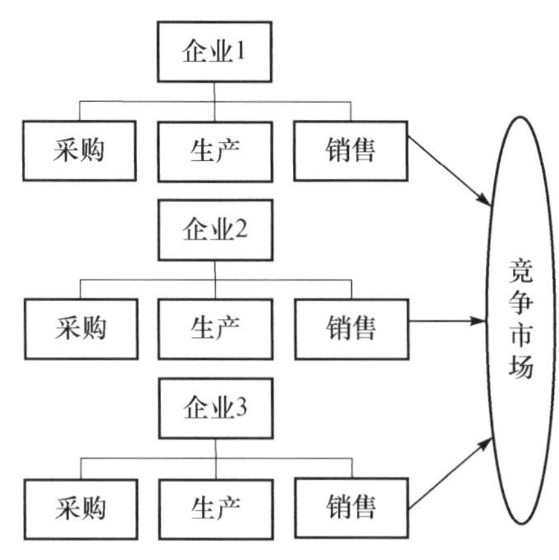

图 9.1　自由竞争的企业市场

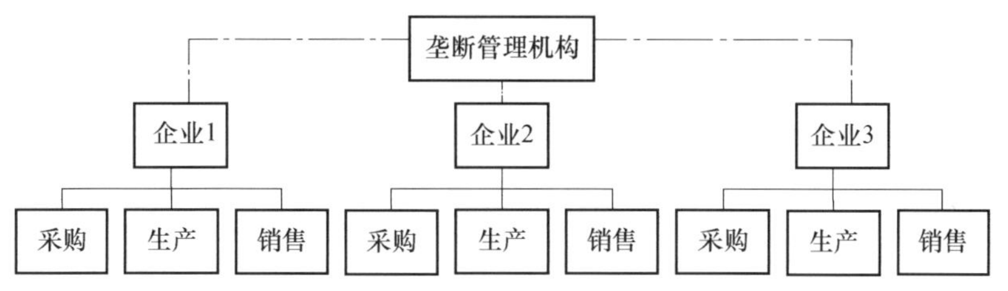

图 9.2　企图通过垄断来实现利润的企业联合

1903 年，杜邦家族的三个年轻人购买了家族拥有的股票，然后将各个分散企业的其他所有者对单个企业的股权转换为对单一的杜邦公司的股权，并将原所有的企业的相同功能合并在一起，如图 9.3 所示。

整合显然并不是为了简单地控制市场价格和产量，否则只要将图 9.2 中的较弱（虚线）权力改为层级制权力，将各企业的原有业主兼经理变为层级制中的中层经理就可以了。事实上，杜邦公司实施了新的企业蓝图，对所有企业的功能进行了重组，形成了一个职能型组织，如图 9.4 所示。钱德勒对此进行了充分的描述："重组提供了这样一个机会，把这个由许多规模相对较小的企业组成的松散联盟转换成一个合并的、一体化的、中央集权管理的工业企业。……通过统一销售

渠道，实现统一的管理生产……只有这样才能消除成本高昂的重复设施和人事投入，并且不同的职能——购买、制造、发送和销售——都能得到经济和系统的管理，并有效维持这些职能之间的协调。”

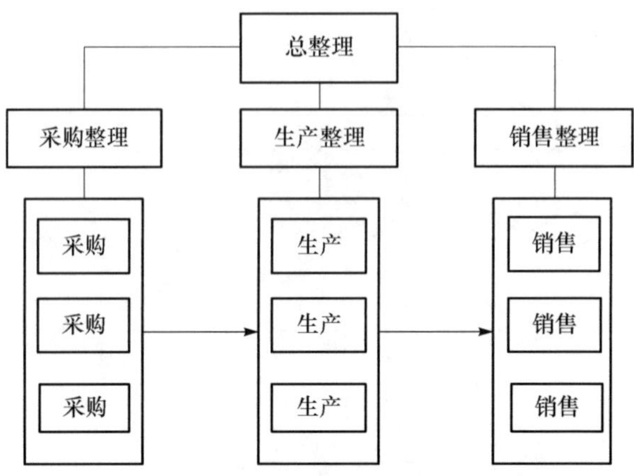


图 9.3　对生产功能合理化的开始

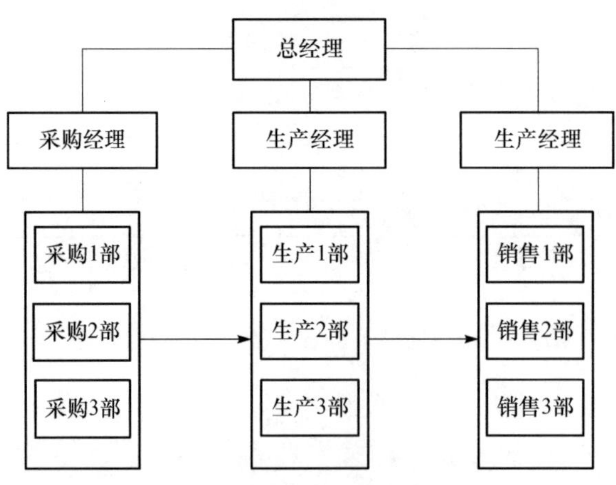


图 9.4　功能合理化后的组织

通过这些措施，层级制的杜邦公司代替了松散的企业联合，从总体上大大降低了成本。采用垄断方式来获取利润是否是他们实施的目标呢？回答是否定的。1903 年 6 月，杜邦公司的副总裁亚瑟 •莫克汉在写给总经理科勒曼的一封信中说：“如果买下所有竞争对手公司……实现绝对的垄断，这并不会使我们受益。制造的核心是保持稳定和满负荷的生产。国家对于火药的需求是变化的。如果我们完全垄断市场，萧条期到来时，我们必须减少产量……但如果我们只是控制 60%的市场，而我们的产品比别人价格低，当萧条期来临时，我们照样可以通过挤占剩下的 40%的市场进行满负荷生产。”

杜邦公司的优势来源于更加系统的研究和规划。通过生产设施安排合理化、设置专门的研究开发部门、组织结构优化等活动，杜邦公司创造了大量的新产品和新工艺。为了多方位利用已有的生产能力和开发潜在市场，杜邦公司在 1920 年后又设计和采用了事业部制的组织结构。杜邦公司的案例表明，垄断既不是目的，也不是企业保持优势的原因。相反，企业的组织效率和生产技术研发才是垄断产生的原因。

## 三、标准石油公司案例（案例二）

标准石油公司是被美国司法部根据反垄断法肢解的少数公司之一。标准石油发展过程的案例却表明，追求效率是垄断发生的根本原因。一个企业优于另一个企业是现实中常见的现象，优秀在于拥有更具才能的企业家以及不断创造的优秀生产蓝图。

洛克菲勒 1863 年开始投资石油精炼业务，与一个业余化学家合伙创建了一家小公司。两年之后，这家小公司就成为克利夫兰最大最有效率的企业。1869 年，标准石油公司工厂的原油日处理能力上升到 1500 桶，成为当时美国最先进的炼油企业，产量达到全美国的 1/10。

标准石油公司兼并的目的是要对既有工业要素进行重新利用，即要将其拥有的生产技术和组织技术与旧工厂的人力要素和资产结合起来，使其组织为更有效率的工厂。这个结论可以通过观察兼并前后的变化得出。观察兼并前后生产设施的实际数量，可以发现，在兼并之后，被兼并企业的生产设施基本都被废弃了，或者生产的产品从炼油转为生产专用的润滑油产品。兼并之后，新的生产设施被建造和运营，原有分散在各个小工厂的生产被集中在少数几个超大规模的全新工厂中。1885 年，标准石油公司的三家巨型炼油厂的日处理能力都达到 6500 桶，三家工厂的产量占世界产量的 20%～25%。通过生产重组、营销重组以及运输重组，标准石油公司成为一家最具效率的公司，这反映为生产成本的不断下降。当同期最有效率的独立工厂的成本降低到每加仑 1.5 美分时，标准石油公司的平均成本从 1884 年的每加仑 0.543 美分降低到 1885 年的每加仑 0.452 美分。

由于效率惊人，标准石油公司占据了美国石油工业的垄断位置。但这对于消费者的利益却似乎是有利的。例如，纽约每加仑照明用油的批发价格在 1876 年为 19 美分，1880 年为 9 美分，1881 年为 8 美分。

标准石油公司兼并成长的过程，可以视为优秀生产方式通过兼并替代落后生产方式的过程，在此过程中，石油产品的产出量得到巨幅提升，价格也不断下降，最终结果是形成了垄断势力。

## 四、19世纪零售连锁行业发展（案例三）

零售行业是最容易形成完全竞争的行业，单独的零售店只具有简单的结构，作为独立的利益主体，他根据对销售的预测向供应商进货，然后等待顾客上门购买。供应商通常是相互竞争的批发商，零售商之间也相互竞争，大量的批发商和零售商容易形成一种稳定的竞争市场。然而，连锁企业在这个市场中快速发展起来了。连锁企业的特征是很多基本相似的零售店被纳入同一个层级制度，每个原本独立运作的商店成为连锁企业中的一个底层功能单元。连锁企业的优势是什么呢？一个简单的说法是，多个零售店联合在一起具有了一定的垄断谈判力量，能够获得在采购和销售两端的价格优势。事实上，销售端提高价格是不现实的，因为有很多零售店相互竞争，而采购方面的谈判力优势也并非是独占的，$n$ 个零售商合作采购可以获得同样的谈判能力。相反，独立的商店拥有激励的优势，因此连锁店的优势必定还在于效率。

钱德勒对比了独立零售店与连锁企业的存货管理水平，发现“通常，一个普通的、独立的杂货店的存货流转一年少于10次，经营较好的可能会有15～20次。而连锁店平均可能有20次，有些可以达到40～45次，药店平均每年3～4次，独立的烟草店一年 4～12 次，但一些联合烟草商店（销售烟草的连锁店）会达到50次”。

连锁企业的效率是知识创造和运用的规模效应导致的。每一个零售店的经营都是相似的，能够使一个店经营杰出的方法和流程通常也能使其他商店达到相似的经营结果。当发现了使商店达到最优销售结果的方法体系后，将这些体系知识应用到更多商店就能创造更多价值。当所有店都使用相同的方法和程序时，就称这些商店标准化。标准化使商店降低了人工成本，因为培训成本下降了，企业也无需雇佣经验丰富的人员。标准化也降低了监督的成本，增加了系统的稳定性，他不会因为人员的偶然变动而出现大的损失。知识一经产生，就能够低成本运用，在连锁情况下，规模使创造知识的成本得到分摊。而单独的零售店无法承担知识创造的高投资成本，知识分工的优势也就必然促使连锁企业的快速发展。

判断连锁店的发展是出于效率还是垄断力量，可以观察其销售价格。如果采用垄断力量，意味着连锁店的商品价格可能会更高。一个普遍的事实是，连锁店在许多商品上都拥有更低的销售价格，而给消费者的低价印象，成为了他们最重

要的竞争优势。

## 五、对三个案例的总结

从以上三个行业横向并购的例证可以看出，具有更先进技术和知识的企业合并较落后的企业对于市场是有利的，合并的结果是先进企业的技术和知识被传递给了落后的企业，落后的生产组织方式被替代。不仅如此，合并后的企业常常改变内部的分工结构，层级制度使更大规模的分工和专业化与协调紧密结合在一起。因此，可以说合并的主要原因在于要利用层级制度来实现内部的知识分工，这些行业最终出现的垄断不是目的而只是新企业模式更有效率的结果。

企业功能部门分工的效率决定了企业的横向边界。横向合并通常导致企业内更精细的分工合作。每一个功能部门的扩大也伴随着更加复杂和规范的分工合作模式，是这些合作的设计规划最终促使了企业的成长。当企业在功能上分工越来越细以后，需要进行协调的工作就越来越多。在完成越来越多的协调工作时，层级制度效率也会逐渐下降，即协调的边际成本会逐渐上升。由于专业化分工的边际收益会逐渐下降，当层级协调的边际成本等于专业化的分工收益时，企业继续扩大就是不经济的，这就决定了企业的横向边界。人类社会通过不断调整层级制度的具体措施来不断降低层级协调的成本，当分部制结构出现以后，企业就能成长为更大的多元化企业。

## 六、中国互联网时代的横向并购分析

在 21 世纪的互联网经济发展过程中，横向并购也十分引人注目。例如，在网络团购市场，发生了美团与大众点评的合并，在网络约车市场，先是有滴滴与快的的合并，然后又有滴滴与优步中国的合并，在视频市场，优酷与土豆出现了合并。不仅有网络企业之间的横向合并，还有网络企业与传统企业之间的横向合作，如京东与永辉超市，阿里与苏宁。这些并购活动，是追求市场势力还是追求效率，或者二者兼而有之呢？

### 1. 团购市场合并分析

2015 年 10 月 8 日，美团与大众点评宣布合并。美团是 2010 年成立的公司，大众点评是 2003 年成立的公司，两家合并后更名为美团点评，成为国内最大服务业互联网平台。美团点评与分布在 1100 个城市的 400 万个餐厅、电影院、酒店和各种本地生活服务商合作，通过互联网带来客人。合并后的 12 个月，有 2.2 亿人在美团点评上下单消费，每个月超过 2 亿人访问美团点评的网站和 APP。

美团点评是通过合并取得了更多的市场权力，还是因为合并获得了更多的效率？在 2015 年合并之前，团购市场已经形成了美团、大众点评、糯米三寡头竞争的格局，三者占全国市场八成份额。团购市场的重要特征，在于消费者和商家的高度流动性，即平台服务商提供的产品（服务）具有高度的相互替代性。替代性强，意味着价格最终会靠近边际成本，如何实现成本领先，成为企业生存和发展的关键。

团购市场具有典型的规模经济和网络外部性。一个商家与网络平台进行合作的潜在价值，取决于平台上已有的消费者数量，消费者数量越多，商家产品（服务）的潜在购买者就越多；同样，消费者在平台上获得的消费剩余与平台上的商家数量密切相关，商家的数量越多，一个消费者选择就越多，也就越有可能获得满意的服务。两家企业合并，两家企业的客户及其信息就合并在一起了，这无疑会产生 1+1 大于 2 的效果。同时，网络软件本身具有低边际成本的特征，增加一个客户对于网络设施的边际成本几乎为零，合并使企业能够降低软件系统的维护成本。

对团购市场特征理解透彻的创业者和投资者事实上都有合并的动机，因为规模经济能够增加价值并降低成本，获得领先规模的企业也将成为成本领先的企业，并将在后续的竞争中获得竞争优势。因此，团购网站的首要策略是说服投资者投入资金，而资本投入者也将推动企业通过合并来实现规模的快速增长，这使互联网团购平台公司最终走向合并之路。

#### 2. 网约车市场并购分析

在网约车市场，当滴滴与优步中国宣布合并以后，一个普遍的观点是，这将增强二者的垄断权力，消费者乘车的价格将上升，而司机的收入将下降。如何分析这一现象？这意味着反垄断机构应该否决这样一个合并吗？

第一，要观察合并是带来了效率提高还是降低，要观察是否推动了资源整合。当一个消费者在优步上叫车的时候，是否会呼叫到滴滴的车主。在出行市场，消费者的最大利益，在于有出行需要产生时能尽快获得服务，消费者等待的时间是其主要成本之一。当优步用户呼叫用车时，如果附近没有优步司机而有滴滴司机，那么合并就创造了一种机会，可以使用滴滴司机来满足乘车者的需要。很显然，这种合并创造了现实的价值，提升了资产的运营效率。对于未来的合并，还可以像电信企业互联互通一样。一个用户通过滴滴叫车，不仅可以由优步司机提供服务，还可以由用户附近的其他公司司机提供服务，而不同公司之间，可以像电信公司之间一样相互结算。

第二，司机运营效率是否得到改善。当两家公司合并以后，司机有可能达到更高的运营效率，因为无论司机在哪一个地点，其能够接触的周围顾客数量是由各个公司注册的顾客数量之和决定的。顾客数量越多，在某个地点的随机时间能够得到顾客的机会就会越多，因此司机等待顾客的时间就会越小，其运营效率也就越高。

第三，在合并以后，消费者和司机的权益是否会受到侵害。滴滴如果拥有市场权力，一定会争取更高的收益，这不仅是由企业家决定的，同时也是投资者的目标。但这种权力受到很多的约束，首先，消费者在不同出行方式之间有充分的选择权，他可以使用传统出租车，也可以使用公共交通系统，或者进行自驾车。滴滴不仅在与其他网约车服务的公司竞争，同时也与消费者可选的诸多出行方式竞争。因此，滴滴合并优步中国，并不意味着获得了侵害消费者和司机的市场权力。

那么，如何解释在合并之后乘车价格上涨和司机收入下降的现象呢？需要阐明的是，企业能够提供产品和服务的基本条件，是其能够赚取超过成本支出的收入。在合并之前，两家竞争者的行为是非常规的，他们花费大量的金钱来培养消费者和司机的认知（消费习惯），同时力争获得忠诚的顾客。消费者获得剩余，司机获得的额外收益，并不是正常运营的结果，而是投资者培育市场的结果。企业通过大量烧钱，获取了司机与消费者的共同认知——滴滴和优步能够满足他们的需求，司机能够从网约车的合作中获取满意报酬，消费者能够从使用 APP 的过程中方便地满足自己的出行需求。而这种认知本身成为平台企业最重要的资产。

对于投资者而言，投资这样的认知生态是否能够获得足够报酬，取决于是否能够用最小的资本产生相同的认知。投资者会关注自己投资的企业，是否与其他的企业拥有相同的市场，如果市场相同，他们能够获得的收益就会由市场份额决定。投资可能是重复和多余的，即多个投资的总产出是固定的。那么投资者之间就需要谈判，存在两个选择：一是战争，双方各自投资，争取获得更多市场份额，最终目标是让竞争者停止投资退出市场，竞争的结果可能是两败俱伤，一方能够获胜并占据市场，但已经投入了太多资本，以至于未来的投资回报率仍然很低；二是双方合作，合作能够减少总的资本浪费，焦点在于如何分享既有的投入。在双方有相似的认知情况下，双方能够达成合作，从而降低资本投入。

是否需要对网约车市场的合并进行干预呢？在滴滴与优步中国宣布合并后，竞争对手举报其试图垄断，商务部反垄断局根据《反垄断法》等有关法律法规对合并事项立案调查。无论调查结果如何，网约车市场的竞争者都将认识到，网约车市场很难依靠垄断势力来获取超额收益。

在静态市场，如果只有 $n$ 个固定的生产者，横向合并而成为垄断确实是必然的。因为 $n$ 个企业组织在一个权威之下，对于每一个生产者都是最优的。但如果该行业生产者的知识没有秘密，随时随地都可能出现新加入者，那么任何垄断企图都不可能。一旦价格高于边际成本，就会有新生产者加入这个市场，直到经济利润消失。当然，如果没有交易成本，新加入者可能也会被吸收到垄断企业中，但这会造成垄断企业更多的资源浪费，因为投入的资源随着加入者的增加而增加，但产出却不变。随着企业中成员数量的增加，每个成员不变投入的收益就会下降，不仅超额收益必定消失，而且可能出现投入无法获得市场平均报酬的情况。预期到这样的后果，即使垄断不增加额外的组织成本，小企业也不会有动机自动组织在一个权威之下。中世纪的行会就可视为一种维持垄断的方式，但垄断主要是依靠强制权力来实现的，如果没有强制惩罚以及禁止新加入者的权力，垄断是不可能实现的。考虑到垄断大企业还将存在高昂组织和管理成本，以及合并过程本身也会有巨额支出，合并似乎就更不可行。

网约车市场的消费者对于价格的敏感性很高，不同约车平台之间的替代性也很高，消费者很容易从一个平台零成本转移到另一个平台，这使约车服务的需求价格弹性很大。因此，网约车平台很难拥有垄断势力，其收益将主要取决于其系统效率。这种系统效率表现在对汽车有效调度上，既要保证消费者的等待时间最短，又要保证运营车辆的等待和空驶时间最短，只有这样，企业才能够获得超额收益，这些收益最终只会来源于资产运营效率，而不会来源于消费者的剩余。

## 第三节　反垄断与横向一体化

反垄断的出发点是要保护社会的总体利益，是否真正保护了社会利益，这取决于反垄断者的认知模式。早期，人们对于横向合并的主要观点是其阻碍了竞争，可能危害消费者和其他利益相关者，如供应商。

Williamson（1968）的视角是关注社会总体利益，不仅考虑到一些群体因为合并的利益损失，同时也考虑到另一些群体的收益，把利益和损失加总在一起，最终判断一项合并的利弊。Williamson 提出了威廉姆森权衡（Williamson tradeoff）分析框架，用以分析并购活动的收益和损失。该分析框架表明，反垄断当局应从社会整体的角度评估市场集中的效应，即同时考虑市场势力上升给社会造成的损害，即社会福利净损失（dead weight loss，DWL）和并购产生的成本节约所带来的经济利益（efficiency gain），并在二者之间进行权衡比较，如图 9.5 所示。如果评估结果显示净效应是负的，那么并购就应被阻止；如果净效应是正的，那么并

购应被批准。这个分析框架摒弃了仅关注消费者效用损失的视角，同时也关注企业的收益，并将二者统一在一起。当社会总收益随着并购而增加时，政府就不应该反对该种类型的横向合并。

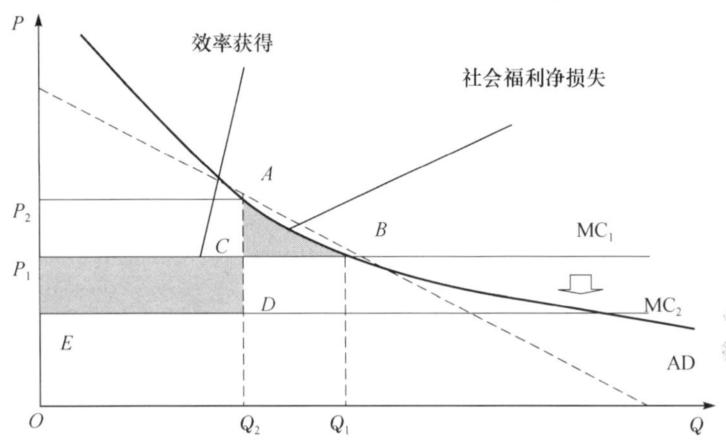


图 9.5　“威廉姆森替换”分析框架（Williamson, 1968）

Williamson（1968）假定并购前的市场完全竞争，产品价格等于边际成本，即 $MC_1 = P_1$，一项并购导致市场集中并给并购企业带来了垄断力量，使其能够通过将产量从 $Q_1$ 降低到 $Q_2$，将产品价格从 $P_1$ 提高到 $P_2$。由于产量下降，造成了三角形 *ABC* 的社会福利净损失。如果并购以后企业的边际成本没有改变，那么 *ABC* 就是总的并购净损失。在此情况下，消费者损失了很大的福利，包括了 *ABC* 和 $ACP_1P_2$ 两个部分，其中 $ACP_1P_2$ 被合并后的企业获得。

但如果合并带来了成本下降，情况就会截然不同。成本节约是社会福利增加，因为这将减少生产同等数量的产品所耗费的社会资源。资源总是具有稀缺性，并购后节约的资源就可以用于其他更有价值的领域，也就能够提高整个社会的福利水平。威廉姆森权衡指出，判断一项并购的社会合意性，只需要比较社会福利净损失与成本节约的大小。假定并购后，企业仍然限制产量为 $Q_2$，虽然消费者依然损失很大，但企业却获得了更多的剩余，包括 $ACP_1P_2$ 和 $CDEP_1$ 两个部分，如果 $CDEP_1$ 大于 *ABC*，那么整个社会的福利就由负转正。

现实情况下，企业是具有战略眼光的。这意味着他们会对未来市场的动态性有足够的认识，将价格定在垄断高位，往往是吸引竞争对手参与的愚蠢策略。将价格定得更低，虽然当前的利润可能减少，但却能有效阻止潜在的竞争对手加入，从而增加未来的利润，也就是能够增加企业总的价值。这意味着，合并后，产量

下降和产品价格上升的趋势要比理论上小很多，从而使垄断势力的成本更低。

同时，并购带来了成本节约，企业边际成本从 $MC_1$ 下降到 $MC_2$，从而带来了矩形 $P_1CDE$ 的效率获得，见图 9.5。一个追求利润最大化的垄断企业会将价格制定在边际收益等于边际成本的产量水平上，当并购带来的成本节约降低边际成本水平时，边际收益和边际成本曲线的交点位置会降低，从而使企业产量（相对于没有成本节约时而言）下降幅度降低，DWL 变小。并购活动成本节约的原因常常来源于合并产生的技术与管理知识交流，通过并购，企业的能力实现了显著的提升，结果是常常能够创造更好的产品，并且总的生产成本也会更低。在许多情况下，只有企业拥有一定的市场规模，新的技术投资才能够有效发挥作用。因此，并购在很多时候都具有社会进步意义，能够提升投资水平和有效降低成本。

市场需求的弹性也是影响垄断势力的重要影响因素。当市场需求弹性较小时，垄断势力就能够通过提升价格显著增加收入，其带来的社会福利净损失也会越多。当市场需求弹性很大时，合并后的垄断企业也不会显著提升价格和降低产出。如果在需求弹性大的市场提升价格，会给潜在进入者带来巨大的诱惑，其未来的潜在收益就会显著变小，此时，合并后的企业并不会导致显著的社会福利净损失。

## 第四节　横向一体化对于企业内部的影响

企业经营者总是追求更多的收益和权力，这促使他们去扩张企业的规模和利润。扩张企业，既可以依靠构建新的生产设施、招聘人力资源等方式进行，也可以通过并购相似的企业来进行。一个企业是要通过构建新的设施能力来实现扩张，还是要通过并购活动来实现扩张，这与两种方式的成本、收益比较相关。如果企业内部增长能够创造更多的收益，那么内部扩张的策略更可能被实施，如果外部并购的收益更高，企业将选择并购策略。

### 一、并购对股东的影响

要说服股东同意并购，首先要向股东阐明并购的收益所在。假定是 A 企业的管理层试图发起对 B 企业的并购，并购的方式有两种：一是 A 企业出资收购 B 企业的全部股份，二是 A 企业与 B 企业合并成立 C 企业，然后 A 企业与 B 企业股东的股份转换为对 C 企业的股份。无论是哪一种方法，并购活动本身会产生巨大的成本，新企业必须要能够创造更多的收益，才能够增加股东的价值。

收益增加的途径是什么呢？如前所述，实现垄断价格可能是收益的来源之一。然而，仅仅想攫取垄断收益是十分可疑的。对于股东整体而言，试图垄断的合并并不会增加总体的规模和收入，反而可能招致社会的反对。因此，以垄断利益推动并购是难以说服股东的。

排除掉垄断目的，合并的原因就只能通过提升要素的生产效率来解释。如果A企业拥有优势的生产蓝图，能够将B企业的拥有的生产要素进行重新组织，通过合并，A企业就能够产生出新的价值。为了让股东同意并购，高层经理就需要让A企业的主要股东理解价值增长所在。

A企业股东的成本包括谈判的成本、B企业股权市场价格及溢价。A企业要改造B企业的要素配置，还需要支付相应的改造成本。因此，A企业生产蓝图优势增加的收益一定要超过并购的所有成本支出。如果两家企业的生产技术类似，管理水平相当，那么合并的价值就会很小，也就难以获得股东的赞同。

如果A企业的生产蓝图劣于B企业的生产蓝图，A企业是否能够合并B企业呢？或许有人会认为，通过合并，A企业能够得到更先进的技术和组织方案，因此是可以的。然而，A企业合并B企业，通常意味着决策权和整合权力都会在A企业管理层手中。要整合，就需要将B企业管理层拥有的蓝图知识传递给A企业管理层，或者直接让B企业管理层来指挥A企业管理层。显然，A企业管理层在拥有决策权力的情况下是难以主动将权力交给B企业管理层的，要让被并购企业的先进知识来替代并购企业的做法并不现实。因此，要实现成功的整合，必须是先进企业并购落后企业，而非相反。

因此，A企业经理说服其股东的关键是要证明其本身经营能力超过B企业，他们需要证明，通过对B企业实施合适的改造，或者说对合并后的两家企业进行改革，由此能够带来足够的价值增长。并购方主要股东需要获得足够的信息，以便相信并购收益超过并购成本。

对于被并购的企业股东，说服工作则相对简单。如果A企业提供的价格高于B企业股权的市场价格，B企业股东就很有可能同意并购。当然，由于不同股东对企业价值的认知有差异，一些股东会认为企业的真实价值高于市场价值，因此A企业通常需要支付一个较高的溢价，才能够获得B企业大多数股东的同意。

## 二、并购对于高层经理的影响

并购方高层经理通常是推动并购活动的关键人物，而被并购方高层经理则常常会反对并购活动。A企业并购了B企业，意味着A企业的高层经理扩展了资源配置的权力范围，他们会对B企业的资源进行重新配置，包括对B企业高层经理的职务进行重新调整，要求B企业的经理学习和遵守新的政策和规则。被并购企

业的高层经理容易感受到自身的权力和利益受到侵害，其人力资本价值也常常因为并购过程而遭受损害，因此，他们通常是反对被并购的。一个常常出现的情况是，被并购企业的高层管理人员更可能选择离职。Walsh（1988；1989）研究发现，未被并购的企业，5 年内高层管理者离职人员的比率不足 33%，但在被并购企业，有高达 61%的高层管理人员离职。Krug 等（1997）也发现，并购后几年内大多数被并购企业的管理者选择了离职。

被并购企业高层经理反对并购活动会显著提升并购成本，甚至导致企业在并购后丧失应有的价值。例如，一些被并购企业的管理层甚至会使用著名的焦土策略来反对被并购。1985 年 2 月，美沙石油公司试图对尤诺卡公司进行全面收购，在准备好 40 亿美元收购资金后，美沙在《纽约时报》上公布以每股 54 美元收购尤诺卡。尤诺卡管理层立即进行反击，提出每股 72 美元买回 5000 万股的“自我股权收购报价”，但是美沙如果不先买尤诺卡的股票，他们就不买回。尤诺卡最终以 72 美元的高价买回美沙所买剩的股票，由此就陷入濒临破产的状态，实现了所谓的“焦土战术”。因此，在并购活动中，并购方需要与被并购企业的高层经理充分沟通，对并购方经理做出保障其利益的种种承诺，由此来减轻被并购方高层经理的反对。

并购方高层人员在实现了并购后，常常可能增加权力，增加报酬，因此他们通常是并购的推动者。

## 三、并购对普通员工的影响

并购对于普通员工的影响常常取决于市场所处的阶段。企业面对的市场具有三种状态：一是成长期，二是成熟期，三是衰退期。三个时期都有可能出现并购活动，但其对普通员工的影响有着显著的差异。

在成长期，企业最重要的是增长自己的产出能力，以便抓住新增加的客户与需求。每一个企业都会有抓住成长机会的动机，并根据市场机遇来衡量自身企业的价值，因此，A 企业并购 B 企业，其成本就是 B 企业预期在成长市场中的现金流收益。如果 B 企业的生产蓝图处于劣势，B 企业股东对自身价值的估计就会较低，A 企业对其资产重组后的价值就可能超过 B 企业现有的价值，双方的谈判就容易成功。通过对 B 企业资产进行管理重组，A 企业能够快速提升 B 企业的产出效率，也就能够快速占领成长中的市场。因此，成长期的行业有较高的横向合并案例，是由高效率企业合并低效率企业，通过合并，行业的产出能力也会有显著的提升。

成长期的并购活动对于员工的影响是中性或者有利的。对于被并购企业的员

工，并购带来的重组活动使员工的产出效率提升，由此可能增加员工的收入和人力资源价值。对于并购企业的员工，他们可能会有机会承担培训和变革的工作，因此可能有更多的机会获得成长和晋升。

在成熟期或者衰退期，并购活动对于员工的影响就常常是负面的。由于市场处于缓慢增长甚至降低的状态，行业就需要减少资产来应对。如果企业合并后有效提升了产出效率，那么伴随整合的结果就会是显著地减少资产规模和裁员。被兼并企业的员工通常面临着更多被裁员的威胁，即使能够在新企业工作，他们也需要付出更多来学习新的知识和技能，而这通常不会有额外的补偿。

## 第五节　小　　结

企业横向一体化的动机既可能是试图获取垄断收益，也可能是试图提升生产效率，或者是二者兼有。从企业发展历史看，当那些具有更先进技术和知识的企业并购了较落后的企业时，先进企业的技术和知识传递给了落后的企业，落后的生产组织方式被替代。合并后的企业常常改变了内部的分工结构，层级制度使更大规模的分工和专业化与协调紧密结合在一起，实现了更高效率的知识分工和协调，从而促进了企业的成长和社会利益的增长。企业的横向边界是由层级制度的效率决定的，分部制结构能够提升横向组织的协作效率，由此促进了多元化企业的发展。

政府实施反垄断政策时，要注重保护社会的总体利益，而非孤立地根据某个群体的利益损益来决定反垄断。大多数时候，政府应该使用具体而灵活的策略来对待横向兼并行为，这包括既要支持并购中的效率行为，也要使用谈判的方式来达成针对特定企业的监管约束，以避免兼并企业对特定群体利益的可能损害。

# 第十章　企业家识别与培养过程

企业中的资源配置是由企业家和管理者决定的。企业家设计企业蓝图，吸引要素所有者投入要素，然后根据企业蓝图和实际环境状况对生产要素进行配置。优秀企业家越多，创造的企业蓝图越好，社会资源的配置就会越有效，社会进步也就越快。企业家不是自动出现的，而是产生于社会识别和有效培养。本章讨论企业家识别和培养的机制。

企业蓝图就是生产函数，是将资本和人力要素有效结合的方法。企业蓝图的出现是一个企业的起点，人们根据企业家创造的蓝图组成有序的团队生产。最早的企业蓝图出现于200多年前的英国，纺纱业就建立在该蓝图上。之后，企业家设计了各行各业的企业蓝图，几乎所有的领域都最终被企业占据。企业蓝图的性质是什么？依据蓝图创建的企业如何成为新蓝图和企业家培养的温床？企业家培养的机理如何？本章围绕企业家培养问题开展研究。

## 第一节　企业蓝图的数表特征与层级制度

### 一、团队生产的数表特征

企业蓝图描述人们如何以特定的团队方式相互合作完成价值创造过程。如果观察生产过程中个体的行动，你会发现团队成员行动之间存在着特殊的规律。例如，成员X在执行A动作时，Y必定在执行B动作；X执行C动作时，Y必定执行D动作。事实上，大多数团队成员的行动呈现出周期性规律。选择一个周期来研究，将周期开始的时间定为0，结束时间定为$T$，将一个周期划分为$n$个时间段，$n$个时间段就对应着$n$个活动。由此，个体一个周期的行动可以使用一个时间序列来描述。例如$(x_1^i, x_2^i,\cdots,x_t^i,\cdots,x_n^i)$代表成员$i$在任务$x$中的$n$个顺序行动，其中$x_t^i$代表$t$时间段的特定行动。例如，在生产某个特定型号的汽车时，生产工人$i$的活动是一个行动序列。每一辆车经过工人$i$时，他都完成这个行动序列。无论是生产第一辆汽车还是第$k$辆汽车，第一个动作相同，第二个动作相同，第$t$个动作仍然相同。

工人 $i$ 的行动序列只是完成生产中很少的一部分，在工人 $i$ 执行其行动序列时，其他的工人也在各自执行自己的行动序列。将所有的行动序列放在一起，$m$ 个团队成员的行动构成一个 $m$ 维的行动向量。当组织运转比较精确时，周期内同一时间段的行动向量是相同的，因此，团队的某个特定生产过程可以用一个数表来描述。图 10.1 就是两个不同任务的行动数表，每一行代表一个成员的时间行动序列，上标表示特定的成员，下标代表时间段，而 $x$ 代表任务 $x$， $y$ 代表任务 $y$，$n$ 代表每个成员活动被分解成 $n$ 个行动。数表的每一列表示团队成员在特定时间的行动向量，这些行动向量的不变性是团队效率和效果的主要根源。

乐队是说明团队行动数表特征的很好例子。乐手演奏一首乐曲就是实施一个乐谱规定的行动序列，演奏出的音乐是否美妙，首先取决于该行动序列的内在特性，然后就是这个乐手的技术水平。而乐队演奏一首乐曲则是实施一个行动数表，乐队成功演奏一首乐曲的含义不仅在于每个乐手实施了正确的行动序列，还要取决于这些行动序列在时间上的匹配性，即同时实施的行动构成了乐谱规定的行动向量。成功的乐队通常包含这样一些要素，首先是要设计出优秀的乐谱，然后招募到所需的乐手（乐手必须具有实施行动序列的能力），之后是在指挥的训练下形成正确实施行动数表的能力，最后才可能实施真正的表演。

$$
\begin{vmatrix}
x_1^1 & x_2^1 & \cdots & x_n^1 \\
x_1^2 & x_2^2 & \cdots & x_n^2 \\
\vdots & \vdots & & \vdots \\
x_1^m & x_2^m & \cdots & x_n^m
\end{vmatrix}
\qquad
\begin{vmatrix}
y_1^1 & y_2^1 & \cdots & y_n^1 \\
y_1^2 & y_2^2 & \cdots & y_n^2 \\
\vdots & \vdots & & \vdots \\
y_1^m & y_2^m & \cdots & y_n^m
\end{vmatrix}
$$

图 10.1　$X$ 和 $Y$ 任务的团队行动数表

现代企业生产的特征在很大程度上与乐队的演奏相同。企业要成功，首先需要一个内在合理的蓝图，其次是招募到所需岗位的人员，再次是训练实施行动序列和行动数表的能力，最后才能够高效生产产品和服务。

## 二、早期工厂的构建过程

生产数表的设计者常常被称为企业家，企业家实现其生产数表的过程就是构建企业生产团队的过程。构建团队有三个阶段：第一个阶段是吸引团队成员签约，第二个阶段则是向团队成员传递行动序列知识并使团队成员掌握行动序列与信号之间关系，第三个阶段才是团队正式运作的阶段。

构建一个企业可否成功，取决于这个企业在存续期内增加的价值与构建这个企业的成本之差。构建企业的成本取决于两个方面：一是团队生产数表的复杂性，二是潜在的团队成员拥有的知识。团队生产数表越复杂，创造团队的成本就会越高。首先，设计一个复杂的行动数表是很困难的，这需要长期的积累研究。在数表设计完成以后，企业家将不同行动序列组合成职位的分析成本也与数表的复杂性成正比。其次，第一个企业家需要将特定职位的所有行动序列知识向准备承担这个职位的团队成员传递，只有所有团队成员都拥有了相应的职位知识以后，团队才可能运作。传递知识的时间和成本随着不同职位数量的增加而增加。最后，行动序列知识的传递并不能立刻使团队成员拥有熟练的技能，团队成员还需要在最初一个阶段尝试进行生产活动，序列知识越复杂，团队成员之间的行动序列要相互匹配就越困难，要达到正常生产的时间就越长，成本也就会越高。

第一个企业生产团队的创建必定是非常困难的。创建者需要创建所有的行动序列知识以及行动序列与信号之间的联系知识，并且要独立地将这些知识传递给相应的团队成员。获得了序列知识的团队成员还需要一个较长的时间来相互适应，使团队生产能够按照设计的方式正常运作。由于第一个团队构建如此困难，成功的企业必定是简单的。

英国第一个纺纱工厂出现的历史表明了从设计最初生产数表到成功实现团队生产的巨大难度，从纺纱机原型的出现到第一个工厂的成功运作，总共经历了近 40 年的时间。第一架纺纱机在 1733 年由怀亚特发明，并在 1738 年获得专利证。但怀亚特与保尔合伙建立工业企业的努力没有成功。直到 1771 年，阿克莱特才拥有了比较完善的工厂生产方案，并搬迁到诺丁汉去建立工厂。他首先建立的还只是一个工场，安装了由马作为动力的几架机器。在证明生产方法可行以后，即一年以后，才开始创建真正的工厂，而这个由水力推动机器的工厂在 8 年以后才发展到 300 人左右的规模[①]。相比较而言，类似的技术如果无需设计和组织团队生产，发展就会迅速很多。多轴纺纱机就是这样的例子，在 1767 年发明公布以后，多轴纺纱机很快就得到了普及应用。依靠制造和出售多轴纺纱机，发明人在 10 年以后就遗留给继承人 4000 磅的财产。在发明公布 20 年之后，英国使用的多轴纺纱机就有 2 万台之多。可见，如果仅是单纯的技术，其发展和普及是十分迅速的。而一旦这种技术需要团队生产组织方式，其发展速度就缓慢很多。

① 芒图在评价阿克莱特时说："要开设许多大工厂、招雇工厂的人员、按照新任务培养人员以及规定车间内的严格纪律，他就非发挥异常的积极性和精力不可。……（他是）企业的发起人、生产的组织者、人的领导人。"

第二个企业的创建就容易多了。阿克莱特在第一个工厂成功以后的几年时间里就建立了第二个工厂，第二个工厂的设计和机器布置更为合理高效，员工的学习时间更短，很快就开始高效生产。究其原因，是因为第二个工厂的构建组织方式有了根本的变化。第一个工厂，阿克莱特是唯一的设计师和指挥者，他负责指挥每一个部分的建造。而第二个工厂的建造指挥者很多，他们分别指挥不同部分的建造，这些指挥者都是通过建造第一个工厂获得了知识。第一个工厂，阿克莱特是每一个行动序列的主要培训指导者，而在第二个工厂培训时，每一个行动序列都有专业的培训指导者。因此，第二个工厂的建立成本更低，绩效更高。之后10年中，阿克莱特又建立了10家左右的工厂。阿克莱特工厂的成功经营也吸引了其他投资者，他们聘请从阿克莱特工厂的工程师和工人，模仿创建相似的工厂，这些工厂有30多家，很多实现了成功经营。

英国纺纱工厂的建立是工业革命的开端。纺纱工厂不仅创造了新的产品，最重要的是创建了新的生产方式，使新的数表生产知识被广泛创造和传播。

## 三、层级制度

层级制度是伴随着企业规模的扩大而自然出现的。数表生产要顺利进行，就需要每个行动序列都在恰当时间被正确执行。要使不同员工执行行动序列时能够步调一致和相互协调，设立一个上级来指挥和监督是有效的办法。基层管理人员负责指挥监督生产人员的工作，指挥就是给员工行动序列的信号，让员工在正确的时间执行合适的行动序列；监督就是观察和测量员工行动序列的执行水平，当发现一些员工没有跟上节奏时，就需要干涉和调整，以确保相互的协调和目标的达成。

单个管理人员能够指挥监督的下属有限，当员工数量超过单个管理人员能够有效指挥监督的数量时，就需要对员工进行分组，每个组安排一个管理人员。为了让组与组之间能够实现协调，就需要在组的管理人员之上设置一个更高层级的指挥监督者，他负责为不同的组提供协调统一的信号，负责监督组水平上的任务执行。层级结构必然要随着企业数表规模的增加而出现，这是一个客观规律。

当阿克莱特建立第一个由马作为动力的工场时，他直接指挥和监督所有的员工。当第一个工厂构建时，他亲自培训和指导员工，并指挥和监督。随着工厂规模扩大，他就不得不借助层级制度。当他同时运营8~10个工厂时，层级就大大增加了，每个厂有厂长，厂长之下还有车间主任。阿克莱特向工厂下达生产任务指令，厂长将阿克莱特的指令分解成具体的任务计划，分配给各车间主任，车间

主任再将行动序列指令分配给工人。由此，层级制度帮助企业实现了统一指挥和协调。

相对于小企业，层级制度的大企业具有更多专业化优势。在层级组织中，生产、销售、研发等活动都是专业化的，具有更高的效率和质量，相比小企业，具有更高的效率优势。当然，层级组织也会伴随官僚主义和更多的激励问题。为了克服官僚主义的低效率，企业发展了特有的索取权安排结构。

## 四、层级组织内员工的索取权安排

企业员工的报酬通常可分为固定报酬和浮动报酬两部分。固定报酬是靠前的索取权，浮动报酬是靠后的索取权。容易发现，越是高层的管理人员，其浮动报酬的比例越高，浮动报酬与企业整体业绩的相关度越高。越是底层操作人员，其固定报酬比例越大，其报酬与企业总体业绩的相关度越低。为什么企业员工的索取权与层级结构密切相关呢？

给定初始的社会中人们以个体的方式进行产出活动，每个人都获得自己的产出。有三个个体，分别拥有 $t_1,t_2,t_3$ 的时间资源，其产出分别为：$g(t_1),g(t_2),g(t_3)$。假定一个企业家出现了，他发明了一种团队协调的生产方式，其产出为

$$p = f(t_1,t_2,t_3,t_E) \tag{10.1}$$

产出的价值可以分解为两部分：一部分是原有个体的产出，另一部分来源于新数表和协调增加的产出。企业家在此之前也独立生产，假定产出为 $g(t_E)$。显然，只有在团队产出价值超过 4 个独立产出之和的情况下，团队生产才可能发生和发展。因此，总的团队产出可以分解为

$$\pi = f(t_1,t_2,t_3,t_E) = g(t_1) + g(t_2) + g(t_3) + g(t_E) + X(t_1,t_2,t_3) \tag{10.2}$$

式中，$X(t_1,t_2,t_3) > 0$ 代表团队协同效应增加的价值。团队协同的价值在团队没有开展生产以前还只是企业家个人的预测。企业家根据其团队的协调特征，可以预测到生产效率的提高水平。预测到一种团队数表运作模式能够创造更高价值，是他组建团队生产的基本动力。企业家在发现了这个团队数表以后，就向希望合作的团队成员发出邀请。个体生产者参与团队合作的条件是，他认为自己参与这个团队能够获得更多的报酬。企业家邀请他们参与团队，可以采用两种方式：一是与他们达成一个比例分享团队所有价值的索取权分配方案；二是让三个个体获得固定索取权，每个人都获得略高于他们独立生产时的报酬，而自己获得剩余的索

取权。如在第四章命题 4.4 中所说明的，由于企业家与其他个体的知识和信息不同，实现合作的结果必定是普通参与者获得优先的固定索取权[①]。

当小团队成为普遍生产方式时，就会有企业家以小团队为基础创建更大的团队。给定小团队为 $f_1, f_2, f_3$，那么大团队就是 $\xi(f_1, f_2, f_3)$。大团队生存的前提是

$$\Pi = \xi(f_1, f_2, f_3) = f_1 + f_2 + f_3 + X(f_1, f_2, f_3) \tag{10.3}$$

式中，$X(f_1, f_2, f_3) > 0$ 代表大团队的协调效应价值。很显然，如果大团队的协调价值并不为小团队的企业家和成员所知时，索取权分配的结果就是大的企业家获得剩余索取权，而小企业家团队集体获得优先的索取权。将大团队的产出进一步分解可得

$$\Pi = \sum g(t) + \sum x(t) + \sum X \tag{10.4}$$

在大团队总产出中，每个小团队成员知道自己的独立产出，但不知道小团队的总产出，更不知道大团队的总产出，因此他们在选择顺序索取权时，就会选择最靠前的优先索取权，只要这些优先索取权的价值超过他们独立生产的价值，他们就会参与到团队中。而小企业家知道小团队的协调价值 $X(t)$，他们的努力是小团队价值的关键，但他们无法清楚知道大团队的协调价值 $X(f)$，因此他们要求自己的报酬以 $X(t)$ 为基础。由此，大企业家与小企业家达成的契约就必然是以小团队可衡量的业绩为基础，而小企业家则以团队成员个体的业绩为基础来支付个体的报酬。因此，当大的团队建立以后，在组织上形成指挥和监督的同时，在索取权契约上也就形成了底层团队成员获得最为固定的优先索取权，而中层管理人员则获得较为靠后的索取权（部分固定索取权和部分以所管辖的团队业绩为基础的靠后索取权），而最高管理人员的索取权最为靠后，受到整体企业业绩的影响。

综上所述，企业团队成员的索取权分配特征是由层级的指挥与协调特征决定的。越是高层的管理人员，就负责越多的资源协调，拥有更多的权力，需要对整体的企业业绩负责，其索取权越是靠后，索取权实际价值与名义价值相差越大；越是底层的人员，其负责的资源协调越少，权力越少，不需要对整体业绩负责，其索取权越靠前，报酬价值与名义价值越接近。

---

① 实际获得的价值分配随着团队生产知识的传播而逐渐改变，虽然企业家获得剩余索取权仍然是普遍现象，但这并不表明他获得了绝对多的企业团队价值。

## 第二节　培养企业家的企业机制

### 一、企业是培养企业家的基本环境

新企业蓝图是新企业建设的基础，也是整个社会经济发展的基础。新企业蓝图由企业家创造，一个国家或者社会的企业家越多，其经济发展就越迅速。企业家是如何培养的？回答是，培养企业家的就是企业本身。最初企业的出现或许是一个偶然，最初的企业家类似于一个天才，但之后企业的发展却成为一种必然，最初的企业似乎就是一颗生命力无比强大的种子，它迅速生长，迅速繁衍，以至于很快就发展到全世界。

英国的工厂起源于阿克莱特建立的第一个纺纱工厂，其后的纺纱工厂无一不是模仿之前的工厂，无论是阿克莱特自己还是其他创建工厂的人，他们都学习已经建立的工厂布局和机器建造，他们都千方百计地从已有的工厂中聘请员工，甚至不惜以高额报酬来聘请，有些工厂的创建者自己就是最初企业的员工。在短短10 余年间，英国纺纱工厂就成为纺纱工业的主流，在其后 20 年几乎完全代替了家庭的纺纱业。

美国的纺织工业也起源阿克莱特工厂。技工斯洛特在英国纺纱工厂获得了运营工厂的全面知识以后，在美国复制了英国的工厂系统，在斯洛特建立和运营的工厂中工作的美国人也学到了工厂的运作知识，之后独立创建了许多的工厂，美国的纺织工业以及纺织机械工业也就发展起来了。正如钱德勒所描述的：“斯洛特的机器制造和维修人员周转很快，他们一旦学会设计和操作斯洛特机器，就成为一个巡回的机器制造者。他们中有些人还成为某种机器的专业生产者，并最终建立工厂，自己经营。从此，新英格兰南部的纺织机器业形成了。”

可见，企业出现和发展的最重要意义，就是它逐渐成为培养企业家的基本环境。企业通过不断培养创新企业家来复制和发展自己，最终成为人类社会最主要的生产方式。

### 二、从新员工到企业家能力

当企业雇佣一个新员工时，直接目的是要让他完成一个岗位上的工作。每个岗位的工作都包含多个行动序列，员工典型的工作可以描述为：接收信号，选择正确的行动序列，在规定时间完成行动序列。新员工的首要工作是学习正确地接收信号，根据岗位要求学习和练习所有的行动序列，掌握实施行动序列的技能。

在生产过程中，许多岗位工作的行动序列属于隐性知识，新手只有在环境中慢慢观察和模仿熟练工人的行动，才能够发现和获取这些隐性知识。因此，许多工厂都有师傅带徒弟的做法，目的就是要新员工能够获取到这些隐性知识。在学习的初期，新手可能需要全神贯注才能勉强完成行动序列，由于其活动的稳定性不够，产出也通常是不稳定的，表现为产品缺陷较多，数量不够。但随着操作次数增加，个体对于所结合的各种要素的性质就会比较熟悉，技巧也逐渐养成了，动作变得熟练而又稳定，逐渐能够顺利完成指定的转换任务了。

在此过程中，不同潜质和特征的个体就会有不同表现。有些人在掌握了岗位的行动序列知识以后，可能去探讨行动序列组合与其结果之间的因果逻辑关系。例如，他会研究前后行动之间的关系；是否每一个行动都对产出做出了贡献；这些行动顺序改变或者同时被完成会带来怎样的结果；是否多个人分工完成一些行动序列更有效率；等等。他可能发现某些行动是不需要的或者是多余的，某些行动如果同时被实施就具有更高的价值，由此，就可能对于整个行动序列进行重新安排和改善。然后他可能去尝试自己发现的行动序列，并观察这个行动序列是否产生了自己预期的结果。当一种新的行动序列组合产生的结果创造了更多的价值时，一个新的小团队生产数表就被发现了。某些擅长研究的人，甚至会发明一些机械装置来实现一套新的行动序列组合，由此创造出了新的机器设备。在发现新生产数表及创造生产工具的过程中，该员工也就开始逐渐拥有了一定的企业家才能。

## 三、企业家培养——层级制度与晋升规则

一个员工发现新的行动序列或许是由于兴趣和偶然，但层级和晋升制度的存在却使发现新行动序列成为一种主动追求。当一个员工发现了新的行动序列时，他可能会尝试，也会向其主管展示更高的效率。主管会加入对这个新行动序列的研究中来，如果主管认为行动序列具有更高的效率和效果，就会在组织内进行推广，要求使用相同序列的员工都学习使用这个行动序列，并努力使与其相关的行动序列都协调地改变，从而提高整体系统的业绩。

主管加入的原因在于层级制度规定他的绩效是以所负责的团队业绩来衡量的，他拥有该团队一部分的剩余索取权。随着团队业绩的改善，更高层级的管理者也会注意到，由于更高层管理者为更大团队的绩效负责，他就有将该部门的改善推广到所有团队的愿望，由此带来了大范围的影响。最终的结果是企业整体的绩效改善，企业在竞争中获得了更多的利润。利润增加使更多投资人愿意将资源投入这家企业，这使该企业可以构建更多更先进的基础团队。随着基础团队的增加，所需的各层管理人员也就增加了，层级也就相应增加。发明了

新行动序列的员工会被提升来负责一个部门，他的主管则可能因为业绩突出提升到更高层级。

被晋升的员工有机会从更宽广的角度观察行动数表。他会更注意相互协作的员工之间的流程，从部门整体有效的角度来思考员工之间最优的协调方式，由此，他可能会在部门的层次发明新的数表。最终，具有发明新生产数表潜力的个体在不断提升的过程中获得了全面的企业蓝图知识，也拥有了发明新企业蓝图的能力，由此他将成为一个创新的企业家。

企业是培养企业家的最主要途径，一个拥有良好晋升制度的企业，能够加速企业家的培养。在培养企业家的同时，企业自身的生产数表得到不断改善，由此创造更好的业绩，企业也因为能够吸引到更多资源而发展壮大。

## 第三节　企业蓝图的识别机制

个体设想出新的行动序列或者行动数表并不意味着这些数表更具先进性。实施先进的行动数表能够创造新价值，而实施不合理的行动数表则会造成资源损失，因此在实施以前需要有一个识别过程。投资者获得创新数表或者蓝图信息并判断该数表是否具有先进性的过程就是识别企业家或者蓝图的过程。

现有社会存在两种企业蓝图的识别机制：一是企业内部的识别机制，二是投资市场的识别机制。

### 一、企业内部识别新蓝图的机制

在一个合适的晋升制度支持下，任何一个层级的管理者都力图发明更先进的生产数表来提高自己的绩效，也支持下属发明先进的生产数表。当一个员工提出来发现了新生产数表时，这个员工会力图尝试。但能否尝试取决于两个因素：一是这个员工是否能够拥有所需的所有资源，二是该行动数表是否会导致该岗位或者部门输出的改变，是否会影响其他系统的正常运作。通常，一个员工不拥有实施新数表的所有资源，并且试验可能影响其本身的产出。因此，企业内试验新的数表需要得到其上级的支持。

上级拥有更多的资源权力，他可以给予下属资源方面的支持。当然，他首先要判断该行动数表的合理性，然后要判断这个行动数表给部门带来的系统影响。如果他认为新的行动数表可能增加整体部门的绩效，就会支持试验新的行动数表。

随着企业家才能的增长和职位的上升，有企业家才能的管理者可能最终成

为企业的最高管理者。此时，如果他发现了新的企业蓝图，就会说服董事会和股东支持他的新企业蓝图，现实中常把这样的企业蓝图称为新的战略。成功的企业是因为有着能够不断提出创新战略的企业家，而优秀企业家的出现是企业拥有优秀晋升制度的结果。整个社会的生产力也就在企业不断创新的过程中得到发展。

但是，企业系统对于创新企业家的培养，也存在着一定局限性。首先，任何一个企业系统的正常运行是其生存和发展的基础。任何一个子系统的创新活动，其被尝试的前提是其指挥者认为可能带来增长而又不影响原有系统的正常运行。指挥者对新生产数表的判断建立在过去的知识和经验中，如果一项创新数表过于新奇，超出了上级的经验范围，那么它很可能就无法获得尝试的机会。当一个行业发展比较稳定时，各级管理者的知识经验可能就会变得十分固定，就难以容纳较大的创新。同时，成熟产业的竞争十分激烈，为了提升资源的回报率，每一个部门都只能获得完成任务所需的最低资源，没有资源冗余，也就难以对新方案进行试验。所以，很多在成熟行业高度发展的企业会逐渐走向保守和衰落。因此，一个社会仅依靠企业层级制度来培养和发现企业家还是不够的。对于创新企业家的培养和发现，需要市场投资机制。

## 二、投资市场识别新蓝图的机制

真正创新的新企业蓝图很难被成熟行业的企业所采用，潜在的企业家就只好求助于市场识别机制。企业家直接寻找投资者，并传递相关的企业蓝图的知识，才有可能获得投资者认同，并创建新企业。

投资者首先需要识别企业家以及企业蓝图。这要求投资者具有丰富的知识和经验，能够在很大程度上分辨出一个创新的企业蓝图是否具有真正创造价值的潜力。显然，市场上拥有大量对市场趋势以及技术趋势都十分了解的专家投资者是市场机制的前提。

当一个市场上拥有大量的专家投资者时，他们就会出现相互竞争，这使企业家在谈判中能够获得较多的未来企业价值，这促使了人们的创业热情和企业家的大量出现。同时，企业家的大量出现也会促使专家投资者增加，因为更容易发现有潜力的企业家和企业蓝图能够给专家投资者带来很大的收益，这也会促使专家投资者的大量出现。因此，企业蓝图投资市场存在着正反馈特征，专家投资者和企业家相互促进使社会经济发展更加快速。现代风险投资和高科技企业的共同发展就是这样的例子。

## 三、企业构建方式对企业家识别机制的影响

一个国家或者地区最初构建企业的方式常常会影响企业家识别机制的发展，并促使形成不同的金融结构。现实的企业有两种构建方式：一是理性分析的个体构建方式，二是条件适应型的团队构建方式。所谓理性分析的构建方式，是指企业家首先构建出标准的企业蓝图，然后设计出层级和岗位，根据岗位要求选拔人才，培训岗位所需的标准行动序列和行动标准。团队型构建方式有所不同，企业家并不设计非常具体的企业蓝图，对子系统的具体特征和行动数表的描述比较粗略，最终系统是在构建的过程中演化形成的。之所以只进行粗略描述，是因为企业家认为人和行动数表的关系是互动的，只有将具体参与人的特征与行动数表特征相结合，才可能最有效地实现系统功能。因此，企业家在找到其认为比较合适的人力资源以后，领导人力资源团队共同来设计行动数表，以便让行动数表与团队成员的各种特性相适应。在团队型构建方式下，不同的企业家即使构建相同功能的团队，其系统的组成和行动数表都可能大相径庭，因此每一个企业系统的独特性都比较强。

英美最早的工厂体系是依靠个人理性分析方式构建的，设计出能够连续生产的机器设备是企业的起点。为了使机器高效运作，设计人员根据机器特征来设计操作人员的行动序列以及每个行动的标准，然后根据行动序列的需要来选择招聘合适的员工，再对员工进行标准化培训，最后根据员工实施标准化行动的状况来判断员工的绩效水平。由此构建出的企业最大特点就是标准化，按照相同蓝图构建起来的不同企业的相同部门和岗位人员甚至可以互换。标准化的特征使新企业的构建变得很容易，特别当相似的工厂越来越多时，创建企业就越来越容易。当一个投资者要创建新企业时，找到一个有厂长经验的人即可，有厂长经验的人自然会找到有经验的车间主任，然后是车间主任寻找到有岗位经验的人，最终一个企业就能够建立起来，并按照比较标准的蓝图方式开展运营。因此，当一个以理性分析方式建立的企业取得显著的成功时，周围就会出现大量的模仿者，由此会培养出大量拥有标准化技能的人力资源。拥有特定岗位知识的个体可以胜任任意一个企业中的相同岗位的工作。此时，个体的岗位知识技能被称为个人型人力资本①。

当一个社会的企业构建方式以个人型为主时，市场识别企业家和企业蓝图的

① 青木昌彦区分了个人型人力资产和背景型人力资产，并认为这两种类型的人力资产构成了不同的企业系统。构成的企业系统是稳定的，并自我强化。

机制就比较发达。个人型的构建方式使创新的企业蓝图通常能够利用广泛存在的功能系统知识，识别者也比较容易获得与创新者类似的背景知识，这提高了专业识别者对创新企业蓝图的认识。同时，广泛存在的个人型人力资本使企业家很容易构建新企业系统，只有知道需要何种功能，才能够找到可以实现该功能的人。只要发现相应知识的个体，就能够建立起标准的功能系统。因此，创新企业家无需了解有些功能是如何实现的，他只要在特定方面进行了创新，这个创新就可能被组合到一个已有的系统模型中，并被创建为一个新的企业系统。因此，个人型特征的社会中，创新可以是高度分工和专业化的，整个社会出现根本性创新的机会很多。由于识别成本较低，整个识别机制就发展为以专业识别体系为主，证券市场也就拥有了极大的功能和发展环境。

当初始企业以团队方式构建时，它对其他新企业产生的影响就完全不同。团队型企业的构建过程中，团队成员的一项重要投资是对其他团队成员和所形成的特殊团队活动方式的认识与理解，这些投资在其他环境中的价值很少，团队成员愿意相互之间紧密合作而不愿意分离，因此企业具有内聚性。内聚性使企业人员获得的系统功能构建和运行知识很难传递到外部。即使是从该企业中分离出来的人，他也无法将该企业的知识简单运用于新的企业，因为原企业的行动数表和功能子系统的组合方式在很大程度上依赖于特定团队成员的特征，当团队不同时，这些数表和功能子系统的组合方式可能也就不适用了。有用的知识主要是构建过程中的组织和领导知识、团队协作精神和方式。新企业构建无法轻易获得和使用已有企业的知识，这使新企业增长的速度比较缓慢。较慢的速度使市场的竞争不会很快变得激烈，企业也就具有较长的时间用以改进自己的运作能力。

团队型构建的企业虽然很难被外界模仿和学习，但内部却有着很好的扩展功能。为了保证自己的人力资本不会消失，员工都有努力维持企业长期生存和发展的强烈动机，这促使他们不断发展出新的产品，实现企业的内部增长。因此，当一个团队型企业成功建立以后，它通常有着更长的生存周期。团队型方式创建的企业团队成员之间拥有的相互信息最为充分，内部对于创新的生产函数是最容易沟通的。当某个成员获得了创新的想法时，他不必将这个设想的所有功能系统和行动数表都设计出来，他可以采用的方式是发动团队，让企业中具有各方面才能的成员来组成一个团队形成新的完整企业蓝图，由此企业内部可以较快地完成创新。

日本企业的典型构建方式是团队型的。当多数企业以团队型的方式创建时，信息传递给外部投资者就比较困难，直接的股权投资非常困难，银行体系就成为社会的主要融资途径，银行与企业的结合将更为紧密。由于企业的创新活动成为

社会进步的关键所在，整个社会也就会希望银行在识别和支持企业创新方面具有更大的作用，这是导致银行体系在日本社会具有根本性重要作用的原因之一。

## 第四节　硅谷的企业家培养与发现

在现有的产品和服务市场，供过于求是一种普遍的状态。要保持经济的持续增加，就需要大量的创业家创造出新的产品和服务，并发展出新的市场。硅谷是世界上最活跃的高科技企业诞生地，拥有各类创新企业达 10000 家以上。最近 20 年间，硅谷诞生了许多世界级公司，如脸书和优步。硅谷能够产生大量的高科技企业，得益于其企业家培养机制。

创建新的成功企业，有几个必备要素：第一，创业家要能够发现新的市场需求，并且能够创造出满足这种需求的产品或者服务；第二，要能够快速构建提供新产品（新服务）的生产能力，在硅谷，这意味着创业家能够快速找到那些拥有技能的人才，能够快速把他们聚集在一起；第三，要能快速获得资本。硅谷拥有独特的人际网络关系和工作文化，使企业家培养实现加速。硅谷的专业人才，通过各种正式和非正式的聚会，实现了大量的信息交换。在此交换过程中，许多人获得了企业家所必需的知识，包括：①不同技术的潜在用途的知识，这类知识能够促发新产品和新市场的发现和创造，通过交流，技术的潜在用途被发掘出来，由此带来创新的产品和服务；②各类技术知识生产能力的信息，这使企业家在需要特定技术生产能力时能够快速找到提供者，从而使生产能力的组建变得容易；③获得资本支持的信息，潜在企业家能够与大量的风险投资家接触，从而能够为有潜力的产品技术获得融资，真正建立企业。

培养创新企业家，首先是要具备能产生创新产品与技术创意的环境。专业技术人员在探索和试验过程中，常常会有一些新的发现，特别是当许多技术人员能够在一起交流时，他们就能够发现和创造更多的新技术。1975 年，硅谷的一群微型计算机迷建立了豪布卢（Homebrew）俱乐部，他们欢迎对计算机感兴趣的人加入志趣相投者的聚会，交换信息、交流观念、互相帮助、分享一切。这个俱乐部慢慢成为当地计算机专家非正式的活动中心，其成员创建了一系列的计算机公司，其中包括苹果公司。

硅谷拥有高密度交流网络，企业家能够快速找到一项新产品或者新服务所需的各种技术提供者，虽然他们可能分散在不同企业。不仅如此，企业家还能够快速把他们召集起来，形成新的企业，只要企业家有足够的领导力或者这项新产品或者新服务具有强大的吸引力。这得益于硅谷超乎寻常的跳槽文化，大

量工程师都追寻有挑战性的创新工作，现有公司也容忍员工的高流动性，并鼓励各种知识交流。

硅谷培养创新企业家的优势还来源于大量的风险投资家。大多数风险投资家都曾经是企业家，有着丰富的创业和经营管理经验，他们在培养新企业家的过程中发挥着独特的作用。第一，当创新者表现出企业家潜质时，风险投资家能够很快给予他们资金上的支持，使新企业能够很快创建，获得关键的技术和市场资源；第二，新创业者无需全面地经营管理经验和知识，风险投资家一方面会运用自己的经验来帮助新企业运营，同时也会为新创企业物色最适合的经理人来帮助新企业发展壮大。谷歌公司在最初的发展阶段，风险投资家就帮助他们寻找到了优秀的 CEO，带领谷歌公司实现了快速增长，成为一家世界级的大型公司。

## 第五节 小 结

企业以企业家设计的企业蓝图为基础。为了获得分工并协调的利益，企业家精心设计了企业团队的行动数表，并使用层级制度来分工协调团队的行动。为了保障参与企业团队的人能够按照生产数表的内在要求行动，团队成员之间根据层级的不同来分配不同的索取权，由此促进了不同知识团队成员之间的相互合作。企业需要不断优化自身的行动蓝图，根据员工在蓝图设计方面的努力与成果而开展晋升，有利于持续发展和培养企业家。

识别企业家的机制有两个：一是企业内部机制，二是资本投资市场机制。企业构建的方式对识别企业家的机制发展有着重要的影响，理性分析的企业构建方式与资本市场识别方式互补发展，而团队型构建方式与商业银行制度相辅相成。

# 参考文献


奥利弗·E·威廉姆森. 2002. 资本主义经济制度. 段毅才，王伟译. 北京：商务印书馆.

保尔·芒图. 1983. 十八世纪产业革命. 杨人楩等译. 北京：商务印书馆.

保罗·米尔格罗姆，约翰·罗伯茨. 2004. 经济学组织与管理. 费方域译. 北京：经济科学出版社.

查尔斯·R·莫里斯. 2004. 金钱贪婪欲望：金融危机的起因. 周晟译. 北京：经济科学出版社.

弗兰克·H·奈特. 2011. 风险、不确定性与利润. 郭武军，刘亮译. 北京：华夏出版社.

弗里德利希·冯·哈耶克. 2003. 个人主义与经济秩序. 邓正来译. 北京：生活·读书·新知三联书店.

何平. 2008. 企业寿命测度的理论和实践. 统计研究，25（4）：20-32.

李婧，丁盈. 2007. 制造业产业聚集与纵向分离的实证研究. 技术经济，26（4）：37-43.

李扬，王国刚. 2005. 中国城市金融生态环境评价. 北京：人民出版社.

理查德·罗伯茨. 2004. 解读华尔街. 郭素卫译. 广州：中信出版社.

林钟高，章铁生. 2002. 实证分析：上市公司资本结构的影响因素. 安徽工业大学学报（自然科学版），19（2）：156-162.

王东静，张祥建. 2007. 利率市场化、企业融资与金融机构信贷行为研究. 世界经济，（2）：50-59.

小阿尔弗雷德·D·钱德勒，托马斯·K·麦克劳，理查德·S·特德洛. 2001. 管理的历史与现状. 郭斌译. 大连：东北财经大学出版社.

小阿尔弗雷德·D·钱德勒，托马斯·K·麦克劳，理查德·S·特德洛. 2007. 管理的历史与现状. 2版. 郭斌译. 大连：东北财经大学出版社.

徐信忠，黄张凯，刘寅，等. 2006. 大宗股权定价的实证检验. 经济研究，（1）：101-108.

亚当·斯密. 2012. 国富论. 戴光年译. 北京：中国纺织出版社.

易纲. 2009. 中国改革开放三十年的利率市场化进程. 金融研究，（1）：1-14.

余东华，刘晓燕. 2013. 横向并购评估审查中效率抗辩研究综述. 产业经济评论，12（2）：84-99.

张水修，吕娜. 1992. 利普逊笔下的英国行会制度. 史学月刊，（1）：84-89.

张维迎. 1994. 西方企业理论的演进与最新发展. 经济研究，（11）：70-81.

张维迎. 1995. 企业的企业家——契约理论. 上海：上海人民出版社.

张晓玫，钟祯. 2013. 银行规模与上市中小企业贷款——基于中国上市中小企业银行贷款数据

的经验研究. 南开经济研究，(2)：94-111.

赵蒲，孙爱英. 2005. 资本结构与产业生命周期：基于中国上市公司的实证研究. 管理工程学报，(3)：42-46.

朱武祥，陈寒梅. 2002. 产品市场竞争与财务保守行为—以燕京啤酒为例的分析. 经济研究，(8)：28-36，93.

Adler P S, Goldoftas B, Levineet D I. 1999. Flexibility versus efficiency? A case study of model changeovers in the Toyota production system. Organization Science, 10 (1): 43-68.

Aghion P, Bolton P. 1992. An incomplete contracts approach to financial contracting. The Review of Economic Studies, 59 (3): 473-494.

Alchian A A. 1950. Uncertainty, evolution, and economic theory. Journal of Political Economy, 58(3): 211.

Alchian A A, Demsetz H. 1972. Production, information costs, and economic organization. The American Economic Review, 62 (5): 777-795.

Baum J A C, Singh J V. 1994. Evolutionary Dynamics of Organizations. Oxford: Oxford University Press.

Becker M C. 2004. Organizational routines: A review of the literature. Industrial and Corporate Change, 13 (4): 643-678.

Becker M C, Lazaric N, Nelson R R, et al. 2005. Applying organizational routines in understanding organizational change. Industrial and Corporate Change, 14 (5): 775-791.

Bender R. 2013. Corporate Financial Strategy. London: Routledge Press.

Berger A N, Udell G F. 2002. Small business credit availability and relationship lending: The importance of bank organisational structure. The Economic Journal, 112 (477): F32-F53.

Berger A N, Udell G F. 2005. A more complete conceptual framework for financing of small and medium enterprises. Social Science Electronic Publishing, 30(11):2945-2966.

Black F, Cox J C. 1976. Valuing corporate securities: Some effects of bond indenture provisions.The Journal of Finance, 31 (2): 351-367.

Black F, Scholes M. 1973. The pricing of options and corporate liabilities. Journal of Political Economy, 81(3): 637-654.

Booth L, Aivazian V, Demirguc-Kunt A, et al. 2001. Capital structures in developing countries. The Journal of Finance, 56 (1): 87-130.

Bowen R M, Huber C C. 1982. Evidence on the existence and determinants of inter-industry differences in leverage. Financial Management, 11 (4): 10-20.

Bradley M, Jarrell G A, Kim E H. 1984. On the existence of an optimal capital structure: Theory and

evidence. The Journal of Finance, 39 (3): 857–878.

Brander J A, Lewis T R. 1986. Oligopoly and financial structure: The limited liability effect. American Economic Review, 76 (5): 956–970.

Calvo G A, Wellisz S. 1978. Supervision, loss of control, and the optimum size of the firm. Journal of Political Economy, 86 (5): 943–952.

Calvo G A,Wellisz S. 1979. Hierarchy, ability, and income distribution. Journal of Political Economy, 87 (5): 991–1010.

Cheung S N S. 1983. The contractual nature of the firm. The Journal of Law and Economics, 26 (1): 1–21.

Coase R H. 1937. The nature of the firm. Economica, 4 (16): 386–405.

Coase R H. 2000. The acquisition of Fisher Body by General Motors. Journal of Law and Economics, 43 (1): 15–31.

Coase R H. 2006. The conduct of economics: The example of Fisher Body and General Motors. The Journal of Economics and Management Strategy, 15 (2): 255–278.

Cohen M D, Bacdayan P. 1994. Organizational routines are stored as procedural memory: Evidence from a laboratory study. Organization Science, 5(4): 554–568.

Cyert R M, March J G. 2010. A Behavioral Theory of the Firm. Northampton:Edward Elgar Publishing.

Fama E F. 1980. Agency problems and the theory of the firm. Journal of Political Economy, 88 (2): 288–307.

Feldman M S. 2000. Organizational routines as a source of continuous change. Organization Science, 11 (6): 611–629.

Feldman M S. 2003. A performative perspective on stability and change in organizational routines. Industrial and Corporate Change, 12 (4): 727–752.

Feldman M S, Pentland B T. 2003. Reconceptualizing organizational routines as a source of flexibility and change. Administrative Science Quarterly, 48 (1): 94–118.

Giddens A. 1984. The Constitution of Society: Outline of the Theory of Structuration.San Francisco: University of California Press.

Grossman S J, Hart O D. 1986. The costs and benefits of ownership: A theory of vertical and lateral integration. Journal of Political Economy, 94(4): 691–719.

Grossman S J,Hart O D. 1987. One share-one vote and the market for corporate control. Journal of Financial Economics, 20 (1-2): 175–202.

Harris M, Raviv A. 1988. Corporate governance : Voting rights and majority rules. Journal of

Financial Economics, 20 (1-2): 203–235.

Harris M, Raviv A. 1991. The theory of capital structure. The Journal of Finance, 46 (1): 297–355.

Holmes T J. 1999. Localization of industry and vertical disintegration. The Review of Economics and Statistics, 81 (2): 314–325.

Jensen M C, Meckling W H. 1976. Theory of the firm: Managerial behavior, agency costs and ownership structure. Journal of Financial Economics, 3 (4): 305–360.

Jensen M C, Meckling W H. 1979. Rights and production functions: An application to labor-managed firms and codetermination. The Journal of Business, 52 (4): 469–506.

Jong A D, Nguyen T T, van Dijk M A . 2007. Strategic debt: Evidence from bertrand and cournot competition.SSRN Electronic Journal, (11): 1–30.

Klein B, Crawford R G, Alchian A A. 1978. Vertical integration, appropriable rents, and the competitive contracting process. The Journal of Law and Economics, 21 (2): 297–326.

Krug J A, Hegarty W H. 1997. Postacquisition turnover among U.S. top management teams: An analysis of the effects of foreign vs. domestic acquisitions of U.S. targets. Strategic Management Journal, 18 (8): 667–675.

Lawrence P R L J. 1967. Differenciation and integration in complex organizations. Administrative Science Quaterly, 12 (1): 1–47.

Levitt B, March J G. 1988. Organizational learning. Annual Review of Sociology, 14(14): 319–340.

Levy B. 1988. Transactions costs, the size of firms and industrial policy : Lessons from a comparative case study of the footwear industry in Korea and Taiwan. Journal of Development Economics, 34 (1-2): 151–178.

Maksimovic V, Titman S. 1991. Financial policy and reputation for product quality. Review of Financial Studies, 4 (1): 175–200.

March J G, Simon H A. 1958. Organizations. New York:John Wiley & Sons.

Modigliani F, Miller M H. 1958. The cost of capital, corporation finance, and the theory of investment. BASE-Revista de Administração e Contabilidade da Unisinos, 48 (2): 154, 155.

Myers S C. 1984. The capital structure puzzle. The Journal of Finance, 39 (3): 575–592.

Nelson R R,Winter S G. 1985. An Evolutionary Theory of Economic Change. Boston: Belknap Press of Harvard University Press.

Nelson R R. 1994. The co-evolution of technology, industrial structure, and supporting institutions. Industrial and Corporate Change, 3 (1): 47–63.

Opler T C, Titman S. 1994. The debt-equity choice: An analysis of issuing firms. Social Science Electronic Publishing, 74(294):155–172.

Pentland B T, Rueter H H. 1994. Organizational routines as grammars of action. Administrative Science Quarterly, 39 (3): 484.

Pfeffer J, Salancik G R. 1978. The External Control of Organizations: A Resource Dependance Perspective. New York:Springer.

Rajan R G, Zingales L. 1995. What do we know about capital structure some evidence from international data. The Journal of Finance, 50 (5): 1421−1460.

Roberts M R, Sufi A. 2009. Control rights and capital structure: An empirical investigation. The Journal of Finance, 64 (4): 1657−1695.

Scharfstein D. 1988. The disciplinary role of takeovers. The Review of Economic Studies, 55 (2): 185−199.

Showalter D M. 1995. Oligopoly and financial structure: Comment. American Economic Review, 85 (3): 647−653.

Stene E O. 1940. An approach to a science of administration. The American Political Science Review, 34 (6): 1124−1137.

Stiglitz J E, Weiss A. 1981. Credit rationing in markets with imperfect information. American Economic Review, 71(3): 393−410.

Truxillo D M, Cadiz D M, Rineer J R, et al. 2012. A lifespan perspective on job design: Fitting the job and the worker to promote job satisfaction, engagement, and performance. Organizational Psychology Review, 2 (4): 340−360.

Walsh J P. 1988. Top management turnover following mergers and acquisitions. Strategic Management Journal, 9 (2): 173−183.

Walsh J P. 1989. Doing a deal: Merger and acquisition negotiations and their impact upon target company top management turnover. Strategic Management Journal, 10 (4): 307−322.

Williamson O E. 1968. Economies as an antitrust defense: The welfare tradeoffs. American Economic Review, 58 (1): 18−36.

Williamson O E. 1973. Markets and hierarchies: Some elementary considerations. American Economic Review, 63 (2): 316−325.